City
·城·市·研·究·

中国城市的
阶层结构与社会网络
（第二版）

THE STRATUM STRUCTURE AND
SOCIAL NETWORKS
IN URBAN CHINA
(Second Edition)

张文宏　著

社会科学文献出版社
SOCIAL SCIENCES ACADEMIC PRESS (CHINA)

目 录

第一章 导论：研究主题及其研究视角 ············· 1
  第一节 研究主题 ······························· 1
  第二节 两种研究视角的有机结合 ················· 4
  第三节 潜在贡献 ······························ 12
  第四节 本书的章节安排 ························ 14

第二章 个人社会网络研究的理论模型和经验发现 ····· 16
  第一节 社会交往的机会与限制理论 ··············· 16
  第二节 理性选择理论 ·························· 27
  第三节 关系强度理论 ·························· 38
  第四节 社会资本理论 ·························· 44
  第五节 阶级阶层结构影响社会网络的经验研究 ····· 61
  第六节 社会支持网络的研究 ···················· 67

第三章 当代中国城市的阶层结构 ················· 80
  第一节 马克思和新马克思主义的阶级理论与经验研究模型 ····· 80
  第二节 韦伯和后韦伯学派的阶级阶层理论 ········· 88
  第三节 新的综合：当代中国大陆学者的社会分层框架 ····· 101

第四章 研究架构与研究设计 ···················· 112
  第一节 研究架构 ····························· 112
  第二节 研究设计 ····························· 113
  第三节 抽样和资料收集方法 ··················· 122

第五章　城市居民社会网络的一般特征 130
第一节　北京城市居民社会网络的结构特征 130
第二节　网络的关系构成 143
第三节　重要问题的内容 153
第四节　讨论网中的差序格局 155
第五节　社会网络各指标之间的关系 159

第六章　阶层地位对城市居民社会网络结构的影响 166
第一节　阶层地位对城市居民讨论网特征的影响 166
第二节　网络成员的阶层构成 177
第三节　阶层地位对社会网络关系构成的影响和社会网络构成的理性选择模型 188
第四节　阶层地位对重要问题内容的影响 213
第五节　总结 220

第七章　结论、贡献与局限 230
第一节　结论 230
第二节　贡献 231
第三节　本研究的局限和未来研究中的问题 234

参考文献 238

附录　北京社会网络与健康研究调查问卷 260

第一版后记 274

第二版后记 277

图表目录

图 4.1　本书的研究架构 …………………………………………… 113
表 3.1　阶层地位与教育获得的交互分析 ………………………… 106
表 3.2　阶层地位与个人月收入的交互分析 ……………………… 106
表 3.3　阶层地位与家庭月收入的交互分析 ……………………… 106
表 3.4　阶层地位与单位所有制类型的交互分析 ………………… 107
表 3.5　阶层地位与住房产权的交互分析 ………………………… 107
表 3.6　阶层地位与政治身份的交互分析 ………………………… 107
表 3.7　阶层地位与性别的交互分析 ……………………………… 108
表 3.8　阶层地位与年龄的交互分析 ……………………………… 108
表 3.9　阶层地位的操作化 ………………………………………… 110
表 3.10　影响阶层地位的社会人口因素的多类别对数比率回归分析 … 111
表 4.1　抽样总体的街道办事处、居民委员会和非农业人口分布 … 122
表 4.2　北京调查的样本规模 ……………………………………… 123
表 4.3　北京调查的样本回收结果 ………………………………… 124
表 4.4　样本基本资料与北京市统计资料的对比 ………………… 125
表 5.1　北京城市居民社会网络的规模和密度 …………………… 131
表 5.2　讨论网中的关系种类 ……………………………………… 133
表 5.3　自我与他人关系密切的比例 ……………………………… 134
表 5.4　自我与他人的关系持续期和交往频率 …………………… 134
表 5.5　讨论网的异质性特征 ……………………………………… 136
表 5.6　讨论网的趋同性程度 ……………………………………… 137
表 5.7　讨论网的关系构成 ………………………………………… 144
表 5.8　提名顺序与讨论网成员的关系构成 ……………………… 145

表 5.9	重要问题的内容	154
表 5.10	网络规模和亲属关系比例与讨论网其他特征的相关系数	160
表 5.11	网络特征的回归分析	162
表 6.1	网络规模和关系种类的回归分析	168
表 6.2	陌生成员规模和交往频率的回归分析	170
表 6.3	网络异质性的回归分析	171
表 6.4	自我与网络成员的阶层地位的交互分类	179
表 6.5	自我与网络成员阶层地位的对数线性分析：饱和模型	180
表 6.6	阶层异质性的回归分析	181
表 6.7	阶层趋同性的回归分析	182
表 6.8	网络成员的阶层地位的多类别对数比率回归分析	184
表 6.9	讨论网中亲属关系比例的OLS回归分析	191
表 6.10	讨论网中配偶规模的对数比率回归分析	192
表 6.11	讨论网中父母规模的OLS回归分析	193
表 6.12	讨论网中子女规模的OLS回归分析	195
表 6.13	讨论网中兄弟姐妹规模的OLS回归分析	196
表 6.14	讨论网中其他亲属规模的OLS回归分析	197
表 6.15	讨论网中同事规模的OLS回归分析	198
表 6.16	一般社会交往中各种关系规模的回归分析	200
表 6.17	讨论网中同学规模的OLS回归分析	202
表 6.18	讨论网中好友规模的OLS回归分析	203
表 6.19	讨论网中普通朋友规模的OLS回归分析	204
表 6.20	讨论网中邻居规模的OLS回归分析	205
表 6.21	讨论网中其他非亲属规模的OLS回归分析	206
表 6.22	本人阶层地位及社会人口特征与重要问题内容的多类别对数比率回归分析	215
表 6.23	第六章所涉及的假设的验证	221

第一章
导论：研究主题及其研究视角

第一节 研究主题

一 研究问题的缘起

似乎没有人否认个人的社会关系网络对于个人生活、群体形成、组织发展乃至整个社会维续的重要性，这部分地解释了为什么社会关系自社会学学科创立以来一直成为社会学家所热衷研究的一个长盛不衰的主题。虽然多数社会学家主张社会是一个整体系统，强调社会对于个人的影响，但是，许多伟大的社会学家同时承认人与人之间的关系是构成社会的基石（Tonnies, 1887/1955; Simmel, 1955; Homans, 1951; Blau, 1964）。建制性的社会网络分析成熟发展以后，不同性质的个人社会网络的建立、维持及其功能更成为主流社会学家愈来愈重视的一个领域。

自伯特（Burt, 1984）在美国综合社会调查项目（General Social Survey Project）中首次运用"重要问题的讨论网"的提名技术（name generator）研究人们的社会网络特征以来，"重要问题的讨论网"成为网络分析者经常涉猎的重要领域之一。中外社会学家围绕着这个主题进行了一系列的调查项目并出版了一批成果（如 Marsden, 1987, 1990; Burt, 1986, 1990; Blau and Ruan, 1990; Blau, Ruan, and Ardelt, 1991; Moore, 1990; 阮丹青等, 1990; Ruan, 1993a, 1993b; Ruan et al., 1997; Ruan, 1998, 2001; 张文宏, 1999; 张文宏、阮丹青、潘允康, 1999a, 1999b; 张文宏、阮丹青, 1999; Ruan and Zhang, 2000, 2001; Lee et al., 2001; 陈膺强、李沛良, 2002）。上述以讨论网为主题的研究，无疑从一个侧面对理解社会网络的特征做出了一定的贡献。有的遵循布劳所倡导的宏观结构社会学分析的思路，运用"社会结构的机会与限制"的理论模型，从宏观社会结构的角度研究社会网络模式的影响因素。有的从个人社会位置的角度（如人们的性别、年龄、教育获得、收入水平、职业、宗教、种族或政治身份）探讨微观因素对社会网络特征的不同影响。概言之，以往的社会网络研究主要是从社会经济地位（SES）或单一的职业身份指标来分析不同群体的社会成员之网络结构的差异。从阶级阶层分析的角度探讨社会网络结构的研究成果并不多见。尤其令人遗憾的是，虽然"讨论重要问题"在社会网络研究领域成为一个公认的提名方法，但是，无论是研究西方社会网络的专家，还是关心中国社会网络的学者，从来没有人从阶级阶层地位的角度分析不同阶级或阶层的社会成员是否在讨论网的主要特征和网络构成方面存在某些差异。实际上，阶级阶层地位作为一个综合的社会指标，在很大程度上是对人们的社会经济地位特征的高度概括。从阶级阶层分析的角度研究人们讨论网的一般特征，以及不同阶级阶层的社会网络的一致模式与差别模式，有助于在新的综合的基础上与前人的经验发现进行比较。

不仅关于讨论网的研究忽视了阶级阶层分析的视角，而且关于各种社会支持网络，无论是工具性网络、情感性网络（如 Wellman, 1979; Granovetter, 1973, 1974; Lin et al., 1981a; Lin, 1982, 1986, 1990; Burt, 1992），还是朋友网络的研究（Laumann, 1966, 1973; Boissevain, 1974; Fischer, 1982; Adams and Allan, 1998），均没有将阶级阶层地位对社会网络特征的影响作为一个主要的研究专题。这在某种程度上给人造成一种错觉，似乎阶级阶层分析的概念和测量工具不适合于社会网络研究。在一定意义上，这种状况的形成也与一些网络分析者所倡导的"反对类别分析"的坚定立场有关（Wellman, 1988）。[①] 倒是自称为阶级阶层研究者或社会分层研究者的一些学者运用了网络分析的一些概念，才使得有关阶级阶层地位对网络结构影响的几项研究成果得以问世（Goldthorpe, 1980/1987; Wright and Cho, 1992）。目前这种状况正好为笔者提供了研究阶级阶层地位影响社会网络结构特征的绝好机会。

二 研究主题

人们在社会生活中经常遇到各种各样对个人来说非常重要的问题需要

[①] 参考本章第二节关于两种研究范式的评述。

与人讨论。这些问题的内容可能涉及情感烦恼的宣泄与解决、寻求工具性支持或是传递与分享某些有价值的稀缺信息。那么，中国城市居民通常与哪些人讨论对他们来说重要的个人问题呢？由此形成的社会网络的一般特征是什么？为什么有些人的讨论网规模比其他人更大？为什么有些人的讨论网所发挥的功能与其他人相比有所不同？为什么某些人的讨论网在关系构成、密度、趋同性与异质性方面具有显著不同于其他人的特征？以讨论网为主题的社会网络的基本属性是什么？不同阶级阶层的社会成员在上述网络特征方面的差异性和共同性特征是什么？

本书欲研究的中心主题是阶层地位对社会网络特征和社会网络构成模式的可能影响。具体而言，本书将涉及以下问题。

（1）不同阶层的成员在社会网络的规模、关系次数、密度、趋同性、异质性等网络基本特征方面的对比分析。该分析将揭示不同阶层的成员在以讨论网为主题的社会网络基本特征方面的共同性模式和差异性模式。

（2）不同阶层成员之角色关系构成模式的差别分析。每个人都可能与形形色色的人讨论重要问题，不同阶层的成员在建立其讨论网时在哪些角色关系上是一致的，在哪些角色关系上又是有差别的？初步的分析将讨论网的关系构成划分为亲属关系和非亲属关系，进一步的探讨将分析阶层地位对配偶、父母、子女、兄弟姐妹、其他亲属、同事、好友、普通朋友、同学、邻居和其他非亲属11种角色关系的影响。

（3）讨论网成员选择的阶层地位模式。在讨论网成员的选择过程中，发挥核心作用的机制是同质原理还是声望原理？阶层内部还是阶层之间是中国城市居民选择讨论网成员的主要趋势？讨论网成员选择过程中是否存在阶层界限的障碍？或者说中国城市居民讨论网成员选择的阶层界限的相对渗透性如何？该分析将对中国城市居民讨论网成员的阶层地位模式做出清晰的概括。

（4）不同阶层的成员在重要问题的讨论内容方面是否存在差异和共性？以重要问题的内容为基础，我们将讨论网分为工具性、情感性、社交性和混合性四个方面，具体分析不同阶层地位的成员在讨论重要问题的内容方面的可能差异。上层还是下层的成员更可能与其网络成员讨论工具性问题？是否上层的成员在情感上更感到孤独？下层的成员在社交活动中更被动吗？具体的分析将对上述问题给出答案。

（5）讨论网中的差序格局：在中国城市居民的讨论网提名次序中，是否存在一种与费孝通（1949/1998）的"差序格局"理论类似的模式？如果存在，与50多年前的乡土中国的差序格局模式相比是否发生了某些变化？"工具性的差序格局"理论（李沛良，1993）在中国城市居民的讨论网中是否具有解释力？具体的探讨将回答这些问题。

第二节 两种研究视角的有机结合

当代社会学理论发展的一个突出特色是，分析社会网络以及社会网络结构中所嵌入的社会资源（Lin et al., 1981a）或社会资本对人们社会行为的影响。从某种意义上说，根据社会网络结构来分析人类社会行为，具有十足的社会学特色，不仅与经济学的人力资本理论有别，也与心理学的原子化个人主义的研究取向相异（Knoke and Kuklinski, 1982）。

一 网络结构观的特点

阶级/阶层结构分析和社会网络分析是国际社会学界的两个热门领域，但是被多数学者视为两种完全不同的研究范式，从而导致阶级/阶层结构分析和社会网络分析的相对隔离和漠视，也使运用社会网络概念及其测量工具的阶级/阶层结构分析或运用阶级/社会分层理论及其研究方法的社会网络分析的成果非常罕见，除了极少的例外。

社会网络分析者在研究社会结构时持有与传统的阶级结构观截然不同的视野，在这个意义上，社会网络分析者又可以称为网络结构主义者。如果说阶级/阶层结构观的鼻祖是韦伯和马克思，那么网络结构观的先驱则是齐美尔。阶级/阶层结构观使我们认识到，人都具有某些属性，人们是按照其属性来分类的，人们的社会行为就是按照其所属的类别来说明的。例如，阶级阶层分析就是一种典型的地位结构观的分析方法。按照传统马克思主义的说法，人们的阶级属性源于其对生产资料的不同占有关系，从而可以把人们分为无产阶级和资产阶级。再如，20世纪60年代兴起的布劳-邓肯的地位获取模型是一种典型的地位结构观的分析方法：人们获得怎样的社会经济地位是由其先附性地位和获致性地位决定的。20世纪80年代虽然对这个模型做出了修正，但仍然没有摆脱地位结构观的视角。地位结构观并不是错误的，但是仅仅从这一观点考察社会结构则是片面的，有碍于我们把握社会结构的全貌，有可能产生理论误导（边燕杰，1999）。

在结构社会学领域，发展最完善和被最广泛应用的一种研究范式（paradigm）或视角（perspective）是社会网络分析。社会网络分析在于揭示人际互动的模式，这种模式反映了个人生活的重要特性。网络分析者认为个人生活在很大程度上依赖于自我是如何与广泛的社会关系网络相联系的。更进一步，有很多人相信，个人、群体或组织的成败在很大程度上取决于其内部或外部网络结构的模式。社会网络分析是一种综合性的分析战略，是一种研究资源、物品和位置通过特定的社会关系形态而流动的范式。它避开了从先验构造的个体出发的自我行动的探讨以及互动模式的探讨（例如，统计学的变项分析），网络分析者追求模式化的社会关系的交易研究（Emirbayer, 1997）。

网络分析者认为，整个社会是由一个相互交错或平行的网络所构成的大系统。网络分析者关注社会网络的结构及其对社会行为的影响，研究深层的社会结构即隐藏在社会系统的复杂表象之下的固定网络模式。他们强调网络结构性质的重要性，集中研究某一网络中的联系模式如何提供机会与限制，其分析以连接一个社会系统中各个交叉点的社会关系网络为基础。网络分析者将社会系统视为一种依赖性的联系网络，社会成员按照联系点有差别地占有稀缺资源和结构性地分配这些资源（Ruan, 1993b）。

作为一种研究范式和视角的社会网络分析，其独特性表现在，网络分析不是面向抽象社会结构的间接理解，而是直接和具体地研究"社会结构"，它们分析关系的有序安排。后者依赖于社会系统成员的交换。网络分析者刻画这些结构，描述其模式，试图解释这些模式对结构中的个体成员行为之影响（肖鸿，1999）。

社会网络分析修正了社会学研究中的传统逻辑。网络分析者认为，社会范畴（如阶级、阶层和种族）和有界限的群体可以通过考察社会行动者之间的关系来发现和分析。与传统社会学分析的逻辑相异，不是从可观察世界的先验分类进入一组具体的范畴，而是从一组关系出发，从这些关系中推演出社会结构的形态和类型。换言之，社会网络分析的逻辑是从结构、关系到范畴，从行为到态度。

社会网络分析所处理的复杂的和内部相关的现象是社会科学中几乎所有理论模型和范式都刻意避免的。它通过建构与错综复杂的现实之间的类似性来探讨联系（connections），运用同型的（isomorphic）和同型异意的（homomorphic）图形来建立直观分析的模型，以统一的方式直接处理复杂结构内部每一层面上角色和位置的相互作用。质言之，社会网络分析的目标在于以一种理论上综合和技术上先进的方式把握社会结构的整体性质（Berkowitz, 1982: 153）。当然，社会网络分析也以崭新的令人信服的方式对传统的社会现象进行重新分析和诠释。

总之，社会网络分析作为西方社会学一个重要的分支领域，是一种关于社会结构的崭新的观点和研究范式。社会网络分析的领军人物格兰诺维特（Granvotter，1988）在为"社会科学中的结构分析"系列丛书所撰写的主编序言中指出，结构分析（或网络分析）按照具体的实体如个人、群体和组织中的关系来解释社会行为和组织表现。网络分析至少与4种流行的研究战略形成鲜明的对照。第一，试图专注于孤立的个体进行化约主义（reductionist）的解释。第二，强调抽象概念如意念、价值、心理协调和认知的因果首要性的（社会）心理学的解释。在此意义上，欧洲大陆的结构主义（如列维-斯特劳斯的维灵论和还原论的结构主义）应该与目前意义上的结构分析或网络分析相区别。第三，形形色色的技术制约论与物质决定论，如地理环境决定论或各种马克思主义的唯物主义决定论。第四，运用"变项"作为主要的分析概念的解释，例如20世纪70年代布劳-邓肯的地位获得的"结构方程"模型（Blau and Duncan，1967）。所谓的"结构"是变项间的联系而不是实际存在的社会实体中的活生生的联系。

1. 社会网络分析的范式特征

Wellman（1988：19-40）在《结构分析：从方法和隐喻到理论和实质》一文中精辟地概述了网络分析的基本特征。他认为，无论是整体网络研究者（whole network analyst），还是个体中心网络研究者（ego-center network analyst），都共同受到下述五个分析范式的影响。

（1）结构性的社会关系是比体系成员的属性更有力的社会学解释素材。网络分析形成之前的结构分析将社会结构和过程视为个体行动者个人属性的总和。不管是发生学的属性（如年龄、性别、家庭背景）还是社会属性（如社会经济地位、政治态度），都被视作个体所具有的本质。每种属性都被视为分析的独立单位，相同的属性聚合为一种社会范畴。实际上，这种类别分析没有考虑个体背后所隐藏的结构关系，即群体内部内在的和群体之间外在的关系，而仅仅把个体简单地归入具有类似属性的群体。通过属性分析来研究"社会结构"，必然忽视个体间的相互关系。最著名的布劳-邓肯的地位获得的结构方程模型考察的是变项之间的虚拟关系而非社会系统成员之间的真实关系。范畴和属性分析将每一个社会系统的成员看作独立的非结构的单位，关注分散和隔离的个体所具有的社会与经济属性。后者假定，具有相同属性和范畴特征的个体，势必会按照相同或类似的方式行事。范畴分析者把每个个体成员的特征聚合起来当作群体的特征，这必然会忽视潜在的结构信息,影响他们分析跨越多种类别和群体界限的联系。

网络分析的焦点是单位之间的关系,而不是试图将单位化约为其内在属性和本质特征的范畴。换言之,结构性的社会关系是比系统成员的个人属性更有力的社会学解释素材。在此意义上,网络分析与心理学的动机理论、强调内在驱力的"归因"解释相区别。在心理学的解释中,行动受唯意志论、目的论的驱动,趋向一种预期的目标。在最终的意义上,属性分析是心理学的,而集中探讨关系的网络分析则具有鲜明的社会学特色。

(2) 规范产生于社会关系系统中的位置。社会网络分析之外的结构分析者确信,具有类似属性的个体会以类似的方式对共同规范做出反应,他们用"共同意识、承诺、规范取向与价值"的解释体系来规定人与社会体系的关系。相反,网络分析者首先在个人和集体实际上如何行动而非他们应该如何行动的规律性中去寻求解释。他们试图用结构的限制或机会而不是用假定的内在驱力(如内化的规范)来解释社会行动者的行为。网络分析者集中分析人类行为的结构性决定因素,排除了心理学的动机问题,把态度和规范看作位置的结果而非原因。

网络分析者主张,社会学家应该通过分析可能性的社会分配——资源的不平等利用,诸如信息、财富和影响以及人们借以获得这些资源的结构来解释行为。因此,他们研究资源的积累和流动,诸如资源的交换、依赖、竞争和联合等过程。网络分析者并不否认规范的存在和作用,只是认为在社会结构为人类行动提供限制和机会的条件下,规范的力量才能体现。因此,不仅规范在引导行为时受到结构位置的影响,而且对规范的灌输本身也会通过网络结构有差别地再生。

(3) 社会网络的结构特征决定了二维关系(dyadic relationships)的作用。这不仅表现在社会网络结构决定了二维关系发挥作用的环境,也呈现为当一种关系建立以后,它就为网络成员提供了直接或间接接近他人或其他资源的机会。一种社会系统中的联系模式极大地影响了通过独特联系的资源流动,例如,紧密联系的亲属群体有可能使配偶关系恶化,密切联系的公司间关系则有可能为双方带来高额利润。网络分析者指出,只有在由相互联系构成的结构脉络中才能理解二维互动关系。"为了发现与 B 和 C 有接触的 A 如何受到 B 与 C 之间关系的影响,必须使用网络的概念。"(Barnes,1974:3) 不仅网络结构影响微观的二维互动关系,而且大规模的社会网络本身也成为分析的焦点。联系为网络成员提供了接近与其有关的其他人的间接机会,网络成员运用多种直接或间接联系去获取资源(access

to resources）。在复杂关系中联结在一起的间接关系使网络成员能够适应宏观的社会系统，以传递和分配稀缺资源。

（4）世界是由网络而非群体构成的。网络分析者试图避免关于群体界限的假定。他们否认分析可以在彼此分离的独立范畴内（例如，无产阶级和资产阶级、核心和边缘国家等范畴）进行，拒绝把有严格边界的群体视作宏观社会系统的基本构件。当多种社会圈子的网络成员的交叉成员资格一起构成社会系统时，基于对有边界群体的描述使复杂的社会结构过于简单化。通过把世界看作一个网络的结构或"网络之网络"（network of networks），人们可以发现复杂的权力等级制而不仅仅是简单的分层或分类。

（5）网络方法补充了个体主义方法。所谓个体主义方法，是把个体视为独立的单位，按照个体的内在属性和规范特征来解释个体行动的一种研究范式。虽然传统的社会学统计技术日益向精密化发展，但是它们仍然把个体看作独立的分析单位，关于统计依赖性和显著度的假定本身也使传统的统计方法更适用于范畴和属性分析，从而将个体与社会结构相分离，迫使分析者将个体看作毫无关联的乌合之众。在调查研究方面，有三种相互联系的收集资料的方法推动了网络方法的发展：从联系而非范畴的角度界定总体和样本；从相互联系而非范畴的视角描述和分析资料；在直接研究社会结构时，网络分析者特别是整体网络分析者较多运用行列式的数学方法，而较少运用个体主义的统计技术[①]（例如，在社会科学界广泛应用的SPSS 和 SAS 等社会科学统计软件包）。特别值得注意的是"区块模型"（block model），它通过将矩阵中的多元关系指标并列，归纳性地揭示了社会结构中潜在的角色结构，有助于分析者对实际存在的网络和假设结构进行比较。另外，通过将隐藏在专门分析参数中的关系的相互作用模式化，分析者运用数学和统计技术追寻社会结构随时间发展的历程。总之，网络分析虽然使用了一套独特和崭新的技术和方法，但是其独特性并不止于此，而是更突出地体现在研究者提出问题和寻求答案的不同方式中。

2. 基本命题

社会网络分析建立在如下基本假定的基础之上：互动单位之间的关系是最重要的。社会网络视野（social network perspectives）包括按关系概念或过程表述的理论、模型和应用。因此，按单位间的联系定义的"关系"

[①] 目前人们使用较多的社会网络分析软件有 GDRDAP、STRUCTURE、UCINET、PAJEK、KRACKPLOT、NETIMAGE、NEGOPY、FATCAT、SNAPS 等（Scott, 2000：175 - 180；Wasserman and Faust, 1994：735 - 736）。

(ties) 是社会网络理论的基本组成部分。伴随着对社会网络分析日益增长的兴趣和日益广泛的使用，学界达成了潜在于网络视野之下的中心原理的共识。Wasserman 和 Faust（1994：4）指出，这些中心原理使社会网络分析区别于其他的研究范式。除了使用关系概念，以下几点对于社会网络分析而言也是非常重要的。

（1）行动者及其行为被视作相互依赖而非独立自主的单位。

（2）行动者之间的关系（或联系）是行为者之间物质或非物质资源的传递或流动的渠道。

（3）焦点在于个体的网络模型将网络结构的环境视为对单一行动者提供的机会或约束。

（4）网络模型将结构概念化为行动者之间关系的持久模式。

Wellman（1988：41－47）认为，虽然网络分析没有一个标准的文本，但是已经形成受到大规模经验资料支持的一套首尾一贯的命题。支配着大多数社会网络分析者研究工作的几个主要命题如下。

（1）内容和强度不同的关系通常是不对称地相互作用和互惠的。社会资源（包括信息、影响、感激、喜欢、社会交换以及关系本身）通过关系和网络而流动。除了在极少数的情况下，发生联系的双方或多方的互惠通常是不对称的。

（2）关系直接或间接地将网络成员联结起来，因此，必须在较大的网络结构框架内对关系进行分析。关系之所以存在是由于互动双方愿意彼此交往。一种关系的特定性质由其所处的网络界定。较小的、密切联系的群体的关系同大规模的、微弱联系的网络中的关系是相当不同的。

（3）社会关系结构创造了非随机的网络，因此产生了网络群、界限和交互关系。这个命题又包括两点。第一，网络中的关系经常是过渡性的。如果 A 与 B 和 B 与 C 之间有一种关系，那么 A 和 C 之间发生联系的可能性就会增加。如果建立这种联系是有代价的，那么这些联系中的每一个交点都会调动某种流动资源，因此网络成员认识到维持直接联系的有效性和必要性。第二，个体可以维持的关系的数量和强度具有特定的限度。如果人们不放弃全部或现存的关系，多数人不可能增加新的关系。换言之，维持或新建某些关系有可能以牺牲另外的关系为代价。

（4）交互联系将群体和个体联系起来。网络的交点不一定是个体的人，也可以是有联系的群体、社区、民族－国家或其他发生任何关系的单位。这些交点之间的联系是由某些人是几个群体的成员或某些人与网络的其他部分具有异质性联系而产生的。同时，有形的联系存在于个体之间，其结构重要性正像群体之间的联系一样。

（5）不对称联系和复杂网络分布在不同的稀缺资源中。资源并非均匀或随机地在具有不对称关系和受限制的网络群体的社会系统中流动。群体密度、群体界限的严密性和群体内外联系的模式规定了资源流动的方式。由于社会系统中各个成员的位置各异，他们获得资源的方式也极为不同。实际上，不平等地获取稀缺资源增加了联系的不对称性。

（6）网络产生了以获取稀缺资源为目的的集体行为和竞争行为。有组织的竞争稀缺资源是一个社会系统所固有的。在一个具有不对称关系的非随机的等级网络中，成员必须运用协作或补充联系去获取资源。一个网络中的群体将这些联系组成集团和联盟。

二 作为地位结构观的阶级阶层分析的优势

社会网络分析技术的日益成熟和不断完善以及研究领域的逐步扩张，挑战了传统的阶级/阶层结构观在主流社会学中的中坚地位。毋庸置疑，网络结构观在一定程度上弥补了地位结构观的不足。但是，可以肯定的是，网络结构观既不可能也无意取代地位结构观。同网络结构观相比，阶级/阶层结构观具有如下鲜明的特色。

（1）阶级/阶层结构观根据个体的属性特征来界定个体的社会位置，或是按照人们对于生产资料的不同占有关系以及对人、财、物等各种资源的不同调配能力，或是根据人们在科层制组织中的正式位置及其所拥有的权威，或是以人们的教育获得或家庭出身，将社会中的个体成员划分为不同的类别。而网络结构观从个体与其他个体的关系的性质（诸如亲属、朋友或熟人等）、强度（强关系还是弱关系）、规模等特征来认识个体在社会结构中的位置，将个体按其社会关系分成性质迥异或特征相同的网络。

（2）阶级/阶层结构观注重的是人们的身份和归属感。有关阶级/阶层结构的分析表明，社会成员对于自己的阶级/阶层身份大都有一种主观认同，这种主观意识往往影响人们的归属感和阶级/阶层行动（Wright，1985）。马克思的经典研究也发现，阶级/阶层的发展经历了一个从"自在"到"自为"的过程，也即从客观阶级/阶层存在到主观阶级/阶层认同的过程。而网络结构观重在分析人们的社会关系面、社会行为的"嵌入性"。

（3）阶级/阶层结构观强调人们是否占有和占有多少某种社会资源（比如财富、地位或声望），它强调的是资源的占有和支配能力，首先看对资源的占有，然后才看占有的多寡和实际调配资源的能力。而网络结构观关心人们对社会资源的获取能力（accessibility）。人们不一定占有社会资源才能够调配它，完全可以通过自己的社会关系去动员社会资源，达到工具性或情感性行动的目标（边燕杰，1999）。

（4）阶级/阶层结构观将一切都归结为人们的社会地位如阶级/阶层地位、教育地位和职业地位等。阶级/阶层地位的排列有高低上下之别。极端不平等的社会的阶级/阶层地位排列是金字塔状，而相对平等的现代社会的阶级/阶层地位图式则大多是橄榄形的。而网络结构观指出了人们在其社会网络中是处于中心位置（或战略性的结构洞位置）还是边缘位置，其所拥有的网络资源的多寡、优劣对网络成员的重要意义。

（5）阶级/阶层结构观将社会不平等归因于人们先赋性和后天自致性地位属性的差异。在现代社会，教育对人们的阶级/阶层地位获得产生了重要的影响，因为职业是现代社会分层和阶级划分的一个重要依据，而教育获得则是人们步入劳动力市场的一个基本资格证明。而网络结构观认为，社会不平等是由人们在社会网络中的不同位置及其对社会资源的获取能力决定的，后者取决于社会成员的社交能力和交往范围。

关于网络分析和阶级阶层分析是相互对立、相互竞争、相互替代还是相互补充、相互完善的两种研究范式，学术界一直争论不休。例如，Mitchell（1969：9-10）曾把社会关系的秩序分为三种，即结构性秩序（structural order）、类别性秩序（categorical order）和个人性秩序（personal order）。所谓结构性秩序是指人们所占据的一系列的有序位置影响了相应的行动，因此应该按照人们所占据的有序位置来解释人们的行为；类别性秩序是指人们在非结构性条件下的行为可以按照人们的社会属性如阶级、种族或人种来解释；个人性秩序是指人们在结构性或非结构性条件下的行为可以按照人们与其他人的联系如个人的社会网络来解释。实际上，并不存在三种不同的社会关系秩序，这仅仅是研究者对同一实际行为所做出的不同的想象（imagination），因而获得了不同的理解和诠释。因此，结构性秩序和个人性秩序之间的所谓对立是不存在的，唯一存在的是将资料纳入解释框架的不同方式（Mitchell，1973：20）。借用 Mitchell 的说法，笔者也认为网络分析和阶级阶层分析（一种有代表性的类别分析模型）并不是相互对立和相互替代的研究范式，而是相互补充和相互完善的两种各具优势的理论模型。

对地位结构观和网络结构观都做出了重大贡献的彼得·布劳（Blau，

1964：2）早期研究认为，社区和社会等复杂结构的运作过程，可以从遍布于个体日常互动和人际关系的简单过程中推演出来。不过，布劳在后期的研究中，几乎完全放弃了这种带有明显化约主义色彩的社会交换理论，而代之以"宏观结构理论"。实际上，网络分析就声称要与形形色色的化约主义划清界限（Granovetter，1988）。布劳认为，微观结构分析是逐步考察具有各种身份的全体社会成员之间的不同关系，而宏观结构分析的焦点则是发现"在许多占据不同社会身份的人之间普遍存在的社会关系模式"（Blau，1977b：28）。他在比较传统的结构社会学（或 Mitchell 意义上的类别分析）和社会网络分析时提出，分析的逻辑起点或更原始的概念究竟是社会地位结构还是社会关系结构？换言之，我们究竟是应该先研究社会关系，并根据关系模式的差异来区分地位，还是应该先根据社会地位对人们进行分类，然后再考察他们之间的关系模式呢？第一种范式隐含的因果假定是，人们的社会关系描述了他们在群体中的角色和地位，第二种范式则假定人们的属性和地位差异影响了其社会关系的模式。他认为这两种研究范式都是正确的，只不过第一种范式更适用于研究小群体，而第二种范式则更多地用来分析社会地位已经定型化（crystalized）的建制性的社区和社会（Blau，1982：277）。虽然笔者赞同布劳关于人们的社会地位和社会关系相互影响的洞见，但是本书主要是在第二种范式的框架中研究人们的社会属性和社会地位（亦即阶级阶层地位）对其社会网络模式的影响。

概言之，社会网络分析的概念和测量技术为理解个人与个人、个人与社会之间关系的网状结构提供了一个全新的理论视角和测量工具。以阶级阶层分析为代表的地位结构观则为我们提供了社会结构分析的另外一种选择。阶级阶层分析和社会网络分析的共性是研究人们在社会中的位置，分析人们的社会结构，只不过前者更偏重分析人们在官僚制组织结构中的位置，后者更关注社会成员在非正式组织和社会关系结构中的位置。因此将阶级阶层分析的理论模型和测量方法与社会网络分析的概念和分析技术结合起来研究中国社会的个人社会网络状况，不论对于阶级阶层理论的发展，还是网络分析理论和研究方法的完善，都将做出一定的贡献。

第三节　潜在贡献

通过阶级阶层地位对中国城市居民讨论网特征、关系构成模式和讨论网内容等主题的探讨，本研究试图在以下几个方面做出贡献。

第一，为阶级阶层分析和社会网络分析提供综合的视角，开辟新的研究领域。该研究不仅为中国阶级阶层分析和网络研究提供新的实证数据，而且将为国际社会学界理解中国当前的阶级阶层状况和社会网络现状提供第一手的资料，促进中国阶级阶层研究和社会网络分析与国际社会学界的交流与对话。在更深的层次上，一方面，具体探讨阶级阶层分析的概念和工具在社会网络研究领域的适用性；另一方面，将发展日益成熟的社会网络分析的范式引入阶级和社会分层领域，探索根据社会资源或社会资本拥有的状况及其特征研究社会分层的可能性。在实证基础上进一步验证西方社会学家在朋友网络或一般社会网络研究中提出的社会交往的机会与限制理论、理性选择理论、关系强度理论和社会资源/社会资本理论对中国城市居民社会网研究的相对有效性，为社会学普遍知识的建立和发展贡献一个中国学者的力量。

第二，用中国城市居民社会网的大型调查资料验证"差序格局"理论。费孝通的"差序格局"论点为人们认识中国传统农业社会的基层社会结构提供了一个形象的架构，但是除了李沛良（1993）在香港和边燕杰（边燕杰、李煜，2000；Bian，2001）在内地进行了初步的实证验证以外，还没有学者用社会网络的调查资料进行过定量验证。本研究将通过对讨论网中提名次序的分析，对"差序格局"论点（及李沛良提出的"工具性差序格局"论点）进行另一层面的检验。借用李沛良的用语，对于"差序格局"理论的检验，是一种与"依附性"相对的"适切性"研究，这不仅有助于理解当地的社会生活，而且有利于作为一门国际性学科的社会学的成长与发展（李沛良，1993）。

第三，对于重要问题内容的分析将有助于加深对讨论网性质的判断。有关讨论网研究的设计从来没有涉及重要问题的内容。通过将重要问题的内容分为工具性、情感性、社交性和混合性四个方面，概括出中国城市居民讨论网的性质是以工具性、情感性、社交性还是混合性为主。另外，通过不同阶级阶层地位在讨论网内容方面的普遍性和特殊性方面的探索，勾勒出不同阶级阶层的成员讨论网的特质。这个方面的研究对于阶级阶层地位影响社会网络性质的方式将提供独到的见解。

第四，本研究将使用新的社会网络指标。其一，角色关系种类（numbers of role relationship，简称关系种类）。在以往的社会网络研究中，研究者通常用网络规模来测量一个人的社会资源或社会资本。本研究除了测量网络规模，还测量了关系次数。关系次数虽然与网络规模相关，但是将从全新的角度测量一个人的社会资源和社会资本拥有量。其二，阶层趋同性和异质性。以往的社会网络研究，在测量网络的趋同性和异质性指标时，从来没有包括阶级阶层的相应指标（如 Marsden，1987，1990；Ruan，1993b；熊瑞梅、黄毅志，1992；熊瑞梅，2001；张文宏、阮丹青，1999；张文宏等，1999a）。本研究直接对阶层趋同性和异质性指标的测量，可以在描述的意义上直观地验证有关社会网络成员的阶层选择假设。其三，以社会网络的资料测量伯特的"结构洞"概念。本研究将以网络成员中互不相识的成员规模测量讨论网中的"结构洞"，对于这个指标的操作化界定可以考察社会网络中的自我（ego）充当这些陌生成员之间信息流动、影响和控制等"桥梁"作用的相对机会。

第四节　本书的章节安排

第二章将对与个人社会网络有关的理论模型和经验发现进行系统的评介。在系统评述社会交往的机会与限制理论、理性选择理论、关系强度理论和社会资源/社会资本理论以后，将对阶级阶层地位影响社会网络模式的几个代表性研究的经验发现、中西方讨论网研究的重要方法和结论，特别是华人社会网络研究的发展脉络进行全面的梳理。

第三章是关于阶级阶层分析的理论模型和经验发现的历史考察和现实反省。本章将首先系统考察马克思主义和新马克思主义、韦伯学派和新韦伯学派关于阶级阶层分析的理论模型及其阶级阶层划分标准；其次在新的综合的基础上提出笔者关于中国当代城市社会阶层划分的标准及其操作化测量，将当代中国城市居民划分为专业行政管理者、普通白领、小雇主和工人四个阶层，结合北京调查的资料对四个阶层的特征进行量化分析。

第四章涉及本书的研究架构、研究设计和资料来源。本书的研究架构来自对个人社会网络的相关理论模型和经验发现的反思。研究设计部分包括本研究所涉及的主要问题、主要指标的概念界定和操作化测量。此外，还将介绍问卷调查的抽样方法、步骤、实地调查的实施过程，最后分析样本的代表性。

第五章是中国城市居民社会网络总体特征的描述性分析。为了从总体上把握中国北京城市居民讨论网的一般特征，除了从网络规模、关系次数、网络密度、关系强度、网络趋同性、网络异质性、网络关系构成、重要问题的内容及其讨论网各个指标的关系等方面进行全面的描述分析和解释以外，还将探索城市居民讨论网中可能存在的差序格局，最后对主要的研究发现与以前的研究进行比较。

第六章是本书的中心部分，即阶层结构对社会网络特征的影响。将集中探讨阶层地位对中国城市居民讨论网特征的可能影响方式，检验在第四章根据研究架构所提出的具体研究假设。笔者将分别从网络规模、关系次数、网络异质性、网络趋同性、网络成员的阶层构成、网络的关系构成、网络成员的理性选择模式、讨论网的内容等方面具体分析阶层地位的影响。最后总结本章的主要结论，并对第二章评述的社会交往的机会与限制理论、理性选择理论、关系强度理论和社会资本理论对中国城市居民社会网络结构的解释效力给出一个初步的评估。

第七章是本书的结语。在对本研究的主要结论进一步提炼的基础上，总结本书的主要贡献和局限，并对未来的阶级阶层结构影响社会网络结构的研究提出几点建议。

第二章
个人社会网络研究的理论模型和经验发现

本章将对个人社会网络研究领域有重要影响的理论模型与经验发现进行系统的回顾和评述。将依次评介社会交往的机会与限制理论、理性选择理论、关系强度理论、社会资本理论及有关个人社会支持网络研究（尤其是有关中国社会个人支持网络研究）的经验发现。

第一节 社会交往的机会与限制理论

相当多的理论和经验研究关注由社会经济地位决定的社会交往选择模式（Laumann，1966，1973；Blau，1977a；Blau and Schwartz，1984；Fischer，1977，1982）。这个学派的学者主要关注的是，人们的结构状况如何影响其关系形成的模式以及这些关系的特征。第一，社会关系的哪些方面彼此相关（例如，交往的频率和密度），人们的社会经济地位及生命周期如何塑造这些结构限制？第二，人们居住在不同的社区或邻里是否和如何影响其个人关系？当人们在不同地点之间迁移时对社区的依附感和归属感会发生什么变化？总之，个人所面对的结构环境将影响其社会关系的建立和维持。个人创造和维持其社会网络必然受到某些结构条件的限制。人们只能永久地在几种可能的关系中建立网络，他们的选择是一种社会结构的选择。个人的社会位置不同，其社会网络和社会行为必然不同。个人的社会经济地位通常用他们所从事的职业、收入和教育等指标来表示。但是并没有多少研究将焦点放在社会经济地位，特别是作为综合指标的阶级阶层对个人社会网络的影响方面，仅有少数的研究涉及这个问题。

在布劳（Blau，1977a）看来，社会结构是一个社会的人口在多维空间中的社会位置上的分布。社会位置、分布和多维空间是社会结构概念的三个关键变项。性别、种族、宗教、职业、居住地等是基本的类别参数，教育、收入、财富、权力、年龄等则是基本的等级参数。异质性（或水平分化）是指人口在类别参数所表示的各群体之间的分布。对于任何一个类别参数来说，群体数目越大，人口在群体之间的分布就会越广，异质性也就越强。不平等（或垂直分化）是指由等级参数所表示的地位分布。不平等的操作标准是，如果以平均地位为基准，那么所有成对的人们之间的平均距离越大，不平等程度越高。

微观社会学认为社会集团强烈的内聚力会促进社会整合，而布劳（Blau，1977a）的宏观结构理论则指出，社会整合取决于广泛的群际交往，不取决于强有力的内群体纽带；取决于不同群体和阶层的个人面对面的交往，不取决于他们的共同价值观和情感以及不同部分之间的功能互赖。

布劳（Blau，1979/1980：112）指出，宏观社会学理论的被解释项（定量研究中的因变项）是"社会中人与人之间关系的模式，即能够整合社会不同群体和等级，组成一种具有明显联系的社会结构"。而以往有关社会结构的讨论仅仅承认"存在社会地位差异，这些地位之间存在社会联系，以及人们的地位和相应的角色影响着他们之间的社会关系"（Blau，1977b：27）。他希望对社会结构进行重新界定，不同社会地位和群体人口分布之外的心理需求、文化价值、规范、技术力量等因素不应该包括在社会结构的范畴内。"社会结构就是人们之间发生的分化，各种社会结构深深地植根于人们的角色关系以及社会交往形成的差异之中。"（Blau，1977b：28）在他看来，社会成员往往同时占据着许多不同的位置，比如家庭的、邻里的、工作的、娱乐的、政治的和教育的位置等。因此每个不同位置上所分布的一定人数，使社会的宏观结构成为"社会身份"的多维空间。人们之间的社会关系往往受到这种空间分布的影响。

根据上述理论模型，布劳提出了以下具体的研究假设：（1）在社区或社会中，由人口的组成成分和分布状态产生的结构性限制和结构性机会对人们的社会关系有着决定性的影响；（2）有着近似社会位置的人们之间的社会交往比其位置差异较大的人们的交往更普遍；（3）群内交往比群外交往更普遍；（4）交往的普遍性随着地位差异的增加而减少；（5）人们同其他社会集团或阶层的交往将促进他们向这些集团或阶层的流动；（6）有共同交往对象的陌生人比没有共同交往对象的陌生人更可能成为交往者（associates）；（7）与其他群体或阶层成员的交往将会激励和促进社会流动；

(8) 占据上层地位的人将在社会交往中扮演主导性的角色（superordinate role）；(9) 人们的社会交往程度取决于他们的社会接触机会；(10) 地位差异是社会交换中被确认为有效的可比较的社会资源的差异；(11) 对许多雇员拥有权威的位置是当代社会多数权威的来源；(12) 在拥有大量财政资源的组织中的高层位置是当代控制经济资源的来源（Blau，1977a：281－282）。上述假设在其后的一系列经验研究中得到证实（Blau and Schwartz，1984；Blau，1994）。

Warner 及其同事在其扬基城的经典研究中指出，交往模式对于理解阶级制度是关键的，有时他直接按照交往方式来界定阶级。他认为，社会阶级是归属于相同社会小集团、内部联姻、彼此在对方家里用餐、属于同一组织的一群人。Warner 把社会小集团定义为"一种亲密的非亲属群体，其成员一般不会超过 30 人"。他和同事通过分析扬基城家庭小集团的详细资料，发现多数小集团将相同或邻近阶级的人联系起来（Warner and Lunt，1941：110－111，350－355）。虽然也有跨越阶级界限的小集团形成，但是并不是一种主要的趋势。尽管如此，按照排外的交往模式来定义美国社会的阶级是不现实的（Gilbert and Kahl，1993：125）。

Laumann（1966）在美国大都市地区进行了两次成人非正式交往模式的大规模调查。首次调查在麻省大波士顿都市区的剑桥和巴尔蒙特（Belmont）随机抽取了 422 名白人居民。第二次调查即底特律地区研究项目（Detroit Area Study，DAS）在 3 年以后进行，包括大底特律地区的 1000 名白人居民（Laumann，1973）。在两次调查中，他集中研究了美国成年白人的友谊关系。在他看来，友谊指或多或少相互认可的、具有一种特殊的相互信任与尊重的情感关系，这种关系是自愿形成和保持的。社会义务和特权的特定内容将依个人所占据的特定社会位置而不同。因此，友谊对于青年人和已婚成人、中产阶级上层（如专业人士）和工人阶级（如汽车制造工人）以及男人和女人来说，代表着迥然不同的意义（Laumann，1973：83）。

机会与限制理论的一般性假设是，人们倾向于与自己在各种社会经济特征方面类似的人发展密切关系。地位、态度、信仰和行为的类似促进了社会地位占据者之间密切或一致关系的形成。这个一般假定后来被概括为同质性或类似性原理（Principle of Homogeneity or Similarities）（Laumann，1973：5）。两个在地位、态度、信仰和行为方面越不类似的人，越不可能形成密切或一致的关系，他们在社会结构中的彼此距离就会越远（Laumann，1973：5）。相反，在社会声望、文化起源、种族和宗教信仰及价值等方面有类似特征的群体成员将彼此吸引，而不同的群体成员将彼此回避。

从结构功能主义出发，Laumann 由上述一般假设推导出如下预测：建立在先赋同质性基础上的网络应该与建立在获取同质性基础上的网络负相关。但是，由于这些标准之间存在功能和其他方面的不协调，一个选择标准的同质性意味着另一个选择标准的异质性。另外，由于先赋性地位群体的成员相当广泛地分布在当代职业结构中，在朋友形成的这两个基础之间不存在必然的功能失调，所以这两个选择基础之间不存在正或负的相关（Laumann，1973：86）。

由上述基本预测可以导出以下推论（Laumann，1973：87-97）。（1）对于较低地位群体的成员而言，种族和宗教归属方面的同质性将具有更重要的意义。（2）朋友中的职业同质性在高地位群体中将发挥更重要的作用。（3）社会经济地位最低类别的那些先赋群体的人特别集中于结构的较低层次上，那些在职业和种族宗教基础两方面与自己类似的人成为朋友的可能性最大。但是在社会经济等级制中处于较高层次的那些群体，不能简单地在"潜在朋友的机会结构"中轻易找到与自己职业和种族特征类似的人。人们希望选择与自己职业类似的人交朋友，因此总是必须选择与自己的种族宗教不同的人，因为在种族宗教特征上与自己类似的人在该层次上非常稀缺。（4）阶级认同感越高，朋友网络的职业构成的同质性越高，至少对于专科教育以上的人尤其如此。类似地，被访者的职业声望越高，其家庭收入越高，其友谊网络的职业异质性越高。（5）种族宗教同质性增加了既是朋友又是亲属的数目，而职业同质性降低了既是朋友又是亲属的数目。因为在美国社会，职业角色的分配很少以严格的亲属基础为标准，因此，亲属群体很可能在职业上是异质性的。在这个程度上，如果一个人以亲属为基础选择朋友，那么他的朋友可能是从事不同职业的。（6）同质性网络中最高教育获得的人比相同层次的异质性网络的成员更可能隶属于志愿团体。（7）成功地维持一种放射型网络比连锁型网络具有更多的内在困难和外部复杂性。因为可能需要平衡网络成员的冲突和期望。假设教育获得不变，放射型网络比连锁型网络中的人有更强的知识能力（Laumann，1973：115）。

在两次调查中，被访者均被询问了其 3 个最好朋友的职业。无论是哪个阶级的成员，各个层次上的男性最可能从自己或邻近阶级的成员中选择亲密朋友。这个趋势在上层和下层最为明显。例如，非技术和半技术工人中的亲密朋友有 3/4 来自自己的阶级，相对很少来自白领阶层。而上层专业人士和商人阶级的亲密朋友也大约有 3/4 来自其所属群体。相反，这种阶级内选择的趋势在中间阶级特别是文员和小业主中则比较微弱。尽管如此，这种趋势并不预示着中间阶级和工人阶级之间的客观或主观界限不复存在。多数文员和小业主的亲密朋友来自白领阶级（65%），技术工人的朋友多数来自体力工人阶级（62%）。总体上，跨越体力与非体力阶级界限的朋友选择在 1/4 左右。Laumann 的分析系统地论述了为 Warner（Warner and Lunt, 1941）所忽视的问题：不同阶级的人口规模和空间分布是不同的。个人同其所属阶级的成员交往的机会随着阶级规模的不同而产生差异。如果在一个地区的人口中，低技术和蓝领工人多于文员，那么蓝领工人就会比文员更容易在同辈群体中发展朋友关系。这是相对的"上限"（ceiling）和"下限"（floor）问题，对于顶层和底层阶级的成员而言尤其明显。顶层阶级的成员不可能选择比自己地位更高的阶级成员作为朋友，但是从比自己地位低的阶级中选择朋友的可能性相对较大。相反的趋势对于底层阶级来说也是一样。这种趋势反映了结构性的社会现实。高层专业人士和商人在自己阶级内选择朋友的机会是随机选择的 3 倍，不选择非技术工人的机会是随机选择的 10 倍。社会阶级构造了朋友选择的机会。对于多数阶级的成员来说，自我选择的可能性大约是随机选择机会的 2 倍。另外，偏离一般模式的概率是随着声望差距的增加而出现的。一方面，顶层的专业人员和商人精英的自我隔离倾向比其他任何阶层都大；另一方面，文员和小业主阶层显示出比其他群体更小的阶级偏离倾向（Laumann, 1966：65）。

  Laumann 首先分析了职业群体的社会结构。在他的第二次调查中，各种自雇群体，包括自雇的专业人士、业主和销售人员及专业技术水平最低的群体，同朋友分布的总体样本相比，一般具有较高的选择模式的差异指数（indexes of dissimilarity），而经理和科层制的低级雇员（普通文员和操作人员）在朋友选择中显示出最弱的职业排外倾向。前一群体比其他人相对地隔离于一般人口，至少在他们的朋友选择模式方面显示出这种趋势。Laumann 的解释是，这些群体构成了更独特的、更同质性的职业亚社区，后者与生活方式和价值取向相联系，使成员之间彼此特别吸引，构成他们朋友选择的障碍或限制。由于他们工作场所的区隔生态，来自其他职业群体的人不能经常地在工作场所见到。具有较高差异指数的职业类别通常也是每周工作时间较长的职业（因此，他们有相对少的"自由时间"花费于与其职业角色无关的人），并具有强烈的创业动机。职业团体是由职业的相对社会声望、社会经济地位和企业－科层制的差异构造的（Laumann, 1973：

75－80）。

　　Bott（1957）、Gans（1962）、Babchuk（1965）、Adams（1967）等社会学家发现，工人阶级的夫妇以性别隔离为基础卷入亲密朋友关系，中产阶级夫妇以共同参与为基础和朋友打交道。对于较低教育获得的男子而言，职业同质性和性别隔离的关系特别强。Laumann（1973）的经验研究也表明，种族宗教同质性与较大比例的朋友彼此在家里被招待相关；相反，职业同质性与小比例的朋友彼此在家里招待相关。职业同质性的网络有性别隔离的倾向。

　　与同质性应该促进朋友亲密度的预测相反，被访者报告的亲密度与职业同质性负相关。朋友网络的职业异质性越强，被访者越可能视朋友为非常密切的关系。一个逻辑上似乎有理的机制可以解释这个奇异的结果：以工作为基础的朋友网络意味着更表面的关系，因为这种网络仅仅通过地理邻近和大部分工作时间的可接近性来协调。以工作为基础的朋友关系既非常容易形成也比较可能破裂，这意味着作为亲密基础的感情关系是非常微弱的，因为这种朋友关系仅仅限于共同的工作环境。与职业不同的朋友的关系必须积极地培育，因为人们必须花费其"闲暇时间"去拜访他们，因而反映了其友谊的较高价值（Laumann，1973：93－96）。

　　种族宗教同质性与平均相对较长的友谊维持期（duration of friendship）相关，职业同质性同较短的友谊维持期相关。换言之，长期保持的友谊网络在种族宗教方面是同质性的，但是在职业上是异质性的。一种可能的机制是这种亲密朋友模式的形成是以学校中的种族宗教类似性为基础的。如果友谊随着时间的推移而保持，那么职业进取的差异性就会产生。青少年时期的朋友长大成人以后，可能进入不同的工作岗位，甚至他们的工作在职业的相对社会声望方面也会产生很大差别，他们也很可能在不同地区从事不同类型的工作。如果友谊的相互吸引在早年就牢固地形成，朋伴继续居住在距离相当近的区域内，地理距离不构成持续互动的不可克服的障碍，长期的友谊关系将忽略成年以后的异质性特征（Laumann，1973：96）。

　　友谊网络构成中的同质性可能促进初级环境中自我倾向和行为中类似的及一般化的社会支持与共识，因为同质性网络的成员比那些由高度分化的社会位置组成的网络成员更可能享有共同的倾向和价值（Festinger，1950；Laumann，1966：105－122，1973：113－116）。社会经济地位较高比较低的人更可能隶属于志愿团体。教育获得与组织成员身份之间呈现正相关关系。关系的异质性在一个既定的社会经济水平上应当增强与该水平相关的"特征性"行为方式。另外，具有异质性网络的人不太可能获得一致的初级社会支持和证实这些"特征性"的行为方式。相反，在最低的教育水平上，拥有同质性网络的人不像异质性网络的成员更可能隶属于志愿团体。种族宗教同质性网络则没有这种效应。因为宗教并不与这种行为模式系统地相关（Laumann，1973：98）。

他区分了四种不同的网络类型：纯粹的同质性、纯粹的异质性、种族宗教同质性与职业异质性及种族宗教异质性与职业同质性。如果同时考虑种族宗教与职业两种异质性指标，那么纯粹的同质性会随着年龄的增加而下降，而纯粹的异质性则随着年龄的增加而上升。随着年龄增加而下降的趋势也存在于种族宗教异质性与职业同质性网络中。然而，对于其他混合型的网络，没有显示出一致的模式。在美国居住的代际数与纯粹的同质性或纯粹的异质性没有明显的相关关系。显著的差异存在于两种混合型中。第二代居民偏爱种族宗教同质性与职业异质性的网络，而四代以上的美国居民偏爱种族宗教异质性与职业同质性的网络。这与随着代际数增加种族宗教同质性的假定下降及职业异质性的假定上升的预定模式相一致（Laumann，1973：105-106）。

一般而言，对于人的社会经济地位有多种测量指标，包括职业地位、教育获得、家庭总收入和主观的阶级认同。人们的社会经济地位并不与同质性网络的四种类型显著相关，虽然社会经济地位较高的人倾向于纯粹的同质性的网络。高地位者倾向于纯粹的同质性网络的趋势极大地促进或维持了世界观的内聚和一致倾向及"精英"团体中的有特色的生活方式。事实上这不是一种占优势的趋势（对于处在社会经济等级制底层的人则没有这种倾向），因此证明了美国城市白人分层制度在顶层（或底层）具有明显分化的特色生活方式的"社会阶级"模型是相对失败的（Laumann，1966，1973：106）。Warner（1953）对一个规模较小的城市社区（扬基城）的研究揭示，存在一种差别明显的"上上"和"下下"阶级，他们有着与社区中的他人有显著差别的生活方式。但是，Laumann认为，这种在特定阶级层次上倾向于纯粹的同质性网络的趋势在小社区比大都市社区更明显，不一定归因于各自社会结构的高度或低度分化（Laumann，1973：107）。

与预测一致的是，连锁型网络在纯粹的同质性类别中特别普遍，而放射型网络在纯粹的异质性类别中尤其盛行。而同质性的两种中间形式并没有显示出与一种或其他网络联系形式相关的趋势。最有趣的发现也许是志愿团体成员数目和网络异质性之间的关系。属于纯粹的同质性网络的人更可能隶属于 3 个以上的团体，而属于纯粹的异质性网络的人更可能不隶属或仅仅隶属于 1 个团体。这种趋势在大学专科毕业以上的人中间更明显。这也证实了下述预测：专注于同质性社会空间的人被激励着参与和其社会地位相应的特色活动。然而，朋友网络的规模，无论是联合的（与妻子一同参与互动）还是性别隔离的，四种同质性网络类型中的平均互动频率并没有呈现任何显著的模式。中学毕业生的纯粹的同质性网络与"封闭性意识"相关，纯粹的异质性网络与"开放性意识"相关。这种关系在其他两个类别中不是不显著，就是相反。与功能主义理论家的预测相反，选择朋友的先赋性和获致性标准之间并没有不协调。所预测的这两种同质性之间的负相关仅仅是在可忽略的意义上如此（Laumann, 1973: 107-108）。

Laumann 将放射型网络（radial network）界定为在自我的三个朋友的二维关系中，朋友之间彼此不是朋友，也没有共同的互动关系；连锁型网络（interlocking network）是指在他的三个好朋友中至少有两个彼此是朋友，且与自我共同交往。在一般意义上，一个连锁型网络将会由一些在重要社会特征方面类似的人组成，其基础是社会特征的类似势必内含着社会态度和人格特征的类似，因此人们相互吸引（Laumann, 1966, 1973: 113-114）。这些类似性促进了共同亲密度的发展，因为一种广泛的、共同的价值、利益和关怀可能被同一网络的人共享。一种亲密的面对面关系的显著特征，特别是在没有制度性限制而志愿形成和解体的情况下（在某种意义上，朋友是连续彼此选择的过程），是参与者激烈冲突的最小化或至少是严格地限制激烈的冲突。友谊被规定为一种一致的关系。人们享有相对类似的社会位置，也更可能在工作和私人生活中享有共同的地理空间。简单的地理邻近促进了相互频繁联系的网络的结成。因此，自我的朋友更可能彼此相遇，也更可能发展成彼此密切的关系（Laumann, 1973: 114）。Laumann 发现，种族宗教同质性网络是连锁型的（而非放射型的）。种族宗教的同质性，其互动的基础是先赋性的，而不是"获致性"的职业。接近 60% 的被访者回答有 3~4 个或更少的密友，说明友谊关系的本质是"深度的"而非"广度的"（Laumann, 1973: 96）。

放射型网络，是在更专门化的基础上形成的，例如，对于象棋、专业活动和运动的共同嗜好。网络中的成员不需要有统一的观点，他们并不与自我以外的人互动，他可能通过交换来建立一种特殊的二维关系。所以，他人在重要社会特征方面可能是相当分化或异质性的。另外，在放射型网络中，人们对自我与他人的关系可能会有相对较低的感情投入和承诺，由于不同地位的占据者之间存在组成网络的巨大可能性，一系列共同的利益和关怀可能也是有严格限制的。由于他人和自我在重要的社会特征方面不一致，当他人所运用的评价标准存在不确定性时，关于自我的私人信息的交换是成问题的。地位差异很大的人可能会对相同的信息采取不同的评价标准。因此，放射型结构中的关系可能在情感投入方面较弱，在功能上更专门化，而连锁型网络中的关系具有更强的感情投入和功能普遍性（Laumann，1973：114-115）。

在推测的意义上，放射型网络在某种意义上更灵活多变，更容易适应经历着连续社会变迁的现代工业社会的需要。许多个人更可能在地理空间和社会位置上流动，以功能上更特殊的标准建立友谊关系会促进个人适应新的社会环境。经历社会流动的人更可能拥有放射型网络。而连锁型网络与更地方化和自我的先赋趋向相关，也植根于长期的邻里关系和先赋的亲属关系及共同的种族宗教背景（Bott，1957）。如果按照帕森斯的模式变项来概述上述推测，放射型网络在功能上更特殊、普遍化、情感上更中立，具有表现或获得取向；连锁型网络在功能上更普遍、个人化、富于情感性，具有先赋取向（Laumann，1973：115-116）。

在Laumann的底特律样本中，27%的人属于完全连锁型网络，42%的网络中至少有两个朋友彼此也是朋友（部分连锁），仅仅31%的网络是放射型网络。20岁左右的青年人比老年人与朋友的关系更密切，因为后者更多地担负家庭和职业责任，他们只有较少的时间投入与朋友的活动。虽然年龄影响网络模式的分析结果证实了该预测，但是在统计显著度上并不十分突出。然而，教育获得和职业都不与连锁型网络和放射型网络的不同组成相关。每个阶级层次上的多数人（69%）都形成紧密联系的网络。一个人在一个地方居住的时间越长，越可能形成彼此熟识的密切关系。底特律调查资料证实了这个"机会"假设，但是并没有呈现充分的显著意义。长期居住在底特律的居民比居住时间不足5年的居民更可能形成连锁型网络（Laumann，1973：118-122）。

代际职业流动与以实质性的向上或向下职业流动为基础的朋友网络类型相关。因为从父到子的职业地位变动内含着个人社会交往本质的重大变化，有可能导向更具社会异质性的友谊网络，某些网络在其初始地位时形成，另一些则在他的目标地位时形成。一种连锁型网络的形成对于社会流动者来说是困难的（Eisenstadt，1954；Blau，1956）。但是，在控制教育和宗教的因素下，底特律调查并没有发现代际流动和网络类型之间的零序或高序相关。成功地维持和发展放射型网络比维持连锁型网络具有更多的内在困难和外部复杂性,因为平衡冲突需要和期待的需求非常强烈。冲突需要和期待产生于异质性的朋友网络,这证实了前述的假设。在种族宗教群体成员的重要社会特征、职业活动和政治党派偏爱等方面,连锁型网络更可能是同质性的,有较深入的亲密情感和感情投入,有更频繁的交往频率,相比于放射型网络,占据了人的大部分时间。如果关于放射型和连锁型网络之间差异本质的推断是正确的,那么可以假定,放射型网络比连锁型网络的成员更偏爱个人主义的、自治的和有"风险"的职业。在控制了宗教和教育差异以后,放射型网络的成员更可能选择成为小公司所有者而不是大公司职员,更可能选择技术工作而非文员工作。连锁型网络充当更有效的个人态度的社会锚地,导向关于既定社会位置各种问题的定型化态度。这个假定获得了支持:连锁型网络成员更可能确定性地偏爱共和党或民主党,而放射型网络的成员更可能保持政治中立(Laumann,1973:125-126)。

等级的差异,来自假设的模型:底特律的经济或地位群体,除了犹太人和黑人,没有维持这种明显排外的我群和他群之间的界限,以阻止外在的影响渗入群体的非常亲密的网络。甚至一个排外的与内群体成员亲密交往的人也可能把个人网络中属于外群体的成员包括在密切圈子内(Laumann,1973:209)。

研究者对法国金融界高级精英中友谊关系的实证分析表明,社会声望和俱乐部成员身份决定了朋友小圈子的形成。朋友选择决定于社会声望、政党身份、居住地及其教育获得。这些内部的朋友圈子分割为社会计量学上的"小集团",后者具有协调和竞争的双重特点。内部成员之间"强制推行的信任",对于金融领域上层精英友谊关系的建立和维持发挥了重要作用(Kadushin,1995)。其他学者对法国朋友关系、互助关系、信任关系和情侣关系的社会分层结构的近期研究也基本上支持了同质性原理,同阶层选择的比例在30%~48%,其中朋友选择的同质比例更高达48%,几乎接近了最大可能性(最大可能性为50%)。他们对3项法国调查资料的分析显示,同质性选择是社会选择过程中的主导倾向,但是同质性选择在不同性质的个人关系中又有所差异。同质性选择在朋友关系和情侣关系的建立过程中最明显,与此相比,互助关系不太具有同质性选择的倾向,经理与专业人员通过互助和职员与蓝领工人建立联系。因此,即使前者获得后者的帮助,他们之间也不可能发展成朋友关系或情侣关系。互助交换关系通常发生在不同社会经济类别的家庭之间,这些交换在质量和数量方面很可能是不对称的(Ferrand et al.,1999)。

为什么某些人比其他人的网络规模更大?为什么某些人的网络比其他人包含着更多的亲属和更少的朋友?相关的研究表明,这些个体差异与人们所占据的社会-结构位置有关(Fischer,1982;Marsden,1987;Moore,1990)。某些人拥有较大的网络是因为他们年轻、已婚和受过较多的正规教育(Fischer,1982)。

同具有较高收入和较高受教育水平的人相比,具有较低收入和较低受教育水平的人更可能是孤立的,他们拥有较小的个人支持网络(Fischer,1982:55;Fischer and Phillips,1982;Marsden,1987;Huang and Tausig,1990;Moore,1990)。Loventhal 和 Robinson(1976)也发现,贫困经济条件和较低受教育水平的人在社会交往和互动方面不太活跃。

社会阶级之间在关系构成方面的差异也是明显的,但是有关研究的发现并不一致。一些研究表明,亲属关系对于社会经济阶层较低的人而言更重要,而社会经济阶层较高的人涉及更多的非亲属关系(Adams,1970)。亲属的重要性对于阶级地位较低的人来说更明显。类似地,受教育水平较低者的个人网络拥有更多的亲属而不是非亲属(Fischer,1982:85)。亲属关系的相对重要性主要归于社会经济地位较低者少量的非亲属关系(Moore,1990)。另外,亲属关系在个人网络中的重要性随着受教育水平和收入的提高而降低(Marsden,1987;Hurlbert and Acoke,1990);其他一些研究则指出,在绝对的意义上,地位较低的社会阶层同中间和上层阶级相比,并不拥有更活跃的亲属关系。实际上,同亲属的联系似乎在社会经济地位较高的阶层中间更普遍(Loventhal and Robinson,1976)。Fischer(1982:91)报告说,"家境富裕和受过良好教育的人比社会阶层较低的人更多地参与非亲属关系"。拥有较低受教育水平和收入的人更可能与非亲属隔绝(Fischer and Phillips,1982)。Marsden(1987)的研究也表明,非亲属关系的规模随着受教育水平的提高而扩大。社会经济地位较高的人对非亲属关系的较高参与适用于所有类型的非亲属、邻居、朋友、同事以及相同组织的成员(Booth,1972;Loventhal and Robinson,1976;Fischer,1982:99-115;Moore,1990)。

另外,Allan(1977a)的深入访谈资料揭示了工人阶级和中产阶级之间朋友选择模式的差异。朋友选择受到特定环境和场景的制约。"中产阶级是通过强调朋友关系的个人性而不是交往的内容来延伸和发展。"工人阶级几乎仅仅从家庭、工作和邻里中发展朋友。例如，他们经常和其兄弟姐妹发展亲密的类似朋友的关系，特别偏爱在年龄和性别等人口特征方面更相近的兄弟姐妹（Allan，1977b）。

另一对个人关系类型的可能影响是人们是否从事有薪工作或家务。Wellman（1985）发现，"生产者"（已婚男人）主要参与有薪工作，因此比"再生产者"（已婚的专职主妇）更少地与邻居交往。虽然"生产者"不一定与同事发展更活跃的关系，但是他们明显比"再生产者"拥有更多的同事关系。参加有薪工作且又主要参与家务的妇女似乎在同事关系和邻居关系方面都不占有优势。

小结：Laumann 的两次美国大都市社会网络的调查结果基本上验证了社会交往的机会与限制理论，具体而言，同质原理和声望原理在他的两个样本中均得到了证实。但是，他的两次调查存在共同的不足。第一，两次调查的样本都仅仅包括在北美（美国或加拿大）出生的有工作经历的男性白人（Laumann，1966：17，1973：285），这在某种程度上限制了分析的视野。第二，他的两次调查样本都是地区性的，那些被一个地区的调查资料验证的理论模型和经验发现未必在其他地区的调查、全国性的调查或跨文化的调查中再次被证实。第三，社会交往被 Laumann 在实际调查中操作化为"朋友选择"的过程。这种在朋友选择脉络中得到证实的模型在一般社会交往或是其他类型的社会支持网络中能否被再次验证，需要未来研究的支持。

第二节　理性选择理论

社会交往中的理性选择理论是本章第一节讨论的机会与限制理论的发展。作为一般的理性选择行动，其基本原则是，个人按照一种投入-产出的精于计算的方式选择他们的行动过程。这里所说的理性有两层含义：第一，个体是有目的的行动者；第二，行动的原则在于最大限度地获取利益。社会学中理性选择理论的代表人物詹姆斯·科尔曼（Coleman，1990）认为，社会关系、社会结构、集体决策和集体行为等归根到底是个体追求最大功利进行成本效益分析以后的理性选择结果。

理性选择理论自问世之时就招致许多批评，特别是具有社会学倾向的研究者声称，人类行为多数是非理性或反理性的，并且受到规范和习惯的指引。另外，自由选择的观点也经常受到社会科学家的怀疑，他们更乐于相信个人行为全部依社会力量而定。"经济学关注的是人们如何做出某些选择，而社会学所关心的是人们为什么不做出某些选择。"（Duesenberry, 1960: 233）。

一 朋友选择的"机会、回报和成本"模型

Jackson（1977）通过对 Laumann 的底特律地区调查资料的二次分析将社会交往的机会与限制模型加以扩展，称之为"机会、回报和成本"模型。以往对于友谊关系的解释基于两种模型。（1）个人主义的模型，强调人际吸引（Winch, 1958; Rubin, 1973）。心理学家坚持这种模型。人际吸引是心理亲和或互补的产物。情感（或感情归属）是一个关键的因素。但是这种模型并不能解释朋友之间的类似性。第一，虽然许多人有成为朋友的充分的情投意合的内在吸引力，但是在现实中仅仅有很少的人成为朋友。第二，朋友并不是彼此寻找，相反，友谊关系的建立产生于互动。该模型可以解释两个在社会结构位置上相当的人可以成为朋友，但是并不能一般地解释社会结构对朋友模型的影响（Goode, 1959）。（2）价值模型。试图将社会结构与友谊连接起来。该模型假定，一般而言，与价值观念不同的人交往是困难和痛苦的，人们通常与本群体价值共享的那些人发展友谊关系（Lazarsfeld and Merton, 1954）。该模型假定，人们的正式社会位置使人们处于一种规范的环境下，从而塑造了其价值。享有一致价值和信念的人具有类似的社会位置。这种分析也具有严重的缺陷。第一，价值影响友谊可能仅仅是在被突出和讨论的意义上。因此，许多持有不同价值的人也可能成为朋友（例如，住在白人社区的人会具有不同的种族观念）。第二，共享价值不是创造友谊的充分条件。一个富有的雇主和一个贫穷的工人虽然持有相同的观念，但是不大可能成为朋友。第三，价值和社会位置不可能密切地联系，也不可能充分一致地解释友谊类似性的模式。总之，价值和情感吸引影响友谊选择，但是它们并不能充分解释朋友之社会位置的巨大相似性。虽然上述两种理论模型隐含着友谊关系是一种社会交换，但是它们并没有深入地探讨社会交换的深刻意义（Jackson, 1977: 60-61）。

对个人而言，一种友谊的价值或回报取决于其他人提供某种"服务"——如情感支持、经济资助、信息、结盟及与个人密切网络之外的资源的联系——的能力。友谊也具有成本：直接成本，如花费于帮助朋友的时间；间接成本，花费于访友的金钱；机会成本，一个人在可以选择的友谊中获得的服务的价值。显而易见，人们并不总能做出最优的"成本-收益"决定。然而，他们能够比较不同关系的大致纯收益，也能够将他们的

承诺转向那些实质上更"可获利的"关系（Mauss，1925；Thibaut and Kelley，1959；Homans，1961）。上述分析意味着，为了发展稳定的关系人们必须拥有稳定的资源。资源不一定是相同的类型，但是在性质或质量方面的不平衡交换促进了权力分化、主从关系和剥削（Mauss，1925）。资源的平等大致依赖于社会位置的平等。

友谊在程度上的不同对于均衡而言是必要的。Wolf（1966）区分了以经常的、明确的交换为基础的工具性友谊和以长久的亲密关系、相互承诺与象征交换为基础的情感性友谊（这类似于将关系区分为"方便的"和"承诺的"关系）。社会均衡对于第二种友谊不像第一种友谊那样重要。人们试图在每一种社会脉络中——亲属、工作、邻里等环境——构建积极的关系。对于某些人而言，进入每种脉络都是或多或少受到限制的，大致上经常以社会位置为基础。例如，不同职业的人进入不同的社会位置。相应地，人们形成社会关系的机会在某种程度上也限于类似的社会位置。脉络随社会维度的不同而不同。例如，种族对亲属比对雇主更重要，而职业对亲属的重要性则正好相反。在任何环境下，特别重要的关系都会扩展为"最好的朋友"交换。在从"工具性"转向"情感性"的关系方面，这些友谊变得不太依赖于原始脉络，更可能经历角色关系的终结（Jackson，1977：61-62）。

人们的朋友选择也受到其现存社会网络的影响。人们建立和永久维持的不仅仅是个人关系，也包括整个社会网络。因此，他们会考虑（可能并非有意识地）其目前的朋友将对潜在的朋友做出何种反应。人们也会根据互动和交情的不可实现（unmet）的愿望来评价一个潜在的朋友如何补充其现存的网络。现存的朋友可以塑造通过引入新朋友而扩张的网络形式。

质言之，友谊是一系列社会交换的产物。它要求人们相遇，参与相互有回报的互动，在互动中每个人都能接收其投资的实质性回报。由于资源依赖于社会脉络，互动双方提供资源交换的能力是大致均衡的。任何单一的友谊选择也依赖于个人现存的朋友网络。正式社会结构塑造了其非正式结构即个人的人际关系。正式社会结构（经济、种族和年龄）中的个人位置将影响对社会交换的评价、期望或需要；满足直接和间接社会交换成本的能力；参与和进入朋友形成的不同脉络；为他们选择朋友所带来的社会压力的种类和程度（Jackson，1977：62）。

Jackson从人们在经济结构中的位置（主要包括职业、从业的经济部门、教育、年龄、宗教、种族等方面）角度验证了上述模型。他们指出，人们在经济结构中的位置将影响其朋友选择。不同生产线上的人在工作中是地理上隔离的。不同阶级的人在居住区域上是空间隔离的，在休闲活动上是社会隔离的。在可用于社会交换的资源方面，在有价值的社会交换类型方面，在关于社会交换的内在理解方面，存在阶级差异。相应地，两个人的经济位置越是不同，他们越不可能成为"密切朋友"。

职业 Jackson（1977：63-65）对朋友选择过程的社会结构分析表明，人们倾向于从相同职业层次上选择朋友。（1）男性倾向于在与自己相同的职业阶层内选择朋友，各职业阶层的比例从41%到48%不等。在职业方面自我选择的比率从1.6到1.8不等，平均为1.9，亦即人们在自己所属的职业阶层内选择朋友的概率大致是随机选择的2倍。（2）自我选择的比率在上层白领中最高，在蓝领工人中最低。高地位者更倾向于将朋友选择限定在自己所属的地位群体内。（3）两个人的职业阶层的距离越远，其成为朋友的可能性越小。对于经济部门、受教育程度、种族类别与朋友选择模式的分析也支持了同质性原理。但是，另外一种趋势是，人们也倾向于与比自己职业地位稍高的人发展朋友关系。

经济部门 人们多在自己的经济部门内选择朋友。居住模式（如邻近工厂居住）、共享的经济利益、通过志愿组织的接触（如工会和商业群体）等强化了这种趋势。31%~63%的人在自己的经济部门内选择朋友，自我选择的比率从1.3到3.8不等。政府雇员具有较高的自我选择比率，相反，生产工人则具有较低的自我选择比率。

教育 教育影响朋友选择是通过影响人们的制度史（institutional histories）、接触机会和他们所重视的社会交换类型以及社交技巧来体现的。所以，人们的教育差异越大，越不可能发展和保持朋友关系。平均而言，底特律男性在自己所属教育层次中选择朋友的概率是随机选择的2倍，大学以上受教育程度者显示出最明显的自我选择倾向。但是，人们也倾向于选择比自己受教育程度高的人作为朋友。总之，教育的差异越大，成为朋友的可能性越小。

年龄 年龄差异区隔了人们的活动（居住、工作和消遣）、利益和历史经验。人们选择相同年龄段的人做朋友的概率是随机选择的2~4倍。接近21岁和65岁的人更可能在21~65岁的范围内而不是在此范围之外选择朋友。这两个年龄是劳动力市场的进入和退出点，在年龄结构中创造了广泛的"断层"（fault），从而使超出这个范围的朋友选择变得相当不可能（Jackson，1977：68）。

底特律的资料证实了"亲属-朋友在种族方面类似，而在经济部门上分离"的选择模式：58%的亲属-朋友拥有共同的种族身份（所有朋友中有共同的种族身份的比例为34%），亲属－朋友不太可能在经济部门和年龄方面类似。

81%因工作而结成的朋友关系（简称工作－朋友关系）源于共同的经济部门，60%的工作－朋友关系也源于共同的工作地位。年龄和教育影响了一个人在生产过程中的最终位置，也与其特定的位置间接相关。因此，工作－朋友关系在这些维度上彼此适度类似（moderately similar）。种族对工作没有直接的影响，工作－朋友关系不大可能在种族上类似。简言之，上述资料证实了工作－朋友关系在经济部门和工作地位方面的类似，但是在种族归属方面相隔离的预测（Jackson，1977：69－70）。

一般而言，邻里－朋友通常是偶然形成的，这种关系并不是非常亲密的，主要基于近距离互动的低成本。对他们参与的交换的需求最低，邻里－朋友显示出最小的选择类似性。确实，邻里－朋友在亲属－朋友之后，具有经济上的最小类似性；在工作－朋友之后，具有种族上的最小类似性。邻里－朋友在年龄上适度类似，这也许是因为消遣和居住位置随着生命周期的不同阶段而不同。

志愿团体是一种相当不同的脉络。参与志愿团体需要某种程度的有意承诺（intentional commitment），这以共享利益为基础，有可能产生或需要对所参与群体的认同。因此，有许多不同类型的团体，集中于与不同结构维度相关的利益。假定朋友选择在所有测量维度上都是类似的，志愿团体－朋友在年龄以外的其他方面都比随机选择的朋友更类似。

少年期朋友产生的社会脉络缺乏与成年期相关的因素，少年或青年朋友多产生于邻里和学校，因此在年龄方面极其相似。维持一种在少年期形成的友谊经常需要精力及其较多的投入，特别是当少年期的朋友走上不同的生活轨道以后。因此，多数少年时期的友谊可能形成于便利（例如邻居），但是其维持源于承诺（例如团体朋友）。结果少年期朋友具有适度的经济类似性和高度的种族类似性（Jackson，1977：70－71）。

总之，在结构特征方面，亲属－朋友在种族特征上非常类似，而在其他方面则相对没有差别。工作－朋友在经济上最类似，但是在种族或年龄方面并不特别相同。其余的来源按类似性依次为：团体、少年期、"角色关系不明"和邻里。

在种族和职业身份类似的条件下，友谊是最可能发生的。当被访者居住在底特律市区而不是郊区时，居住在一个邻里的时间较长，经常参加教会活动，而且拥有紧密的网络时，他们特别可能拥有相同种族的朋友。在统计分析中控制家庭收入以后，职业类似性下降，但是种族类似性并没有随着下降。这支持了如下论点：经济结构影响了朋友选择，至少是部分地要求物质交换的平等，而种族选择基于更普遍的承诺。

当朋友处在相同的职业层次时，他们属于相同经济部门的概率也非常高（概率为0.23）。职业类似性也与教育类似性相关。教育和经济部门对友谊影响的差别最大：前者开辟了进入职业层次的渠道，后者提供了互动的脉络。友谊在这两个维度上仅仅微弱相关，经济结构和种族结构影响朋友选择的过程不同：前者通过工作场所和经济资源来施加影响；后者通过共同的根源和共享文化来发挥作用。结果种族类似性微弱地与经济类似性的三个方面负相关，虽然该影响并不强，但的确是一致的。年龄横跨了经济结构和种族结构，它影响朋友选择的过程也是不同的。年龄类似性和其他类似性之间并不相关。社会阶级地位较高的人拥有较多的资源、经历更多的流动去寻求和维持与自己类似的朋友关系，他们也许承受了更多的社会压力。白领职业者更可能与除行业以外各方面类似的人成为朋友，蓝领职业者的朋友类似性最小，当被访者和朋友处于相同的职业地位时尤其如此。

当被访者和朋友属于相同的行业时，一致的顺序显示如下：在政府部门工作的人在其他各方面更类似，接下来是生产行业、商业和建筑业。职业与朋友的教育获得的相关程度很高，按照Gammas系数的大小依次是：上层白领（0.68）、上层蓝领（0.52）、下层白领（0.45）、下层蓝领（0.38）。上层白领、下层白领、上层蓝领和下层蓝领与朋友具有相同种族身份的比例分别为40%、34%、31%和27%。上述4种职业身份与朋友同属于一个年龄段（相差5岁之内）的比例依次为69%、62%、58%和51%。差异部分地是由不同部门和工作类型造成的（例如，在政府部门工作的人有较高的经济地位，由此可以预测类似性）。结果行业的正式组织部分地影响了朋友选择的方式。政府部门的雇员工作在大型的专业化的单位，具有多层官僚机构和严格的权威界限。这种结构限制了形成多元友谊的机会和刺激。建筑公司则相反，对于社会特征类似的友谊则提供了较少的价值或较少的限制。教育是比持久的社会位置更具历史性、个人性的特质。因此，教育获得并不能实质地或一致地改变其他维度对友谊的影响（除了间接地发挥进入较高职业层次的作用）。当两个朋友具有相同的受教育程度时，他们在种族和职业方面比其他方面更类似。

由于年龄跨越了所有的结构层次，大致上它并不对其他类似性的维度产生影响。然而，年轻人比老年人在各个方面稍稍类似。也许老年人评价友谊的方方面面不像类似性那样明显，也许老年人不能或不愿改变长久的友谊关系。接受较高教育的人占据着较高的地位。特别是，高地位朋友之间的巨大类似性和经济部门的差异，部分地是每一种社会结构提供的机会和限制的结果。

Jackson 还探讨了结构位置对友谊选择的同步影响，他发现：（1）较高的地位依次与职业（β=0.33）、教育（β=0.27）和年龄（β=0.11）相关；（2）朋友的经济部门几乎排外地与被访者的经济部门相关（β=0.34），边际地与教育相关（β=0.11）；（3）朋友的教育最好地被被访者的教育（β=0.40）和职业（β=0.16）预测到；（4）朋友的种族归属支配性地与被访者的种族相关（β=0.42）；（5）朋友的年龄唯一与被访者的年龄相关（β=0.65）。这些发现证实了先前的预测：友谊的类似性、三种经济维度的相互联系、区隔的过程造成了年龄和种族方面友谊的隔离（Jackson，1977：74-76）。

他还分析了现存社会网络对友谊网络的影响：一个人的社会网络限制了他将选择谁作为新朋友。当前的朋友有时会彼此介绍新朋友。但是受到时间和空间的限制，由于结识新朋而放弃旧友通常是困难的。一个人的社会网络的当前成员可能抗拒"不期望的"新成员进入。当网络密度较高时，就会产生较大的社会压力。社会网络越紧密，"类似朋友结交类似朋友"（或如中国成语所说"物以类聚、人以群分"）的效应就越明显。实际上，上述论断可以概述为"社会压力影响朋友选择"的假设。

许多研究证明，人们不成比例地选择与自己社会位置相似的人作为朋友。以前对这种观察的解释集中于个人品位和价值类似性方面。虽然品位和价值对朋友选择是重要的，但是并不能解释社会类似性的普遍性模式。网络发展的"理性选择模型"解释了这种共同现象。社会结构中的位置影响了人们对交换的评价，他们维持社会交换中的互惠的成本的能力，以及与不同社会位置的人相遇和互动的机会。现存网络对朋友选择施加的压力强化了这些过程。经济和种族类似性似乎是彼此抵消的，工作单位是经济类似性的主要来源，而亲属则是种族类似性的源泉。高地位职业和政府或生产部门的人更可能选择与自己类似的朋友。一个人的新朋友与自己类似部分地决定于他们与自己旧友的类似性。朋友类似性的重要性不仅仅在于其与理解社会网络内在相关，而且也对解释社会的一般分层意义重大。社会网络的区隔也是一个社会中的正式结构的非正式结构的显性化（Jackson，1977：75-78）。

"机会、回报和成本"模型对朋友选择过程及结果提供了一种比个人主义和价值模型更强有力的解释。不可否认,由于验证这个模型的调查资料来源于 Laumann 的底特律样本,所以本章第一节结尾所指出的两点缺陷在"机会、回报和成本"模型中也同样存在。

二 社会支持网络的"限制、成本和收益"模型

范德普尔(Van der Poel,1993b)将理性选择模型运用到微观的个人社会支持领域,推导出如下假设:人们建立和维持社会网络是通过评估所有可能的个人关系的成本和收益(benefit),从而选择能够产生最大收益且付出最小成本的个人关系。不同的社会经济特征(如性别、年龄、教育和阶级阶层、居住地的城市化程度)为人们建立和维持社会支持网络提供了不同的限制和成本,从而也将为他们带来不同的收益。相关的具体假设包括以下几个方面。(1)交往机会假设:接触机会越少,发展和维持个人关系的代价越大,因而增加了不建立或中止某种个人关系的机会。(2)居住距离假设:居住距离越远,发展和维持个人关系的代价越大,因而增加了不建立或中止某种个人关系的机会。(3)关系持续时间假设:认识一个人的时间越短,发展和维持个人关系的代价越大,因而增加了不建立或中止某种个人关系的机会。总之,发展和维持个人关系的代价在下述情况下较高:接触某个人的机会较少、同某人的居住距离较远、同某人认识的时间较短。(4)关系多元化假设:个人网络中的多元性越强,从另外的个人关系中受惠的机会就越少,这将减少发展新关系的机会。(5)"自我开放"假设:人们越倾向于自我开放,从个人关系受惠的机会越多,他们所拥有的个人关系越多。(6)角色重要性假设:在一个特定的角色范畴中,人们与某一(或某些)特定关系的重要关联性越强,从这些关系中受惠的机会越多,这些关系也因而越可能得到发展和维持。总之,发展和维持个人关系的收益在下述情况下较高:个人网络规模较小、自我开放的倾向较强,与个人关系的重要关联较强。根据这6个基本假设,他演绎出 62 个推论(Van der Poel,1993b:31-35、95-143)。

范德普尔运用荷兰全国性的社会支持网络(工具性支持、情感性支持和社交伙伴)调查资料对上述假设进行了定量检验。(1)交往机会假设在很大程度上得到验证。人们的工作时间越长,与同事接触的机会越多,也就与同事发展和维持越多的个人关系。与志愿团体成员的接触机会影响了与他们发展和维持个人关系。仅仅休闲和政治组织的积极成员身份导向与

团体成员的更多个人联系。(2) 居住距离假设：居住距离对父母、子女、兄妹、姻亲和其他亲属等亲缘关系是否被包括在社会支持网络中产生了积极的影响，即居住距离越近，越可能将他们选择作为社会支持网络的成员。居住距离对于配偶和朋友的影响是负的，亦即该假设不能在配偶和朋友关系中得到证实。(3) 关系持续时间假设部分地得到验证。个人网络中的邻居规模随着居住时间的延长而增加，但是结婚年限或拥有稳定伴侣的年限、在同一工作场所的从业年限对姻亲和同事规模没有影响。这意味着较长的关系持续期限并不必然导致发展和维持个人关系的较低成本。(4) 关系多元化假设在姻亲、其他亲属和非亲属关系中得到验证。然而，父母、子女和兄妹等近亲的规模不受自我与其他人关系的影响。这说明在建构个人社会关系时，近亲规模大体上决定于可用性（availability）和可及性（reachability），而姻亲、其他亲属和非亲属规模决定于已经建立的与其他人的关系。(5) "自我开放"假设仅仅在同事和朋友关系中被证实。这可能是由于同事和朋友在提供情感支持时更专门化，也许自我开放是根据是否与自我讨论个人问题而决定的。(6) 角色重要性假设获得部分支持。固守传统家庭价值的人不可能转向伴侣，反而更可能转向子女寻求支持。对邻里关系满意的人更可能向邻居寻求帮助。但是，地区主义者并不比世界主义者提到更多的邻居作为社会支持网络的成员。支持工作交往的态度并不与向同事寻求帮助相关，因为同事规模主要决定于可用性（就业地位）、接触机会（工作时间）和对情感支持重要性的归属。对一般社会交往重要性的支持并不影响团体成员和朋友规模，但是对网络中的熟人规模生产了积极影响。总之，人们对某种特定角色关系的态度与其实际行为基本不相关（Van der Poel，1993b：135-141、148-149）。

那么在控制了限制、机会和收益因素[①]以后，社会结构对于网络构成影响的差异还会存在吗？范德普尔的分析发现，在控制了限制、机会和收益因

[①] 限制因素用不同角色关系的可用性来表示。例如，在分析一个人的社会支持网络中的同事规模时，他所熟识的所有同事就构成了模型中的限制因素。该模型假定潜在的某种角色规模越大，该种角色进入社会支持网络的可能性越大。成本因素指与某种特定角色的居住距离和认识时间。该模型假定与某种既定角色的居住距离愈近、认识时间愈久，选择该角色作为社会支持网络成员的代价愈低。收益包括不包含某种特定角色的社会网络规模和自我封闭倾向、传统家庭价值观、地区主义价值观及支持态度等主观指标。该模型假定不包含某种特定角色的社会网络规模与该角色进入社会支持网络的可能性呈负相关。自我封闭倾向与选择非亲属关系作为社会支持网络成员负相关。传统家庭价值观与选择亲属关系正相关。地区主义价值观与选择邻居作为社会支持网络成员正相关（Van der Poel，1993b：60-63）。

素以后，多数社会结构的影响消失，但是仍然保留着一些差异，并产生了一些新的差异。社会结构对网络构成的影响表现在以下几个方面。（1）女性比男性提到兄妹的可能性更大，但是提到姻亲关系的可能性更小。这说明夫妇更多地参与妻子家庭的活动，而不是相反。女性社会网络中志愿团体成员规模比男性更小。这也许意味着男性参与更多的志愿团体是出于社会结构的原因。此外，男性社会网络中的同事规模和熟人规模均大于女性，这可能是由多数女性为家庭妇女造成的。（2）社会网络中父母和兄妹的规模随着年龄的上升而减小。成年子女更可能将其父母而非同辈群体成员选作社会支持网络的成员，这可能是因为父母能够提供更多的支持，也使得他们自己受益更多。（3）已婚者和丧偶者比单身者和离异者提到兄妹的概率更小。同单身者相比，已婚者、丧偶者特别是离异者不大可能将远亲包括在社会支持网络之内。丧偶者的网络中比其他人包括更多的熟人和志愿团体的成员。婚姻地位在配偶、父母、子女、姻亲、同事和邻居子网络（subnetwork）中的差异完全可以按照理性选择变项如可用性、可及性和支持态度来解释。（4）同其他阶级相比，小业主和农场主不太可能将父母和子女包含在他们的社会支持网络中。常规非体力雇员和服务阶级的成员比工人阶级和其他阶级的志愿团体成员的规模更大。小业主、农场主和服务阶级比其他阶级的朋友规模要大。未分类的其他阶级比其对手（counter）的志愿团体成员和朋友的规模更大。（5）受教育程度较高者比较低者更可能将其父母和子女包括在社会支持网络内。受教育程度在大学以上的人比专科以下的人更可能选择其他亲属（远亲）作为其社会支持网络的成员。这个发现与先前的许多研究结果相悖：亲属联系在较低的社会经济阶层中更普遍（Admas，1970）。关于非亲属关系，受教育程度较高的人比那些受教育程度较低的人的同事、朋友、邻居和志愿团体成员的规模更大。可能的解释是受教育程度较高者有较强的非亲属联系倾向，或他们充分掌握了发展这类关系所需的社交技巧。（6）居住在城市化的农村地区和大城镇的人更可能把非亲属包括在他们的网络内，而那些中小城镇的居民更少提及其邻居和同事（Van der Poel，1993b：141－143）。

范德普尔进一步指出，按照普通想法和社会科学的研究，体力工人比非体力工人更倾向于亲属关系。当涉及一个人寻求社会支持的亲属规模时，并不一定是这种状况。甚至在关系类别层次上，来自不同阶级的人提到的寻求帮助和支持的亲属数目相等。然而，体力工人比非体力工人更少转向非亲属寻求帮助。因此，亲属的重要性对体力工人而言相对更大。

非体力工人比体力工人更经常地转向同类成员和朋友获得支持。第一个差异可以部分地被非体力工人隶属较多的社会组织（如志愿性社团）所解释。然而，在控制了可用性和成本与收益以后，在同类组织成员和朋友的规模方面，仍然存在明显的阶级差异。另外，服务阶级（service class）的网络比其他阶级包括更多的同事，这可能使他们更可能拥有一份工作。

个人网络的规模随着受教育程度的提高而上升，这也完全可以解释网络中的非亲属规模。文献和大众信念中的一般想法是，亲属关系在受教育程度较低者的生活中比在受教育程度较高者的生活中发挥着更重要的作用，这种想象仅仅在相对的意义上是真实的。个人转向寻求帮助和支持的亲属网络的规模并没有随着受教育程度而发生显著的变化。然而，受教育程度较低者的网络中亲属的比例高于受教育程度较高者。这与上述讨论的体力与非体力工人之间的差异类似。虽然阶级和教育都是社会经济地位指标，但是它们并不可相互替代。

一般而言，受教育程度较高者比较低者更可能向父母寻求帮助。这大致上是由于其父母更可能健在，因为受教育程度较高者比受教育程度较低者更年轻。然而，即使把可用性和成本及收益因素考虑进来，差异仍然存在。网络中子女的数目随着受教育程度的提高而下降。当考虑到受教育程度高的人有更少的子女与他们共同生活这个因素时，仍然发现他们比受教育程度较低者更多地向子女寻求帮助。

受教育程度高的人有较高的各类非亲属关系参与率（除了熟人以外）。他们更可能向朋友寻求帮助，因为他们有更多的亲密朋友可以接触，也更倾向于和朋友讨论个人问题。受教育程度较高者的网络中有大量的同事可以归于他们更经常地被雇用和有高度的自我开放倾向。然而，即使控制了这些因素，正向的受教育程度的影响依然存在。当控制了几种组织成员身份以后，网络中同类组织成员的数目还与受教育程度正相关。缺乏社交技巧阻碍了受教育程度低的人参与非亲属交往。受教育程度较低者似乎也不经常向邻居寻求帮助，这似乎超出了原来的设想。这可能是因为受教育程度较低者通常与亲属住得较近，从而减少了对邻居在临时琐事或紧急情况下的需求（Van der Poel，1993b：154－155）。

从6个基本假设中推演出的62个推论有30个得到明确的验证，在其他未被验证的推论中，有2/3的非显著参数与假设的预测方向一致，而且参数的显著度接近0.05（单侧检验）的水平。另外，理性选择理论可以解释个人社会网络中配偶、父母、子女规模的大部分变异，能够解释兄妹、姻亲、其他亲属和朋友规模中大约 1/4 的方差。对于同事、邻居和团体成员，则有 10% 的方差归于限制、成本和收益变项。单独的限制模型（仅仅包括可用性变项），解释了配偶、父母和子女规模 50% 以上的方差。成本和收益变项对于兄妹、姻亲、其他亲属和朋友规模的已解方差有实质性的贡献（Van der Poel, 1993b: 146-147)。

"机会、限制和收益"模型对于个人社会支持网络的规模和关系构成提供了一种似乎满意的解释，但是仍然存在两点缺陷。第一，虽然荷兰全国社会支持网络调查涉及工具性支持、情感性支持和社交陪伴三种子网络，但是研究者在分析中并没有进一步分别就这三种子网络进行探索。相关的研究发现，亲属和非亲属在工具性行动和情感性行动中的作用是相当不同的（Wellman, 1979; Wellman and Wortley, 1990; Lin, 1982, 2001)。我们认为，对工具性行动、情感性行动和社交陪伴子网络的进一步分析，不仅可以发现"机会、限制和收益"模型对不同领域的社会支持的解释力，而且有助于这个模型的完善和精致化。第二，"机会、限制和收益"模型本质上是一种社会结构理论。其实，在结构社会学领域，一般不把文化、态度、规范和价值观念等因素作为分析的重点。正如宏观社会学的代表人物布劳（Blau, 1994: 203）所指出的那样，"结构分析明显地忽视文化的影响，并不是因为它们不重要——相反，文化的影响确实很重要——而是因为一种理论分析必须保持焦点的集中，并不能试图解释一切可能的影响因素"。正因为范德普尔把态度、价值观等文化因素界定为收益的其中一种形式，使得有关态度和价值观的收益变项的解释力降低，从而影响了整个模型的效力。如果从该模型中将文化因素剔除，也许这个模型会更加完善。第三，根据理性选择理论所推演的研究假设并不能完全被社会网络调查的实证资料验证，也许说明行动者的选择从来就不是一种完全的理性计算或充分理性，充其量是一种"有限理性"。用成本、收益、控制或权力等社会学概念替代经济学的"效用"概念，并不能完成从理性选择经济学向理性选择社会学的过渡。

第三节 关系强度理论

一 "弱关系的强度"命题

格兰诺维特（Granovetter, 1973）提出的"弱关系的强度"命题，被公认为社会网络研究的一大贡献。弱关系的强度假设的提出和经验发现对欧美学界的社会网络分析产生了重大影响。格兰诺维特所说的关系（ties）是指人与人、组织与组织之间由于交流和接触而实际存在的一种纽带联系，这种关系与传统社会学分析中所使用的表示人们属性和类别特征的抽象关系（如变项之间的关系、阶级阶层之间的关系）截然不同。他首次提出了关系强度的概念，并将关系分为强、弱两种类型。他认为强、弱关系在人与人、组织与组织、个体和社会系统之间发挥着根本不同的作用。简言之，强关系维系着群体、组织内部的关系，而弱关系则使人们在群体或组织之间建立了纽带联系。他用4个指标来测量关系的强弱：一是互动的频率，也即花费在某种关系上的时间，花费的时间长和互动的次数多为强关系，反之则为弱关系；二是情感密度，情感较强、较深为强关系，反之则为弱关系；三是熟识或相互信任的程度，熟识或信任程度高为强关系，反之则为弱关系；四是互惠交换的程度，互惠交换多而广为强关系，反之则为弱关系。在此基础上，他提出了"弱关系充当信息桥"的判断。在他看来，强关系是在性别、年龄、受教育程度、职业身份、收入水平等社会经济特征相似的个体之间发展起来的，而弱关系则是在社会经济特征不同的个体之间发展起来的。因此，通过强关系所获得的信息往往是雷同的、重复性的或冗余的。而弱关系则是在不同群体之间发生的，是联系不同个体的纽带。这些来自不同群体的社会经济特征不同的个体所了解的信息往往也是有差异的。通过弱关系所收集的信息异质性较强、重复性更低。由于弱关系的分布范围较广，它比强关系更能充当跨越社会阶级界限去获得信息和其他资源的桥梁，它可以将其他阶级的重要信息带给不属于这个阶级的某些个体。在与其他人的联系中，弱关系可以创造例外的社会流动机会，比如工作变动。格兰诺维特断言，虽然所有的弱关系不一定都能充当信息桥，但能够充当信息桥的必定是弱关系。弱关系充当信息桥的判断，是他提出"弱关系的强度"的核心依据（Granovetter，1973）。

格兰诺维特的波士顿牛顿城经典调查的主要发现是，在男性专业技术人员和经理人员中，超过五成的被访者通过社会关系的渠道找到目前的工作（Granovetter，1974：14）。其中，16.7%的求职者与他们的关系人在找工作时经常见面，55.6%偶尔见面，27.8%很少见面。如果用关系的类型来测量，美国的专业技术人员和经理人员更多地通过工作关系（弱关系，占31.3%）而非家庭或朋友关系（强关系，占68.7%）获得工作信息（Granovetter，1974：45）。通过个人关系实现职业流动的人比通过正式招聘和直接申请等途径的人对目前的工作更满意，前者目前的工作收入明显高于后者。此外，运用个人关系渠道求职的人的职位更多的是新创造的（Granovetter, 1974: 8 - 15）。他通过实证分析指出，与和自己同质性较强的人能够建立起比较密切的关系，但是，这些人所掌握的信息和他自己差别不大。而与此人关系较疏远的那些人则由于与他具有较强的异质性，也就有可能提供此人及其圈子的人所无法获得的、对个体求职更有价值的信息。通过弱关系获得信息的人最终得到了一个地位较高、收入较高的职位，而通过强关系获得信息的人，向上流动的机会则大大减少（Granovetter, 1974）。该发现给我们的启示是，那些阶级或阶层地位较高的专业技术人员和经理人员，更可能跳出自己的圈子通过弱关系（不属于自己阶级或阶层的人）寻求对自己更有价值的信息，从而达成工具性行动的目标。换言之，阶级或阶层地位较高的人在工具性行动中更可能跨越其固有的阶级界限选择网络成员。

二 "强关系的力量"命题

"弱关系的强度"及《求职》发表以后，除了大量的证明弱关系假设的经验发现以外，也产生了一些支持强关系假设的例证或对弱关系假设具有证伪效应的研究成果（Granovetter, 1982, 1995）。比如，Lee（1987: 120）对威尔士失业的钢铁工人的研究发现，多数再就业者使用了强关系。Watanabe（1991）的东京调查与 Marsden 和 Hurlbert（1988）对底特律调查资料的再分析也发现了强关系在社会流动中的重要作用。

Wegener（1991）的联邦德国职业流动调查发现，在流动前地位较低的蓝领工人可以通过强关系找到社会资源，而流动前地位较高的白领、经理则通过弱关系获取社会资源。这两组人的目标都是向上流动，只要他们的社会资源质量高（帮助者的职业地位高），则向上流动的机会就大。这也许预示着，"弱关系的强度"假设仅仅对较高社会阶层的个人才是有效的。Wegener 用网络异质性来解释这一现象。他认为，因为多数社会网络是异质性的，其中一个重要方面就是网络是由不同地位的人组成的，社会地位相对较低的职业流动者只有通过强关系才能寻求到地位较高的人的帮助。地位较高的人是不能通过强关系寻找社会资源的，因为在密度较高的网络内部，其他人的社会经济地位都比他们低。对于地位较高的人来说，要想获得优厚的社会资源，只有冲破狭小的高密度网络，到他人的社会圈子中去寻找帮助者，以获得有用的社会资源。因此，在一个异质性网络内，"弱关系的强度"依赖于个人的先前地位。

日籍学者 Shin Watanabe（1987）于 1985 年在东京地区主持了一项样本规模为 2500 人的大型调查，意在重复格兰诺维特 20 世纪 70 年代调查的中心内容。他发现，大部分日本白领劳动者通过强关系搜集职业信息；在职业流动方面，日本白领越是通过强关系找工作，越能得到报酬丰厚的职业，流动者对新单位越投入，对新职业的满意度越高。Watanabe 认为，造成上述情况的原因有两个。第一，日本大型企业在招收雇员时有严格的考试制度，而社会网络能发挥作用的场所是中小企业的劳动力市场。中小企业一般在招收雇员时，审查手续不是很严格，往往主管一个人说了算，这就为社会网络特别是强关系发挥作用提供了可能。第二，中小企业为了降低雇员申请、审查和甄选的成本，增强人们对企业的忠诚意识，往往在本地通过社区网络招收雇员。社区网络提供了雇主和雇员的相互信任，人情关系也使雇主和雇员双方的交流全面化和非形式化，所以雇主从一开始就愿意提供较高的收入，以使新雇员提高信心和满意度，并承诺在该企业长期工作，而不向福利好的大企业流动。这些事实说明，日本中小企业能利用社区网络调整企业行为，实现与大企业竞争劳动力的目标。

Watanabe（1987：398）的日本研究发现，蓝领工人在不同职业间流动，弱关系特别有用，弱关系充当了桥梁作用，但是比其他地方更少地发生。仅有 6.3% 的日本人（与 29.5% 的美国人相比）使用弱关系变动工作。这种差异之一，有可能是测量指标的不同造成的，比如，在美国工作关系是弱关系，而在日本则为强关系。另外，在讲究企业效忠意识的日本，在一个公司工作的时间越长，越可能通过社会关系实现职业流动（Watanabe，1987）。

Marsden 和 Hurlbert（1988）在对 1970 年底特律地区调查资料的再分析中，发现使用强、弱关系的求职者之间不存在纯粹的差异，也不存在求职方法对收入的较大影响。在他们的研究中，工作特征被增加为一个预测因素。他们评价格兰诺维特关于工作相配的讨论（Granovetter，1981）可能意味着工资大体上是"工作特征的函数，因为工作特征具有的社会资源在解释个人如何被安排到具有独有特征的位置时是重要的"（Marsden and Hurlbert，1988：1048）。换言之，如果关系强度决定了非金钱的工作特征，后者转而决定了收入，那么控制这些特征会掩盖关系强度和收入之间间接的然而是有效的因果关系。但可以肯定的是：如果关系人所处的职业地位越高、权力越大，那么求职者的工作变动所带来的向上流动的机会越大。

为什么关系强弱所导致的社会资源没有差别呢？分析者没有提出明确

的理论解释。但是，他们对底特律与奥本尼地区做了比较。奥本尼是纽约州政府所在地，工作职位多为白领，职业地位偏高。这与格兰诺维特研究的牛顿城相近。而底特律地区是美国汽车制造业的大本营，在业者主要是汽车制造业工人，虽然白领职业占一定比例，但蓝领工人是主要成分，后者的职业地位偏低。研究者指出，以工人阶级为主的底特律调查的研究发现可能意味着，蓝领工人通常会通过强关系寻找社会资源（Marsden and Hurlbert，1988）。

Wegener 的联邦德国研究特别是 Watanabe 的日本研究，令人对弱关系命题的普遍意义产生了怀疑。边燕杰的强关系强度假设（Bian，1997）对格兰诺维特的"弱关系的强度"假设和林南的社会资源理论（Lin, Enael, and Vaughn，1981；Lin, Vaughn, and Ensel，1981；Lin，1982）提出了挑战。边燕杰指出，在中国计划经济的工作分配体制下，个人网络主要用于获得分配决策人的信任和影响而不是用来收集就业信息。因为求职者即使获得了信息，如果没有关系密切的决策人施加影响，也有可能得不到理想的工作。在工作分配的关键环节，人情关系的强弱差异十分明显。但对于多数人来说，他们并不能和主管分配的决策人建立直接的强关系，必须通过中间人建立关系，而中间人与求职者和最终帮助者双方必然都是强关系。反之，如果中间人与双方的关系弱，中间人和最终帮助者未必愿意提供最大限度的帮助。因此，强关系而非弱关系可以充当没有联系的个人之间的网络桥梁。边燕杰提出的主要假设是：（1）求职渠道是通过个人网络，更多的是通过强关系而非弱关系建立的；（2）求职者寻求帮助的当权者所属单位的行政级别越高，他越可能被较高级别的单位录用；（3）求职者更可能通过间接而非直接关系与较高级别的当权者交往；（4）如果求职者使用间接而非直接的关系，那么他们就可能找到较好的工作；（5）年长的或具有较好社会经济背景的求职者比那些年轻人或地位较低的求职者更可能运用间接关系；（6）当求职者和当权者没有直接关系时，或当他们仅仅有表面交往时，在求职过程中，他们倾向于通过与一方或双方关系都强的中间人联系起来。边燕杰的主要贡献是在分析中国的工作分配制度时，区分了在求职过程中通过网络流动的是信息还是影响，求职者使用直接还是间接关系来获得信任与影响（Bian，1997）。

实际上，边燕杰 1988 年于天津进行的一项调查的初衷意在检验格兰诺维特的"弱关系的强度"假设和与之密切相关的林南的"社会资源理论"，但天津调查资料得出了与"弱关系的强度"命题和社会资源理论的"关系强度命题"完全相反的强关系假设。边燕杰在1988年的天津调查中发现：中国的个人关系网络被用来影响那些实权人物，后者转而把分配工作当作一种恩惠来回报给求职者或中间人，产生这种行为的基础是附着在强关系背后的信任和义务。在948名在业被访者中，45%以上通过社会关系获得了第一份工作。其中，43.2%的帮助者是被访者的亲属，17.8%是朋友，而71%的被访者与帮助者"非常熟悉"或"很熟悉"。有1/3的人使用了间接关系。而使用间接关系的人，往往能找到职位较高、权力较大的人提供帮助。帮助者的单位、职业背景对求职者的工作地位、单位性质有很大的正面影响。他的主要发现可以概述如下：（1）求职者更经常地通过强关系而非弱关系寻找工作机会；（2）直接和间接关系都用来获得来自主管工作分配的实权人物的帮助；（3）求职者和最终帮助者通过中间人建立了间接关系，中间人与他们双方是强关系而非弱关系，中间人与求职者和最终帮助者的关系越熟，而且最终帮助者的资源背景越强，对求职者的工作安排也越有利；（4）求职者使用间接关系比直接关系更可能得到较好的工作（Bian，1997）。

另外，边燕杰和Soon Ang于1994年在一项关于中国和新加坡职业流动的比较研究中发现，虽然这两个国家的经济和社会体制有很大的差异，但是两国的多数求职者更经常地通过强关系而非弱关系获得新的工作。在新加坡，近70%的人通过亲属、朋友、相识的人等非正式渠道获得就业信息或实质帮助而变换工作。大部分人使用了直接的强关系，少部分人使用了间接关系。在使用间接关系时，求职者和中间人、中间人和最终的帮助者之间的关系往往是很强的。这种间接的强关系能帮助求职者找到一位地位较高的帮助者，协助他获得一份地位较高的工作（Bian and Ang，1997）。

如果说边燕杰首次明确提出"强关系假设"并得到初步验证的有效性是针对计划经济体制来说的，那么他和笔者于1999年对天津劳动力流动的最新研究表明了强关系假设的持续效力：在1980~1992年的双轨制时代和1993~1999年的转型时代，运用社会网络渠道实现职业流动的比例不仅高于再分配时代，而且随年代推移不断上升。在这三个时代，使用强关系（亲属和朋友）实现职业流动的比例一直占据主导地位（84.9%~87.5%）。在社会关系提供的资源方面，由强关系所提供的人情，总的趋势是随着市场化进程的推进而不断上升，所提供的信息略有下降。而由弱关系提供的人情从20%增长到67.7%，所提供的信息的相对比例则大体保持不变。换言之，在中国社会网络（无论是强关系还是弱关系）的主要作用是提供人情或影响，信息是人情的副产品。这说明强关系假设不仅在再分配时代的职业流动中发挥着作用，而且在双轨制和转型时代发挥着更重要的作用（边燕杰、张文宏，2001）。上述几项实证发现为强关系强度命题提供了有力的证据。

格兰诺维特（Granovetter，1995：161-162）认为，这些反证并不显示基本的文化差异急剧地重塑了求职这种工具性行动。虽然日本、墨西哥或中国比其他国家更强调强关系的文化意义，但是更多的差异应到社会结构和社会制度中去寻找。劳动力市场中的供求双方——求职双方倾向于使用关系的考虑是低成本和高效率。

上述强弱关系在社会流动中不同作用的一系列研究发现告诉我们，人们在工具性行动中是调动强关系还是弱关系，与他们在社会经济结构或科层制组织中的位置有关。换言之，在西方发达国家，阶级或阶层地位较高的行动者在工具性行动中更可能使用弱关系，阶级或阶层地位较低的人则更可能使用强关系。日本和中国的例外情况，并不能简单地用文化或制度因素来解释。那么在情感性行动或混合性行动中，使用强关系或弱关系与行动者的社会经济地位特别是与阶级或阶层地位究竟是一种怎样的关系，则是本次研究将要涉及的有趣课题。

第四节　社会资本理论[①]

一　皮埃尔·布迪厄的社会资本概念

当代对于社会资本概念的第一个系统表述是由法国社会学家皮埃尔·布迪厄提出的（Portes，1998：1）。在《资本的形式》一文中，他开宗明义地指出："社会资本是现实或潜在的资源的集合体，这些资源与拥有或多或少制度化的共同熟识和认可的关系网络有关，换言之，与一个群体中的成员身份有关。它从集体拥有的角度为每个成员提供支持，在这个词语的多种意义上，它是为其成员提供获得信用的'信任状'。"（Bourdieu，1986：248）

在把社会资本概念引入当代社会学语境的学者中，布迪厄的分析在理论上最为精炼，但是在后来的社会资本研究中，它的被忽视实在令人惋惜，这在某种程度上与他的社会资本论著主要用法文出版，湮没在其卷帙浩繁

[①] 本节的部分内容以《社会资本：理论争辩与经验发现》为题发表于《社会学研究》（张文宏，2003）。

的社会学、教育学、文化学的理论和经验研究中不无关系。布迪厄的概念本质上是工具性的。他关注的是个人通过参与群体活动不断增加的收益以及为了创造这种资源而对社交能力的精心建构。社会网络不是自然赋予的，必须通过投资于群体关系这种制度化的战略来建构，它是其他收益的可靠来源。布迪厄的定义清楚地表明，社会资本由两部分构成，一是社会关系本身，它使个人可以获取（access to）被群体拥有的资源；二是这些资源的数量和质量（Portes，1998：4）。布迪厄从阶级观点出发，把社会资本视为统治阶级为了维持和再造群体团结和保持群体的统治地位在相互认可和承认时进行的成员身份投资。群体中的成员身份以排除局外人的清晰界限为基础（例如，贵族、头衔和家庭），因此群体的封闭性和群体内部的密度是必需的。

布迪厄的分析重点在于经济资本、文化资本、社会资本及符号资本的相互转化。他认为，投资于社会关系的目的在于把自我的、私有的特殊利益转化为超功利的、集体的、公共的、合法的利益（Bourdieu，1990：109）。因此，通过社会资本，行动者能够获取经济资源，提高自己的文化资本，与制度化的机构建立密切的联系。社会资本的这种功效，特别可以在所有那些不同的个人从确实等价的经济和文化资本中获得非常不平等收益的情况下发现。社会资本的积累和投资依赖于行动者可有效动员的关系网络的规模，依赖于与他有关系的个人拥有的经济、文化和符号资本的数量和质量。所以，社会资本的生产和再生产预设了对社交活动的不间断的努力，这意味着时间和精力的投入、直接和间接的消耗经济资本（Bourdieu，1986：249－251）。

布迪厄的局限主要在于"在最终的分析中，把每一种类型的资本（当然也包括社会资本）都化约为经济资本，忽略了其他类型资本的独特效用"（Bourdieu，1986：241、252），这在某种程度上仍然带有"经济基础决定上层建筑"的唯物主义的决定论色彩。

二 詹姆斯·科尔曼的社会资本功能观

在社会资本研究领域，产生最大影响的当属詹姆斯·科尔曼。按照社会资本的功能，科尔曼把它界定为"个人拥有的社会结构资源"，"它并不是一个简单的实体，而是由具有两种特征的多种不同实体构成的：其一，它们全部由社会结构的某个方面组成；其二，它们促进了处在该结构内的个体的某些行动"。与其他形式的资本一样，社会资本是生产性的。是否拥有社会资本，决定了行动者能否实现某个特定的工具性行动的目标。与物质资本和人力资本一样，社会资本并非完全可以被替代。为某种行动提供便利条件的特定社会资本，对其他行动可能根本无用，甚至有害。但是，与其他形式的资本不同，社会资本存在于人际关系的结构之中，它既不依附于独立的个人，也不存在于物质生产的过程之中（Coleman，1988，1990：302）。

　　科尔曼认为，通过识别社会结构的功能，既有助于解释微观现象的差别，又有利于实现微观到宏观的过渡，因为社会结构资源与其他资源相结合，导致了宏观水平的不同行为以及微观层次的不同结果。他把社会资本的表现形式概述为义务与期望、信息网络、规范和有效惩罚、权威关系。社会环境的可信任程度，即应尽的义务是否兑现、个人履行义务的范围对义务与期望的实现至关重要。如果某人在社会结构中承担的义务和期望较多，无论这种义务涉及的资源是什么，此人就拥有较多的可以利用的社会资本。理性行动者之所以使他人对自己承担义务，是由于他人能够获得某种超越义务的利益；利用业已存在的社会关系获取信息在为行动奠定基础方面非常重要，特别是在获得某些不易通过公开渠道接触的内部信息方面，社会资本更有作用。在集体内部，命令式规范是极其重要的社会资本。这类规范要求人们放弃自我利益，根据集体利益的需要而采取行动。这类规范总是由于得到社会的支持而强化。作为社会资本的规范造就了新的民族国家并使众多的家庭得到巩固，还为社会运动的成熟与发展提供了有利条件。在其他情况下，规范主要靠外部支持即奖励循规蹈矩者和惩罚越轨创新者来实现，因此限制了成员的某些行动。当人们意识到解决共同性问题而需要相应的社会资本时，他们会在特定的条件下，把权威赋予某个代理人。如果控制权集中于少数人之手，可以增加社会资本的总量。上述各种形式的社会资本，都可以通过有意识地创建各种自治组织来形成，从而有助于组织成员实现他们的既定目标（Coleman，1988，1990：第12章）。

　　此外，科尔曼还分析了影响社会资本创造、保持和消亡的各种因素。第一，社会网络的封闭性，保证了相互信任、规范、权威和制裁的建立和维持，这些团结力可以保证能够动员网络资源。第二，社会结构的稳定。除了以职位为基础建立的组织，各种形式的社会资本都依赖于社会结构的稳定性。社会组织或社会关系的瓦解会使社会资本消亡殆尽。以职位而不是人为结构元素的社会组织的创立，提供了一种特殊形式的社会资本，该社会组织在人员变动的情况下，仍能维持稳定。但是，对于其他形式的社会资本而言，个人流动将使社会资本赖以存在的相应结构完全消失。第三，意识形态。意识形态创造社会资本的途径是把某种要求强加给意识形态的信仰者,即要求信仰者按照某种既定的利益或某些人的利益行动,而不考虑其自身的利益。集体意识形态如宗教的这种作用尤其明显。但是,强调自得其乐,信奉个人独立与自由的个人主义意识形态则会抑制社会资本的形成。第四,官方认可的富裕及需要的满足,将降低社会资本的价值,并使已经形成的社会资本无法更新,因为社会资本具有公共物品的性质,需要相互帮助的人越多,所创造的社会资本的数量越大;而富裕、政府资助等因素使人们相互需要的程度越低,所创造的社会资本越少。总之,社会资本的价值将随着时间的推移而逐渐贬值,需要不断更新和增值。无法保持期望与义务关系经久不衰,没有定期的交流,规范也就无法维持(Coleman,1990:第12章)。

科尔曼的局限主要有两点。第一,他对社会资本的界定并不严谨。正如波茨(Portes,1998:5-6)指出的那样,他的界定为许多不同的甚至矛盾的解释重新贴上社会资本的标签大开方便之门。在社会资本的术语下,既包括产生社会资本的机制,也包括社会资本的后果,还包括为原因和效果具体化提供背景的"可利用的"社会组织。他并没有区分资源和通过不同社会结构中的成员身份获取资源的能力。要全面系统地界定这个概念,必须在社会资本的拥有者、社会资本的来源和社会资本本身三个因素之间做出明确的区分。在科尔曼之后,这三个因素在讨论中经常被混淆,因此带来了这个概念的用法和使用范围上的分歧和混乱。第二,他用社会资本的功能为社会资本下定义。由于后续的许多研究者非批判地接受了科尔曼的定义,因而也重复了他的错误,引发了理论性不足、过于简单化和缺乏清晰概念表述的论点,至今仍然困扰着社会资本领域的学术研究。用其结果给社会现象下定义在逻辑上混淆了原因和后果。众所周知,不同的原因可以导致相同的结果,或者同样的原因在不同的条件下可能产生不同的结果。对各种可能性进行分类需要进行细致的经验研究。不幸的是,许多研究者都错误地认定,社会资本可以从其结果来界定,或者认为社会资本总是导致"生产性"或积极的后果。这种"功能的"观点暗含着同义反复:当且仅当社会资本发挥效力时,它才能被识别;社会资本的潜在因果解释只有通过其效果才能得出,或一种投资是否依赖于对一种特定行动中的特定个人的回报。当然,我们不能否认科尔曼关于社会资本研究的大部分论著是开创性的和富有洞察力、启示性的,只是他在概念界定方面的错误需要纠正(Brown,1999)。

也许与不能把社会资本与其结果区别开的观点有关,也许他的观点假定作为集体动产的社会资本可以在它的许多不同形式诸如信任、规范、制裁和权威中发现,科尔曼本人也质疑"社会资本是否可以像金融资本、自然资本和人力资本一样,将成为社会科学中有用的一个定量概念,这有待于发现;它的当前价值主要在于社会系统中定性分析和运用定性指标进行定量分析的有效性"(Coleman, 1990: 304-305)。

三 亚历山德罗·波茨对社会资本的系统表述

波茨对社会资本提出了精致和全面的表述。在他看来,社会资本是"个人通过他们的成员身份在网络中或者在更宽泛的社会结构中获取稀缺资源的能力。获取能力不是个人固有的,而是个人与他人关系中包含着的一种资产。社会资本是嵌入(embeddedness)的结果"(Portes, 1995: 12-13)。

借用格兰诺维特(Granovetter, 1985)的说法,波茨区分了理性嵌入和结构性嵌入。理性嵌入即双方的预期互惠,建立在双方强迫对方认可的预期能力的基础上。但是,当行动的双方成为更大网络的一部分时(结构性嵌入),信任就会随着相互期待而增加,更大的社区会强制推行各种约束因素,波茨称之为"可强制推行的信任"。波茨认为,互惠的期待与可强制推行的信任二者都是借助于对约束因素的恐惧而推行的。通过从双方约束预期调节的社会联系向由强制推行的信任调节的社会联系的过渡,波茨把社会资本概念从自我中心(ego-center)层次扩展为更宏观的社会结构影响的层次。他区分了另外两种社会资本:第一,使价值和规范内化,能够驱使一个人建立社会联系,或者因为一般道德命令而把资源转让给别人;第二,有限团结(bounded solidarity),可以推动一个人建立社会联系,或者因为认同内部群体的集体需要和目标而把自身的资源转让给他人(Portes, 1995: 14-15)。

波茨的社会资本理论的价值表现在两个方面。第一,他详细阐述了不同自我之间社会联系特征的差异。他把这些差异解释为包含自我在内的社会网络不同特征的结果,解释为嵌入网络的程度或类型的结果。沿着波茨的思路,我们可以把社会资本构想为一个动态的、包含过程的、自我与社会结构之间因果互惠的能动结果。第二,他区分了社会资本结构化背后的各种不同动因,因而进一步阐明了科尔曼的单向理性选择理论。从而使我们可以从自我嵌入的视角出发,用各种不同的动力、动因和社会结构理论系统地阐述社会资本的概念(Brown, 1999)。

四 罗伯特·普特南的社会资本的社区观

政治社会学家普特南指出:"与物质资本和人力资本相比,社会资本指的是社会组织的特征,例如信任、规范和网络,它们能够通过推动协调和行动来提高社会效率。社会资本提高了投资于物质资本和人力资本的收益。"(Putnam,1993)简言之,社会资本由能够提高组织或社会效率的信任、规范和社会网络构成。

在普特南看来,一个依赖普遍性互惠的社会比一个没有信任的社会更有效率,正像货币交换比以物易物更有效率一样,因为信任为社会生活增添了润滑剂。他还认为,像信任、惯例以及网络这样的社会资本存量有自我强化和积累的倾向。公民参与的网络孕育了一般性交流的牢固准则,促进了社会信任的产生,这种网络有利于协调和交流、提高声誉,因而也有利于解决集体行动的困境。因为当政治和经济谈判在社会互动的密集网络中进行时,就会减少机会主义行为。同时,公民参与的网络体现了过去的合作成果,它可以充当未来合作的文化模板。一次成功的合作会建立起联系和信任,这种社会资本的形成有利于未来的充分和连续合作。由于把"我"扩展为"我们",提高了参与者对集体利益的"兴趣",互动的密集网络有可能扩大参与者对自我的认识。总之,和常规资本不同的是,社会资本是一种"公共物品",它不是从中获益的那些人的私有财产。和清洁的空气、安全的街道这些公共物品一样,社会资本不能由私人部门提供。这意味着社会资本必然是其他社会活动的副产品,并且可以在不同的社会背景下转移(Putnam,1993,1995a)。

实际上,普特南把社会资本等同于市镇、都市甚至整个国家这样的社区中的"公民精神"(civicness)。在他看来,社会资本的存量就是一个社区中人们参加、参与社团活动的水平,测量的标准包括阅报、参与志愿组织以及对政治权威的信任表达等。他用参与投票、家长-教师协会、妇女选民联盟、红十字会、工会、宗教群体、互助及嗜好俱乐部的活动等指标来分析美国公民的政治参与模式,得出了美国社会资本在20世纪60~90年代急剧下降的结论(Putnam,1995a,1995b)。他有关社会资本正在下降的论著一问世,立即遭到了来自多方的抨击。有批评者指出,普特南的社会资本测量指标忽略了其他类型的公民行动。比如,人们也许放弃了对妇女选民联盟或家长-教师协会的热情和投入,转而参加与自己利益相关的其他活动诸如单身俱乐部、职业培训、社会福利服务、幼儿服务等;人们也许离开了传统的个人或功利性的公民组织,转而加入了商业组织,像以前参加基督教女青年会是为了使用免费的体育馆，现在人们则大多选择去健身俱乐部；另外，随着以问题为导向的政治运动的增长，人们更经常地参与具体的政治活动和公民活动（如美国面向教育兄弟会、适宜人类栖息组织）。他在很大程度上忽略了跨阶级和组织的动力，实际上，许多公民社团正是由于这种动力而形成和发展的。他漠视美国20世纪六七十年代的文化断裂，也使他的结论不那么令人信服（Skocpol，1996）。

波茨（Portes，1998）指出，虽然上述批评具有合理性，但是并没有解决普特南观点中的致命问题，即逻辑上的循环论证和同义反复：社会资本作为社区和民族的特征，既是原因也是结果，它既可以导致良好的结局，也同样可以引发糟糕的结果。城市和民族-国家的发达与否与社会资本的丰富或匮乏密切相关，这是典型的循环论证。他的社会资本的定义是从结果开始的（这有点像科尔曼，他的社会资本的定义就直接来自前者）。波茨（Portes，1998）告诫社会资本的分析者，要避免同义反复和逻辑上的循环论证，必须遵守特定的原则：第一，要在理论和实证上把概念的定义与其结果区别开；第二，要在因果方向性上有所控制，这样可以在论证中使社会资本的存在先于它的可能结果；第三，要控制其他的、可以解释社会资本及其结果的因素；第四，要全面认识社区的社会资本的历史来源。

五　罗纳德·伯特的"结构洞"的社会资本观

罗纳德·伯特（Burt，1992）在《结构洞：竞争的社会结构》一书中首次明确了"结构洞"的概念及其理论。他指出，结构洞理论关心的是，当竞争者（player）与他人建立了社会关系时竞争如何运作。在他看来，多数竞争行为及其结果可以按照竞争者接近竞争场域中的"结构洞"来理解。伯特认为，当竞争者同其他人建立联系和信任时，就形成了支持他们的义务。无论竞争的主体是个人、群体还是组织，其社会网络均表现为两种结构形式。第一种是"无洞"状态，即网络中的任何主体与其他每一主体都发生联系，不存在关系间断现象。这种形式只有在关系高度紧密的小集团（clique）中才会存在。第二种是"结构洞"状态，即社会网络中的某些个体之间发生直接联系，但与其他个体不发生直接联系或存在关系间断。伯特把竞争场域中竞争者之间的关系断裂（disconnections）或不均等（non-equivalencies）称作"结构洞"。对于关系人（contact）而言，并非所有的关系断裂都是结构洞，只有掌握非剩余资源的不同竞争者之间的关系断裂或不均等才能被称为结构洞。关系或资源剩余与否由两个指标来测量：第一，内聚力（cohesion），彼此直接联系的竞争者之间的关系是剩余的；第二，结构均等，由共同的关系人联结起来的间接关系也是剩余的。结构洞的占据者具有获取信息和控制资源的优势（Burt，1992：导言、第 1 章）。

所谓获取信息的优势表现在三个方面：（1）获取（access），是指关系人接收到有价值的信息，并且知道谁可以使用它们；（2）及时，处在结构洞位置的关系人，可以比其他人更快地获得不能通过公开渠道传播的信息，此外，他所接收的信息是经过加工、过滤的，可以省却其信息筛选的成本；（3）推荐，由于关系人所处的战略位置，他可以充当不同社会圈子的中介或桥梁，从而可以在合适的时间和地点举荐与其有关系的竞争者，帮助竞争者把握最好的机会。所谓控制优势是指某些竞争者在协调竞争关系时获得的益处，在信息不对称、信息不准确或信息被曲解的情况下，他可以利用一方来反对另一方，并从中得利。拥有结构洞的竞争者，其角色类似于"第三方"（如意大利谚语所讲的"两者相斗，第三方受益"，或如中国谚语所说，"鹬蚌相争，渔翁得利"）。

对竞争者而言，什么样的社会网络才是有效的呢？伯特的回答是，那些具有更多的非剩余关系的网络能够提供更多的优势，所以比同等规模的其他网络更有效。为了维持网络的效率，竞争者必须有所取舍，即保持主要关系，放弃次属关系（二级结构洞）。因为主要关系人不但拥有非剩余资源，而且是接近网络外的非剩余关系小集团的桥头堡。

结构洞的信息和控制优势最终会为结构洞位置的占据者带来高额的利益回报，也允许竞争者以多种方式获取高额回报。为此，伯特进一步提出了市场内的竞争者承诺（commit）假说和生存（survival）假说。承诺假说认为，当面对被排除在关系之外的威胁时，低度自治的竞争者将更严格地遵从他们所处的社会结构位置的行为规范。而生存假说指出，当高额回报率变化的时候，新的竞争者将代替旧的竞争者。简言之，如果跨越微观和宏观层次的分析，结构洞将增加行为的多样性和生命周期，从而为竞争者带来高额利润（Burt，1992：225-227）。来自美国制造业 77 家公司的调查资料表明，在更自治的市场中，市场领导人充当领导的生存周期更长，而结构自治性降低了新进入市场的公司的死亡率。一种市场的结构自治性[①]越

[①] 一个行动者（既可以是个人又可以是组织）是不是自治性的，取决于三个因素：第一，企业与其竞争对手的关系；第二，企业的供货商之间的关系；第三，企业的顾客之间的关系。企业的结构自治性达到最高程度的条件是：第一，没有竞争对手或竞争对手很少；第二，大量的小型供货商；第三，大量的小型主顾。企业的结构自治性程度越高，其所得的利润越高（Burt，1992）。

低，竞争者被逐出该市场的可能性越大（Burt, 1992: 221-225）。此外，伯特还提出了结构洞的战略假说：竞争者具有退出、扩张和嵌入市场的动机。在限制性关系中，有战略行动的动机；而在机会关系中，则不具有这种动机。一种限制关系成为战略行动的目标，因为竞争者的大量时间和能量投资于没有结构洞的关系中。限制在对抗机会的过程中获得了平衡。机会关系也是竞争者时间和能量的大量投资，但是后者具有丰富的结构洞。竞争者想方设法管理其在限制性关系中的低度控制，在机会关系中保护其控制优势（Burt, 1992: 258-264）。

总之，受格兰诺维特"弱关系的强度"启发而产生的结构洞理论是关于竞争场域自由而非权力、协商而非绝对控制的行动理论（Burt, 1992: 7）。按照作者自己的总结，结构洞理论有4个特征：第一，竞争集中于关系方面，而非竞争者的类别和属性方面；第二，竞争是一种关系的突现，而非被观察到的；第三，竞争是一个过程，而不仅仅是结果；第四，不完全竞争涉及关系方面，而不仅仅涉及权力。这4个特征并不单独体现，而是结构洞理论共同具有的（Burt, 1992: 3-4）。

伯特自己的经验研究表明，结构洞效应在组织和个体层次都是有效的。当结构洞的分布赋予生产者一种与供货商和顾客讨价还价的优势时，生产者希望在谈判中确定对己有利的合同条款。对77家美国制造公司的调查显示，纯收入与总销售额的比率不断上升与公司所拥有的结构洞位置的增加是正相关的。换言之，市场所拥有的结构自治性越高，其所受到的超越市场的限制越小（Burt, 1992: 92-100）。对公司经理的研究揭示，拥有丰富结构洞的经理人，那些跨越两个或多个社会圈子的管理者，那些拥有企业家网络和机会网络的人，那些在等级制网络中拥有战略伙伴（战略伙伴与等级制网络中的其他无联系的关系人是强关系）的人，比他们的同行更早地提升到当前的位置（Burt, 1992: 128-154）。

伯特依据结构洞理论对市场经济中的竞争行为提出了新的社会学解释。他认为，竞争优势不仅是资源优势，而且更重要的是关系优势，即占有结构洞多的竞争者，其关系优势很明显，获得较大利益回报的机会较多。任何个人或组织，要想在竞争中获得、保持和发展优势，就必须与相互无关联的个人和群体建立广泛的联系，以在获取信息和控制资源方面取得和保持优势地位。

伯特把社会资本定义为网络结构中的行动者提供信息和资源控制的程度，他称之为"朋友、同事以及更一般的熟人，通过他们获得使用金融和人力资本的机会"（Burt，1992：9），亦即"结构洞的社会资本"。如果说科尔曼、布迪厄和普特南等主张紧密联系的网络是社会资本产生的条件，那么伯特强调的则是相反的情况。在他看来，正是联系的相对缺乏（他称为"结构洞"）推动了个人的社会流动、信息的获得和资源的获取。伯特指出，从谁那里获取资源取决于网络结构。由于构成双边关系的个体与大多数类似的行动者共享利益、财富、权力和价值，所以自我封闭的网络只能提供重复的资源。网络中的结构洞不仅有更大的获取非重复资源的机会，而且可以为由结构洞连接的一组组结点之间控制资源流动在战略上进行定位，因而他构造了一个有关社会资本系统内各种权力关系的概念框架（Burt，1992）。

与格兰诺维特相反，伯特的创新之处在于他认为重要的因素不是关系的强弱，而是它们在已经建立的关系网络中是重复的还是非剩余的。他认为社会资本的网络结构受到网络限制（network constrains）、网络规模、网络密度和网络等级制等因素的影响（Burt，1998b：10—14）。（1）网络限制与社会资本负相关：围绕某个人而形成的网络限制了中介机会的出现，网络直接或间接地集中在某个单独的人身上。网络限制越多意味着结构洞越少。（2）网络规模与结构洞的社会资本正相关：在一般情况下，网络规模越大，网络中的成员占有结构洞的机会就越多，因而所拥有的社会资本越丰富。在网络规模确定的情况下，网络中非剩余的关系越多，相应的社会资本越丰富。（3）网络密度与结构洞的社会资本负相关：网络密度越低，网络成员中的结构洞越多，社会资本越丰富。相反，网络密度越高，社会资本越贫乏。（4）等级制与社会资本负相关：等级制测量的是间接联系集中于一个中心关系人（contact）的程度。集中度越高，社会资本越贫乏。伯特（Burt，1998b）用实证资料对上述4个有关社会资本网络效应的假说进行了验证。

在最近的研究中，伯特（Burt，2001）对作为社会资本构成要素的封闭网络和开放网络（结构洞）进行了概念上的整合和经验验证。伯特认为，科尔曼和普特南等所说的封闭或紧密网络强调的是内在凝聚力，他们描述了紧密甚或等级制网络如何降低了与制裁和信任相关的风险，后者与社会资本使用者的表现相关。相反，坚持开放网络作为社会资本的结构洞理论所关注的是与某个社会群体之外的人的联系，它解释了机会如何为跨越结构洞的中介人增加价值，这也与社会资本使用者的表现相联系。可以说，伯特首次不把开放网络和封闭网络视为对立或竞争的社会资本范式，相反认为它们是相互补充和相互完善的。一方面，开放网络范式以结构洞的分析为典范，如果联系超越了群体，就会增加群体及其成员的价值；另一方面，当群体内部的资源是充分的且被用于群体或个体成员的获利时，封闭网络也是有效的。相对于经验论证而言，伯特在此所做的理论综合显得有些薄弱。他仅仅认识到当中介者跨越结构洞时是价值增加的源泉，封闭网络对于实现嵌入在结构洞中的价值是关键的因素。

六 林南的"社会结构与行动"的社会资本理论

如果说格兰诺维特的"弱关系的强度"假设提出了信息流动的网络理论，那么林南（Lin Nan）的"社会结构与行动"的社会资本理论则具有更深刻的理论内涵和更广的适用范围。[①] 林南的理论对格兰诺维特的"弱关系的强度"假设做出了重大的修正和发展。他指出，社会结构是由人的网络构成的，这些人的位置按照控制和获取有价值的资源的能力呈金字塔状排列。资源按其属性可以分为个人资源和社会资源。个人资源指个人所直接占有的财富、地位和权力等有价值的物品，可以自由地使用和处置，而不必过多地关注补偿与回报。而社会资源是指嵌入一个人的社会网络中的权力、财富和声望，虽然不为个人所直接占有，但是可以通过个人的直接或间接社会关系来借用和获取。如果说个人资源是永久性的，那么社会资源则是暂时性的。在一个分层的社会结构中，当行动者采取工具性行动时，如果弱关系的联系人处在比行动者更高的地位，他所拥有的弱关系将比强关系给他带来更理想的结果。个体社会网络的异质性、网络成员的社会地位、个体与网络成员的关系强度决定着个体所拥有的社会资源的数量和质量。换言之，工具性行动的成功与网络成员所能提供的社会资源正相关。越是占据或接近社会结构金字塔顶端的网络成员，控制获取社会资源的能力越强，这不仅由于更多的有价值资源内在地附着于这些位置，而且因为处在这些位置具有接近其他等级位置（特别是比本人低的其他位置）的最大可能性（Lin，1982）。

在林南的社会资源理论中，弱关系的作用远远超出了格兰诺维特所说的获取信息的作用。由于弱关系联结着不同阶级阶层拥有不同资源的人们，所以资源的交换、借用和获取，往往通过弱关系纽带来完成。而强关系联结着阶层相同、资源相似的人们，因此类似资源的交换既不十分必要，也不具有工具性的意义。为此，林南提出了社会资源理论的三个主要命题。

[①] 1999 年之前，林南的社会资本理论被称为社会资源理论（Lin，Ensel, and Vaughn，1981；Lin，Vaughn, and Ensel，1981；Lin，1982；Lin and Dumin，1986；Lin，1990，1992，1994）。

（1）社会资源命题：嵌入社会网络中的可以获取的社会资源越丰富，人们的工具性行动越理想。（2）地位强度命题：社会资源受到个人的初始地位（父母地位或自己以前的地位）的影响。人们的初始地位越高，获取社会资源的机会越多。（3）关系强度命题：社会资源受到使用弱关系而非强关系的影响，即弱关系比强关系可以导致更好的社会资源（Lin，1982，1990）。林南在最近的研究中，把关系强度命题修正为关系广度（extensity of ties）命题，即人们所拥有的社会网络规模越大，网络成员的异质性越强，越可以获取和运用更好的社会资源（Lin，1999a，2001）。

林南的纽约州奥巴尼地区的社会流动调查揭示，无论在寻求首职还是现职时，均有半数以上的被访者通过社会关系来获得帮助。在首次求职时，41%的被访者使用的个人关系是亲属，35%是朋友，21%是熟人和间接关系。而在目前的工作变动中，34%的人使用了熟人和间接关系，26%使用了亲属关系，37%使用了朋友关系。概言之，求职者的社会资源和弱关系影响了其与高地位的关系人的交往。关系人的地位转而又对求职者所获得的职业声望产生了积极和强烈的影响。伴随着个人职业生涯的发展，职业流动者将更多地依赖于结构性的而非先赋性的关系。特别是在寻找高声望工作时，人们更经常地通过弱关系而不是强关系获得帮助。弱关系的作用是导致了丰富的社会资源，社会资源是目标达成的直接原因（Lin, Ensel, and Vaughn，1981；Lin, Vaughn, and Ensel，1981）。总之，林南的奥巴尼研究在地位获得过程的框架内验证了社会资源命题、地位强度命题和关系强度命题。

1978年的另一项纽约州研究发现，男性比女性求职者更可能找到高地位的联系人，同时求职者都可能使用与自己同性别的联系人（对男性尤其如此）。当女性使用男性联系人时，与男性相比找到高地位联系人的劣势急剧下降。该研究首次提供了男性在等级制中具有地位优势，拥有较好的社会资源的直接证据。此外，女性在运用男性联系人和获取较好的社会资源时处于劣势，这部分地解释了她们较低的地位获得（Ensel，1979）。林南自己和其他人的一些研究证实了社会资源或社会资本的不平等分布（Lin，2000；Burt，1998a，2001）。

总之，社会资源理论是社会网络研究的一大突破，因为它对"只有首先占有资源然后才能运用"的地位结构观做出了修正。林南认为，资源不但可以被个人占有，而且也嵌入社会网络之中，可以通过关系网络获取。弱关系之所以比强关系更重要，是因为前者在获取社会资源时比后者更有效。社会资源理论本质上是一种关于在工具性行动中获取有价值物品达到既定目标的理性选择理论（Lin，1982）。

最近几年，林南将社会资源理论修正或扩展为"社会结构与行动"的社会资本理论（Lin，1999a，2001）。笔者认为，对社会资本概念的表述、指标测量和理论模型的建构做出最大贡献的当属林南。林南指出，社会资本是从嵌入社会网络的资源中获得的。社会资本植根于社会网络和社会关系中，因此，"社会资本可被定义为嵌入一种社会结构中的可以在有目的的行动中获取或动员的资源。按照这一定义，社会资本的概念包括三种成分：嵌入一种社会结构中的资源；个人获取这些社会资源的能力；通过有目的行动中的个人运用或动员这些社会资源。因此可以构想，社会资本包含的三种成分涉及结构和行动两个维度：结构的（嵌入性）、机会（可获取性）和行动导向（运用）方面"（Lin，1999a，2001）。

林南把社会资本界定为"在具有期望回报的社会关系中进行投资"。这种一般界定与所有对该讨论做出贡献的学者的各种表述一致（例如，Bourdieu，1986；Burt，1992；Coleman，1988，1990；Erickson，1996；Flap，1991；Lin，1982；Portes，1998；Putnam，1993，1995a）。个人为了创造收益才参与互动和建立网络。他把社会资本的功能概括为四个方面（Lin，1999a，2001：19-20）。第一，促进了信息的流动。通常在不完善的市场条件下，处于某种战略地位或等级位置中的关系人，由于较好地了解市场需求，可以为个人提供以其他方式不易获得的关于机会和选择的有用信息。同样地，这些关系会提醒处在生产或消费市场中的一个组织及其代理人甚至一个社区关于在其他方面未被意识到的个人的可用性和利益。这些信息可以降低交易成本，使组织招募到合格的专业技术人员，也使个人找到可以使用其资本和提供适当回报的"较好的"组织。第二，社会关系人可以对代理人（如组织的招募者或管理者）施加影响，这些代理人在有关行动者的决定（如雇佣或提升）中发挥着关键性作用。某些社会关系，由于其所处的战略位置（如结构洞）和地位（如特许权或监督能力），在组织代理人的决策中也拥有更有价值的资源和行使更大的权力（例如，对代理人依赖的极大不平衡）。因此，在一个关于个人的决策过程中"说一句话"就会产生一定的影响。第三，社会关系资源及其被确认的与某人的关系，也被组织及其代理人视作某人的社会信任的证明，某些信任反映了个人通过社会网络和关系，他的社会资本获取资源的能力。个人背后的身份通过这些关系为组织及其代理人提供了保证：个人可以提供超出个体的个人资本的另外资源，这些资源对于组织的运作也是有效的。第四，社会关系被期待着强化身份和认识。一个人被确认和识别的价值作为个人和社会群体成员共享的类似利益和资源，不仅提供情感支持，而且获得某些资源的公共认可。这些强化对维持心理健康和资源所有权而言是必不可少的。

林南（Lin，1999a）认为社会资本的理论模型应该包括三个过程：（1）社会资本中的投资；（2）社会资本的获取和动员；（3）社会资本的回报。他把社会行动分为工具性行动和情感性行动（Lin，1986，1990，1992）。工具性行动被理解为获得不为行动者拥有的资源，而情感性行动被理解为维持已被行动者拥有的资源。这种对行动的分类类似于波茨的工具性行动和完善性行动的分类（Portes，1998）。

对工具性行动而言，可以确认三种可能的回报：经济回报、政治回报和社会回报。每一种回报都可被视作社会资本的增加。经济回报是直接的。政治回报也类似于直接，表现为一个组织中的等级地位。而作为社会回报的声望是社会收益的一个指标。声望可被定义为对一个社会网络中的某个人做出的善意/非善意的评价。社会资本交换中的一个关键争端是，社会交换也许是不对称的：他人把好感给予自我，自我的行动受到促进。不像经济交换，在那里互惠的和对称的交易是短期和长期所期待的。社会交换不需要这种期待。社会交换所期待的是，自我和他人都承认不对称交换会造成前者对后者的社会债务，后者增加了社会信任。自我必须在公众场合公开地承认其社会债务，以维持他与他人的关系。网络中的公开承认可以传播他人的声望。债务越多，网络越大，自我和他人维持关系的需要越强烈，在网络中传播信用的倾向越明显，因此，他人所获得的声望越高。在这个过程中，他人通过伴随着物质资源（如财富）和等级地位（如权力）的声望得到满足，这构成了工具性行动中三种回报之一的基础。

对情感性行动来说，社会资本是巩固现存资源和防止可能的资源损失的一种工具（Lin，1986，1990）。原则上是接近和动员共享某种利益和控制类似资源的其他人，因此为了保存现有资源，可以储存和共享嵌入性资源。情感性回报包括三个方面：身体健康、心理健康和生活满意。身体健康包括维持身体功能的合格、免除疾病和伤害。心理健康反映了抵抗压力、维持认知和情感平衡的能力。生活满意指对各种生活领域如家庭、婚姻、工作、社区和邻里环境的乐观和满足。

对工具性行动和情感性行动的回报经常是彼此增强的。身体健康提供了承受持久工作负担的能力和获得经济、政治与社会地位的可靠性。同样，经济、政治或社会地位经常提供维持身体健康的资源。心理健康和生活满意也同样被期待着对经济、政治和社会收益产生交互的影响。然而，导致工具性和情感性回报的因素被期待着表现为不同的模式。如前所述，开放的网络和关系更可能接近和运用"中介桥梁"去获得一个人的社会小圈子中缺乏的资源，增强其获取资源和工具性回报的机会。另外，一个在群体中拥有更亲密的互惠关系的紧密型网络，会增加动员拥有共享利益和资源的其他人以保护现存资源的可能性。此外，外生因素诸如社区和制度安排及与竞争动机相对的传统动机会对网络和关系的密度和开放性及工具性或情感性行动的成功做出不同的贡献。

林南（Lin，1999a，2001）预测到，计算机的普及互联网的方兴未艾，为社会资本研究者提供了另一重要阵地，这种刚出现的新制度和文化为人力资本和社会资本间的互动提供了一种新的基础。在他看来，所有形式的资本发展的全部范围和效用都可以在计算机网络中考察到，计算机网络基本上是关系和嵌入性资源，这是社会资本的一种崭新的形式。目前迫切需要做的工作是理解计算机网络是如何建立和分割社会资本的。最重要的是，社会资本研究者应该解释：社会资本是否和如何在意识形态、影响和市民社会方面超过个人资本。在此意义上，社会资本并不是垂死的，可能是扩张的和全球性的。

笔者认为，第一，林南把社会资本界定为"在具有期望回报的社会关系中进行投资"也是存在问题的。林南本人一再反对科尔曼按照社会资本的功能来下定义（Lin，1999a，2001；林南，2001），但是他本人的定义实际上也带有功能主义的嫌疑。反对按照功能的方式来界定社会资本的概念，并不是否认社会资本可以发挥积极的功能。然而，按照林南的定义，是否那些"不具有期望回报的社会关系中的投资"就不是"社会资本"了呢？虽然社会行动多数是有目的的和理性的，但是如果说所有的社会行动都是受到理性和目的支配的，未免陷入理性选择论的沼泽。实际上，社会行动区别于经济行动的一个特点就在于，前者经常导致非预期后果（unintended outcome）。比如人们在进行社会资本的投资时，并不一定能准确预见可能的后果。况且，目的性或功利性很明显的社会资本投资往往会带来消极的后果。第二，社会资本理论中的某些具体命题（比如关系强度命题）并不具有普遍的适用性。林南自己也承认，对处于金字塔顶端的网络成员而言，由于几乎没有什么弱关系可以利用来获取更好的或同类的社会资源，他们只能运用强关系来达到自己的目的。林南将此称为有限的案例，笔者以为这是社会资本理论特别是关系强度命题的局限。第三，林南是"开放网络更能带来丰富的社会资本"的主张者之一,但是,他的这个命题在工具性行动中得到验证,却不能有效地解释情感性行动及混合性行动。林南及其同事(Lin, Simeone, Ensel, and Kuo, 1979; Lin, Dean, and Ensel, 1986; Lin and Ensel, 1989; Lin and Lai, 1995; Lin and Peek, 1999; Lin, Ye, and Ensel, 1999;)和其他学者(例如, Laumann, 1973; Boissevain, 1974; Fischer, 1982; Wellman, 1979, 1982, 1988; Wellman, Carrington, and Hall, 1988; Van der Poel, 1993b; Wellman and Wortley, 1990; Wellman and Potter, 1999; Lee et al., 2001; 陈膺强、李沛良, 2002)关于社会支持网络的一系列实证研究表明,封闭或密切联系的关系网络更有利于既有良好关系的维持、促进身心健康、减轻精神压力、处理日常生活危机和增进个人健康和幸福等。上述经验研究表明,当行动者的目标是非工具性的(比如情感性行动),弱关系的作用就不一定有效了。① 这表明社会资本具有不同的模式,并非只有开放网络或仅仅由弱关系形成的网络才能构成社会资本。一个严谨的社会资本理论模型不应该存在内在的逻辑矛盾。关于工具性行动和情感性行动的不同解释也与林南早年的社会资源理论不一致。这也是他的社会资本理论有待修正和进一步完善的地方。

七 社会资本理论的局限性

尽管社会资本作为一个分析概念和理论模型,被越来越来越多的学者所运用,并且在理论建构和经验研究方面取得了大量的成果,但是社会资本理论仍然存在一些阻碍学术发展的共同缺陷。②

(1)多数学者只是强调了社会资本的积极作用,而对于它可能产生的消极功能甚至反功能鲜有论及,特别是关于社会资本消极功能甚至反功能的实证研究更是罕见。正如波茨(Portes, 1998: 15 – 18; Portes and Sensenbrenner, 1998: 139 – 145)指出的那样,社会资本的消极功能表现在四个

---

① 林南的社会资源或社会资本研究也表明了阶级/阶层位置或阶级/阶层流动、社会资本与亲密网络对于阶级/阶层形成的影响。林南的有关研究给我们的启示是,当人们从事情感性行动时,往往选择关系亲密的亲属和朋友作为共同行动者,这些亲友即与本人的关系为强关系的亲密网络成员,其往往与本人处于相同的阶级/阶层,拥有类似的文化资本,于是与同阶级/阶层的亲密网络成员从事情感性行动,就容易发展出阶级/阶层意识。而不同阶级/阶层的人之间由于缺乏亲密的情感性互动,也就发展出各自独立的阶级/阶层意识,因而又可能引发阶级/阶层冲突和社会变迁(Lin, 1982, 1994)。
② 关于每个学者的社会资本理论的不足之处,前文已有所提及。这里的共同缺陷是针对作为一个学术社区的社会资本领域而言的。

方面。第一，在一个群体之中，为群体成员带来收益的强关系，通常也会阻碍该群体之外的其他人获得为该群体控制的特定社会资源。换言之，使特定群体的成员更为方便地获取某些稀缺资源的强关系，意味着非群体成员在获取这种资源时必须付出更高的代价。第二，个人所属的群体或社区的封闭性，将会阻止成员的创新能力或事业的进一步发展。第三，整个群体从社会资本获益，是以牺牲和限制个人自由为代价的。社会联系的加强，必将导致个体服从群体甚至令个体消失于群体之中的局面。第四，由于共同的敌视和反对主流社会的经历，在群体团结得到巩固和保持被压制群体成员基本稳定的同时，使更有野心和创新精神的成员被迫离开其熟悉的群体和社区，对于多元社会中的少数民族群体或移民群体而言尤为突出。简言之，"社会联系能够极大地控制个人的任性行为并提供获取资源的特许渠道；但是社会联系也限制了个人自由，并通过特殊的偏爱阻止局外人获取同一资源的渠道"（Portes，1998：21）。社会资本消极作用的产生，与资本的积累和投资于特定的群体或社会空间密不可分。换言之，封闭性的社会结构或结构性壁垒（structural barriers），或用伯特的术语，结构洞的存在，是社会资本产生消极功能的根本原因。

（2）社会资本理论是另一种形式的理性选择理论，因而忽视了人类行动的非预期后果、非理性后果、无理性后果的存在。理性选择理论家认为，社会资本作为一种信息资源和控制手段，是理性行动者之间相互作用的结果，这些行动者为了彼此的利益而相互协调和适应。第一，人类参照周围世界提供的可能性而做出理性选择，并把行动目标视为利益或效用的最大化，这是无可争议的事实。但是如果把行动过程看作一套以科学为基础的理性计算，可能就是不可接受的了。社会资本理论只有在某些特定的行动中才是可以被证明的。即使在这样一个有限理性的观念当中，宣称选择的依据是理性而非其他因素，这样的假设也只能是方法论上的权宜之计，而不是一种逻辑严谨的理论原则。第二，许多人类行动确实不是理性选择的结果，如韦伯（1997）所说的习惯行动、情感行动和价值行动，都不是基于工具性假设的理性选择理论（或本书所说的社会资本理论）所能分析的。如韦伯所言，绝大多数人类行动属于传统的或习惯的类型，体现在例行化的规范遵从之中。非理性和无理性的行为只能通过与理性行为的比较才能进行分析。这就意味着，作为一种理性选择理论，社会资本理论是自我限定的理论，它们将自己限定在初始的或基本的社会生活领域，而在探讨复杂情况时，经常会遇到无法自圆其说的难题。第三，社会资本理论只有使用同义反复式的定义和论证，才能获得简洁的解释力。多数社会资本理论家主张，人们之所以进行社会资本的投资，是因为如此行动有助于实现未来的利益。然而，利益体现在行动结果中，他们不得不用人们行动的结果来揭示其原因，在逻辑上重复了结构功能主义的谬误。

（3）来自不同传统的社会资本的修正主义者冒着试图用太少的理论解释太多现象的危险，从而使社会资本的术语和理论有可能流于时髦，而不能成为一个严肃的知识事业和学术领域。从最先使用社会资本概念的各位社会学家在定义上的不一致，到其后一批追随者的不加批判地借用，再到最近超越社会学学科界限不加限制地任意沿用、不加鉴别地进行篡改、含糊地加以使用，从而出现了"社会资本的过剩现象"（或"社会资本的泛化"——笔者注），社会学家开始把社会生活的每一个特征都从实质上归结为社会资本的一种形式（Woolcoke，1998）。换言之，物质资本和人力资本之外的一切东西被社会学家概述为"社会资本"，从而扩大了其内涵和外延，力图使社会资本成为解释或解决一切社会问题的灵丹妙药（Portes，1998）。实际上，对社会资本的概念界定、理解、应用和解释采取随意性态度存在致命的潜在危险，这样做的结果有可能使这个概念变得毫无科学意义。如果作为一个科学概念的社会资本不能满足理论研究的效度和信度的最低要求，不能形成一个共享的视角或范式，不能达成系统的操作化和进行有关的实证研究，社会资本面临的危险将是变成昙花一现的学术时髦，最终会因其缺乏独有的特征及其对科学知识的贡献而被严肃的学者摒弃（Lin，Cook，and Burt，2001：vii – xii）。另外，混乱也可以视为社会资本概念的扩展超出了其在社会关系和社会网络中的理论根基，以及对于每一个体案例的预测未能占据应有的理论位置。一旦解决了这些争端，社会资本应当也一定是可以操作化的（Lin，1999a；林南，2001）。

第五节　阶级阶层结构影响社会网络的经验研究[①]

直接运用阶级阶层结构模型分析社会网络特征的研究，或以考察阶级

[①] 关于阶级和阶层概念的界定，学术界并没有形成共识。究竟是使用阶级还是阶层来定义享有共同利益和归属感的群体，也许是研究者的主观偏爱。传统马克思主义和新马克思主义者更多地使用"阶级"。而韦伯学派和新韦伯学派则比较喜欢使用"阶层"或"利益群体"。如果不是另外说明，本节及以后的章节将在相同的意义上交替使用这两个概念。只是在谈到西方学者的同类研究时，笔者多使用"阶级"的概念，而在论述国内的研究现状时，为了照顾国内读者的理解习惯，将使用"阶层"。

阶层结构对网络结构的影响作为焦点的研究十分罕见。笔者可以查到的产生较大影响的研究主要有两类。一类是英国新韦伯主义社会学家戈德索普及其同事"以社会流动为主题的亲属交往和社会交往模式"的研究（Goldthorpe, 1987），另一类是美国新马克思主义社会学家赖特及其同事的"朋友网络的阶级界限渗透性研究"（Wright and Cho, 1992; Wright, 1997）。

一　戈德索普的社会流动与社会交往研究

戈德索普及其同事研究社会交往模式的主要兴趣在于，通过阶级流动考察各阶级成员与自己的初级社会关系及一般意义上的社会交往方式是否发生了断裂（discontinuities）。他认为阶级流动不仅仅是在理论上主观界定的群体之间的变动，事实上也是在充满社会文化意义的实体之间的运动（Goldthorpe, 1987: 145）。

他对1972年牛津大学社会流动调查资料的分析得出了如下主要发现：亲属在工人阶级的交往模式中发挥着比在高级专业行政管理人员中更大的作用；但是，共度闲暇时光的朋友网络的规模则没有阶级之间的差异；各阶级之休闲伙伴的阶级内选择倾向尤其明显。高级专业行政管理人员、首职为非体力工人的中间阶级、首职为体力工人的中间阶级与工人阶级的阶级内选择比例分别63%、42%、36%和65%；与休闲伙伴的认识时间，各阶级之间的差别不大。高级专业行政管理人员、首职为体力工人的中间阶级和工人阶级与休闲伙伴认识10年以上者的比例分别为38%、48%和49%，首职为非体力工人的中间阶级选不足5年者的比例为42%（Goldthorpe, 1987: 179-182）。

各阶级之间在最好朋友规模方面存在明显的差别。高级专业行政管理人员、首职为非体力工人的中间阶级、首职为体力工人的中间阶级、工人阶级的最好朋友的规模分别为2.4人、1.7人、1.6人和1.2人。但是与好友的关系维持时间则不存在显著的差别，多数在10年以上。特别是，同未流动的工人阶级相比，未流动的高级专业行政管理人员的最好朋友不可能是亲属或旧日同学，后者更可能提到"其他关系"。深入访谈资料显示，高级专业行政管理人员的朋友形成具有明显多元化的初始熟人，虽然与专业人员和商人（直接的同事除外）的接触以及在社交聚会中介绍一个被认为特别重要的人是关键的。最好朋友的阶级构成的排外趋向更加明显，稳定的高级专业行政管理人员的朋友有4/5来自本阶级，而体力工人阶级的群内选择比例只有1/20（Goldthorpe, 1987: 180）。

在由3个共度闲暇时光的伙伴构成的社交网络中，工人阶级的社交伙伴彼此认识的比例是77%，而高级专业行政管理人员的比例仅为35%。在那些提到3个最好朋友的被访者中，高级专业行政管理人员的好友之间相互认识的比例是39%，而工人阶级是17%。总之，在提及1个密切联系的常规休闲伙伴时，工人阶级的社交模式与高级专业行政管理人员更类似。另外，在常规休闲伙伴和与其维持朋友关系两个方面，工人阶级不可能建立更广泛联系的网络，虽然可能是以更松散联系的方式（Goldthorpe，1987：180－184）。

与同事和邻居的联系：高级专业行政管理人员和工人阶级相比，前者在社交网络中提到同事的比例是后者的2倍。与一般假设——密切的邻居是工人阶级社交的重要组成部分——相反，高级专业行政管理人员与邻居的关系比工人阶级更亲密。深度访谈资料表明，高级专业行政管理人员在工作之外的社交上是刻意安排的，比如工作之后的共饮（酒或咖啡）或酒会，而工人阶级的社交多数出于偶然，比如相逢在公共场所，或相遇在花园栅栏、街头或体育比赛的观赏场所。

组织联系：高级专业行政管理人员比工人阶级隶属于更多的志愿组织，前者花费更多的时间参与这些组织的活动；他们更可能在组织内部占据领导位置。52%的高级专业行政管理人员在访问以前的5年之内开始参与志愿组织的活动，而工人阶级只有19%。工人阶级中有超过一半的人参加了社交俱乐部和职业团体（如工会）。对于高级专业行政管理人员而言，团体参与的多元化倾向更突出，他们参与职业团体的比例与工人阶级类似，但是他们参与纯粹的社交俱乐部的比例微不足道，参与其他类型团体的比例明显高于工人阶级。高级专业行政管理人员的社团参与，是在兴趣的基础上发展的，正如他们生命周期的连续阶段的变动一样，尤其是对排外性俱乐部的参与——高尔夫、网球、帆船、划艇、橄榄球、曲棍球、赛车、壁球、飞行和滑翔等。总之，高级专业行政管理人员选择其休闲伙伴或朋友的范围一般限于类似的阶级位置，而工人阶级似乎缺乏这种社交关系模式（Goldthorpe，1987：185－189）。

与亲属的联系：超过一半的高级专业行政管理人员与近亲会面少于每周一次（55%），工人阶级的比例则仅为1/5，而和3个及以上近亲每周至少会面一次的比例则恰恰相反，前者为18%，后者为51%。近亲的平均规模则是工人阶级高于高级专业行政管理人员和中间阶级：工人阶级、首职为体力工人的中间阶级、首职为非体力工人的中间阶级、高级专业行政管理人员分别为3.6人、3.6人、1.7人和1.5人。而在被访前一个月内会见的近亲人数依次为：高级专业行政管理人员为4.9人，首职为非体力工人的中间阶级为5.1人，首职为体力工人的中间阶级为7.4人，未流动的工人阶级为7.0人。在被访前一年与近亲会面的频率和规模的阶级差异并不明显。在被访前一年，高级专业行政管理人员与远亲会面的规模和频率高于工人阶级，前者的规模为6.5人，后者为5.7人。没有和远亲会面的比例则是工人阶级高于高级专业行政管理人员，前者为19%，后者为32%（Goldthorpe，1987：152－153）。

高级专业行政管理人员相对较低的每周与亲属的接触与相对较高的亲属分散的地理空间有关。高级专业行政管理人员比体力劳动者有更多的地理流动。亲属邻近居住在高级专业行政管理人员中间不像工人阶级中间那样普遍，因此前者不可能像后者那样参与和亲属的经常互动。近亲居住在10分钟步行距离的比例，高级专业行政管理人员为23%，首职为非体力工人的中间阶级为47%，首职为体力工人的中间阶级为48%，工人阶级为62%。但是，与近亲每周至少会面一次的规模则分别是3.0人、2.7人、3.9人和3.3人。不把亲属作为休闲伙伴的比例依次为51%、60%、45%和39%，亲属作为休闲伙伴的规模依次为1.9人、1.5人、3.1人和3.0人，比例分别为24%、26%、50%和42%，最经常的亲属作为休闲伙伴的比例依次为9%、10%、20%和17%，非亲属的休闲伙伴规模则依次为5.8人、4.3人、3.2人和4.1人（Goldthorpe，1987：155）。

与共度休闲时光的亲属的熟识程度：在休闲伙伴中，没有提到亲属的比例，首职为非体力工人的中间阶级为69%，高级专业行政管理人员为47%，首职为体力工人的中间阶级为42%，工人阶级为44%。而与5个及以上的亲属熟悉和相当熟悉的比例，高级专业行政管理人员和工人阶级没有差别，与1~4个亲属熟悉和相当熟悉的比例，仅仅首职为体力工人的中间阶级稍高（41%），其他3个阶级在23%~36%。换言之，经常的休闲伙伴与被访者的亲属更可能不认识，1/6到1/5的伙伴与被访者5个及以上的亲属熟悉。高级专业行政管理人员和工人阶级之间，在常规休闲社交伙伴与亲属之间的熟识度，亦即被访者社会网络的联系度（connectedness）方面，处在一个中等高的水平。但是首职为非体力工人的中间阶级与高级专业行政管理人员的社交模式差别较大。首职为非体力工人的中间阶级首次提到的社交伙伴不是亲属，在所有社交伙伴中不是亲属的比例都高于高级专业行政管理人员，前者分别是69%和65%，后者分别为47%和53%（Goldthorpe，1987：156－158）。

正如作者自己总结的那样，亲属关系的阶级差异表现在几个重要的方面：第一，这些差异并不完全是质性的（qualitative），仅仅是程度的差异，通过平均数和频率分布表现出来；第二，就已经获得的论据而言，似乎更多地表现为与阶级相关的因素对具有亲属分散程度差异的亲属关系之物理性质的联系的限制，而不表现为明显分歧的阶级规范（Goldthorpe, 1987：157）。

戈德索普及其同事以社会流动和社会分层为主题的社会交往模式无疑较早地将阶级阶层分析和（非规范意义上的）网络分析结合起来，对于后来的研究具有开创性的启发意义。当然，作为一个以阶级和社会流动为专长的社会学家来说，社会网络或社会交往模式研究可能是其主流研究成果的副产品。笔者认为他们的研究存在几点明显的不足：第一，没有运用在当时已经发展相当成熟的社会网络分析的概念、测量指标和分析技术，从而使得他们的分析略显粗糙；第二，没有提出明确的研究假设，所使用的定量分析技术也仅仅是交互表的频数分布，在统计分析中没有引入有可能影响社会交往模式的其他变项，仅仅考虑了阶级地位的单独影响，这就使得其结论的可靠性受到一定的怀疑。

二　赖特的朋友网络的阶级界限渗透性研究

赖特首先按照所有权、权威和专业技能三个维度将被访者及其3个最好的朋友分为8个阶级：雇主、小资产阶级、专家经理、经理、主管、专业人士、非专业人士和工人。其次，用对数线性模型来验证其三个理论预测：(1) 阶级结构中三种潜在的剥削界限的相对渗透性；(2) 工人阶级和其他阶级位置的相对渗透性；(3) 三种剥削界限之渗透性的国家差异（Wright and Cho, 1992；Wright, 1997）。

赖特对于阶级界限的跨越与否进行了操作化的定义。例如，雇主和雇员之间的朋友关系被界定为跨越了所有权界限，而小资产阶级与雇员或雇主之间的朋友关系则不被认为跨界；在权威变项中，经理与非经理间的朋友关系被视为跨界，而经理或非经理与主管之间的朋友关系则不被视为跨界；在专业技能变项上，专业人士与非专业人士之间的朋友关系被认为跨界，而半专业人士与专业人士或非专业人士之间的朋友关系则不被认为跨界。在每一种情况下，跨界的朋友被规定为跨越两个相关维度的层次。

研究的主要发现是，在7种阶级界限中，工人与雇主之间的界限最不容易渗透，而工人与主管之间的界限最容易渗透。第2位和第3位相对不易渗透的界限分别存在于工人与专家经理和工人与专业人士之间。工人与经理、工人与半专业人士、工人与小资产阶级之间的阶级界限渗透性几乎相等。工人与半专业人士之间的朋友关系仅仅跨越了一种界限（专业技能），并没有跨越所有权或权威的界限。工人与小资产阶级跨越了所有权界限，但是并没有跨越权威或专业技能界限。工人与经理之间的朋友关系跨越了两个层次的权威界限，但是并没有跨越所有权或专业技能的界限，被认为与跨越一个层次的专业技能或所有权界限的朋友关系类似。这证实了相对容易的权威界限的可渗透性。工人与小资产阶级跨界的结果表明，所有权界限的突出问题不是自我雇用的问题，而是资本主义的所有权关系问题。工人与小资产阶级之间的朋友关系是工人与雇主的3倍。

赖特的结论是：所有权的界限最不容易渗透，专业技能界限居中，权威界限最容易渗透。马克思主义理论所预测的所有权关系最不容易渗透，马克思主义者所关注的剥削和阶级利益的理论与其发现一致，这意味着拥有生产资料所有权的雇主和无产权的工人阶级不可能在社会交往中成为好友。关于专业技能和权威界限的分析结果，并不完全与马克思主义的理论预测一致。专业技能不像权威界限那样容易渗透。但是马克思主义的阶级分析并没有预测到专业技能与权威这两种界限之间的显著差异所代表的相对意义。专业技能界限比较容易渗透，说明是否拥有专业技能的专业人士与非专业人士有可能成为关系密切的朋友。权威界限最容易渗透的发现，表明是否拥有管理决策权并不构成社会交往的障碍。

因此，关于专业技能和权威界限的相对容易跨越的研究发现与阶级惯习（class habitus）和机会结构论点一致。一方面，相对较高的专业技能界限不可渗透性与布迪厄（Bourdieu，1984，1985，1987）的文化资本理论一致，即使该理论倾向于将作为阶级实践理论之基础的所有权的连续重要性降低到最低限度。另一方面，权威界限相对较高的渗透性被朋友关系的机会结构观点充分地预测到。因为在许多工作场所，工人与主管甚至工人和经理之间非正式交往的机会很多。

赖特及其同事的相关研究无疑为朋友网络阶级界限相对渗透性的课题做出了贡献。他的局限表现在如下两个方面。第一，与戈德索普类似，他也是一个以阶级结构和社会分层为专长的（新马克思主义）社会学家，社会网络分析的一些成果并未引起他的重视，这就使得他有关阶级结构与社会网络的影响仍然局限在阶级分析和社会分层的专业领域之内。同样，社会网络学者也不关注他的贡献。第二，他所研究的朋友网络是由被访者的3个最好的朋友组成的，关于这种关系高度密切的网络的研究结论是否适合于其他性质的网络（比如重要问题的讨论网）则有待于我们的研究证实。第三，在赖特的分析模型中，没有考虑到影响阶级界限渗透的其他社会因素，如果将其他社会人口特征引入模型，那么将会使其结论更充实和可靠。

第六节 社会支持网络的研究

一 西方社会的社会支持网络研究

社会支持网络是微观社会网络分析的一个非常重要的方面。个人的社会支持网络是指个人能够获得各种资源（如信息、物质、友谊等工具性或情感性帮助）的社会关系。通过社会支持网络，人们可以解决日常生活中的问题和危机，维持日常生活的正常运行。良好的社会支持网络被认为有益于减缓生活压力、增进身心健康[①]和个人幸福。相反，社会支持网络的缺乏，则会导致身心疾病，使个人生活出现困难。同时在宏观层次上，社会支持网络作为社会保障体系的有益补充，可以释放人们对社会的不满情绪，缓冲个人与社会的冲突，从而有利于社会的稳定与协调（Gottlieb，1981；Berkman，Glass，Brissette，and Seeman，2000）。

在运用社会支持网络视野与方法研究社会支持方面，有两个经典的研究方向。一个是 Wellman 关于加拿大多伦多市东约克人关系网络的调查。他用个人社区的概念来把握一个人完整的社会支持行动体系，他认为社会关系的存在并不意味着一定会提供社会支持。Wellman 于 1968 年通过对 845 位东约克居民的随机抽样调查和 1978 年就原样本抽选 33 位居民进行的深入访问发现，98% 的东约克人至少拥有 1 种亲密关系，61% 拥有 5 种或 5 种以上的亲密关系。多数亲密关系网络是由亲属和朋友构成的。在所有的亲密关系中，仅有 13% 居住在同一邻里社区。在处理日常事务和突发事件时，被访者几乎都从亲密关系网络中获得过帮助。这说明亲密关系网络是普遍存在的，而且超出了居住区域的界限，呈现一种不对称分布的特点。社区关系并未随着工业化、都市化和现代化的发展而普遍衰败，只是不同的人因都市化的结构变迁，在建构个人社会网络时采取了不同的形式（Well-

---

[①] 社会支持网络对健康的影响是通过社会支持的功能来实现的。行为层次上的社会支持网络通过四种主要的途径对社会和人际行为产生影响：（1）提供社会支持；（2）发生社会影响；（3）强调社会活动与依附；（4）获取社会资源和物品（Berkman，Glass，Brissette，and Seeman，2000）。

man，1979，1982；Wellman and Wortley，1990）。这一实证发现不仅影响了都市社区的研究方向，而且驳斥了传统的"社区丧失论"（Theory of Lost Community），有力地支持了社区解放论（Theory of Community Liberation），同时对社会支持网络结构及二人互动关系的分析做出了独特的贡献。

对社会支持网络分析的另一个方向是由罗纳德·伯特开辟的。他主持设计的1985年美国综合社会调查项目（GSS）集中研究了美国人的核心讨论网。该调查第一次收集了美国1167个样本的网络资料。该资料表明，美国人讨论网的平均规模为3.01人，其中亲属网的规模为1.53人，非亲属网的规模为1.40人，讨论网中亲属的平均比例为0.55。美国讨论网成员的关系是相当紧密的，平均为0.61。在讨论网成员的异质性指标方面，年龄平均相差10.54岁，受教育年限平均相差1.78年，77.6%的网络成员是由性别相同的人组成的，91.8%的成员是由种族或民族相同的成员组成的（Marsden，1987）。在社会网的构成模式方面，亲属占52.2%，同事占18.2%，邻居占9.4%，同群体成员占18.2%，其他占2.0%（Burt，1990）。上述定量分析的结果表明，美国人的讨论网是以规模较小、亲属关系导向、相对密切和异质性较低为特征的。对年龄、教育、种族、性别和居住地等亚群体的回归分析发现，网络特征在青年人与中老年人、受过高等教育与未受过高等教育、大都会地区和非大都会地区的比较中存在明显的差异（Marsden，1987）。

二 华人社会的社会网络研究

1. 社会网络分析视野之外的华人社会网络研究

诸多学者在研究中国社会时至少在隐喻的意义上使用了社会网络和社会资本的概念。梁漱溟指出，中国社会既非个人本位，亦非社会本位，而是关系本位。中国社会不把重点放在任何一方，而从乎其关系，彼此相交换，其重点实在是放在关系上了（梁漱溟，1949/1987）。费孝通在半个世纪以前通过对中国农民生活深入细致的人类学观察精辟地指出，中国乡土社会的基层结构是一种"差序格局"。在这个格局中，"社会关系是逐渐从一个一个人推出去的，是私人联系的增加，社会范围是一根根私人联系所构成的网络"，"社会范围是从'己'推出去的，而推的过程里有各种路线，最基本的是亲属：亲子和同胞"（费孝通，1949/1998：30、33）。他将"差序格局"比喻为一粒石子投入水面所形成的同心扩散圈。每个人都处在圈子的中心，以差序方式来建构与其他人的社会关系。通常离中心越近，道德性和工具性的责任感也越强烈。离中心距离越远，关系就越弱、越疏远。"从己向外推以构成的社会范围是一根根私人联系，每根绳子被一种道德要素维持着，相配的道德要素是孝和悌。"（费孝通，1949/1998：33）费孝通还指出，乡土社会中社会关系可以因应需要延亲属差序向外扩大。但是构成社会圈子的分子并不限于亲属关系。这个差序格局不仅为个人和家庭提供了发生社会联系的信道，而且成为他们生存和发展的重要社会资源。梁漱溟和费孝通的研究虽然是针对中国传统社会而言的，但仍然是研究当代中国社会结构的后人经常引据的经典。

费孝通的差序格局论点提出以后，无论是对于传统中国农村社会还是对现代工业社会，几乎没有学者用实证资料做定量研究。罕见的例外是李沛良教授用香港地区的抽样调查资料来考证该理论在现代工业社会中华人社会关系的差序格局（李沛良，1993）和边燕杰运用内地城市调查的资料研究家庭的社会网络资本（边燕杰、李煜，2000；Bian，2001）。

李沛良的考证意在证明：现代工业化的香港华人社会是否仍然存在差序格局？不同的中国人口组别中的差序格局是否存在不同的模式？李沛良的实证分析表明，在发生纠纷、解决困难和经济资助三个方面，香港华人中间的差序格局十分明显。当发生纠纷时，香港华人最可能支持家人，其次是旁系亲属，最后才是远亲；在解决困难时，香港华人按照家人、旁系亲属和远亲的差序愿意牺牲自己来帮助他们；香港华人实际提供经济资助的顺序也是按照家人、旁系亲属和远亲的顺序来实施的。对于不同年龄组、性别组、教育组、收入组和出生组的进一步分析也证明了亲属网络的差序格局存在于不同组别中。李沛良的分析结果验证了"人们对其家庭成员的道德和工具性责任强于对其旁系的责任，对其远亲则最弱"的研究假设。

被访者愿意为家人和亲属解决困难和经济资助的比例明显高于提供道德和情感帮助的比例，这说明香港华人与其家人和亲属的关系偏重于工具性或经济方面的帮助，而不是道德和情感方面的支持。在此基础上，李沛良提出了"工具性差序格局"的概念。这个概念包含着如下命题：（1）社会关系是自我中心式的，即围绕着个人而建立起来；（2）人们建立关系时考虑的主要是实利可图，所以亲属和非亲属都可以被纳入格局中；（3）从格局的中心向外，格局中成员的工具性价值逐级递减；（4）中心成员经常要加强与其他成员的亲密关系，特别是那些工具性价值较大的关系；（5）关系越亲密，越有可能被自我用来实现其实利目标（李沛良，1993）。工具性差序格局的概念作为本土性的"适切研究"的产物（李沛良，1993：

74），其普遍适用性也有待于相关研究的验证。

金耀基认为，人情、面子和关系是理解中国社会结构的关键性的社会文化概念，是中国成年人用以处理其日常生活的基本"储藏知识"的一部分。儒家的社会理论具有一种把个人发展成为"关系本位"的个体的倾向。在日常生活中，中国人显示了异乎寻常、令人难忘的"拉关系"的技巧。拉关系是指在不存在前定关系或前定关系十分疏远的情况下建立和加强同他人的联系。通过它，个人得以建立起他的个人网络。在中国社会中，人情对关系和网络的建构发挥着重要的影响。"人情在人际交往中是一种资源或社会资本。"（金耀基，1993：77）培养人情是建立和维持一种关系的先决条件，拉关系和攀交情都会引起沉重的社会投资和负担。因此中国人有意识或无意识地把关系的建构作为一种文化策略来调动社会资源，借以在社会生活的各个领域达到目标，亦即发挥重要的工具角色。建构关系的文化设计在很大程度上成为中国社会活力的源泉。金耀基不仅认识到关系实践的积极意义，而且精辟地指出了拉关系所产生的负面作用（金耀基，1993：64~83）。金耀基指出，在社会性的交换中，人情极为重要，甚至占据了中心的位置。影响在以人情为媒介的社会交换中，并不像经济的交换那样一清二楚和及时回报。人情对于中国人而言，具有难以摆脱的约束力。它不仅规范了社会性的人际关系，同时使中国社会系统产生了强韧的凝聚力。在中国社会，人与人之间存在千丝万缕的联系，除了亲属、同乡，即使是朋友、朋友的朋友、亲属的亲属、朋友的亲属、亲属的朋友等间接关系，只要一攀上关系，就成为"准亲属"的关系，真正成为"四海之内皆兄弟"了，而人际关系亦皆成为初级群体的特殊主义化的关系。但是，个人在社会关系中，并非被社会文化机械地制约，相反具有相当大的自由与自主性（金耀基，1981）。此外，金耀基通过对中国人行为中"面""耻"的分析揭示，道德性的"耻"与"面"，有成就中国人君子型人格的行为与潜力，而社会性的"耻"与"面"成为积极向上的成就感动机（金耀基，1989）。借用布迪厄的术语，"争面子"的过程就是积极积累自己和所属群体的社会资本和符号资本的过程。金认为"从中国经验世界中去确认、提炼那些影响中国人行为的社会－文化观念，然后以之为基础建构更高层次的社会学理论"，是"社会学中国化"的重要途径之一（金耀基，1993：viii）。

黄光国对人情与面子的社会心理学研究，将中国社会中个人所拥有的关系分为情感性关系、工具性关系和混合性关系三类。他认为，在中国社会，资源支配者往往会根据不同的社会交换法则来处理不同的关系。情感性关系是一种稳定而持久的社会关系。个人和他人建立这种关系，主要是为了满足关爱、温情、安全感和归属感等情感方面的需要。像家庭、密友和朋辈群体等初级群体中的人际关系，主要是靠需要法则来维持和发展的。个人和他人建立工具性关系，是为了实现所希望的功利性的目标。中国社会中，支配这类关系的社会交换法则是"童叟无欺"的公平法则。凡是被个人归为工具性关系的单位，个人都会一视同仁地按照普遍化的非个人化的原则与之交往。而混合性关系介于前两者中间，交往双方虽具有一定程度的熟识，但又不像初级群体那样深厚，可以随意表现出真诚行为。混合性关系表现在错综复杂、彼此重叠的关系网中，交往单位通常都会共同熟悉一个或一个以上的"第三方"。混合性关系的本质是特殊性和个人性，人情法则在其中发挥着主导作用。在中国社会中，许多人运用人情法则来加强自己在对方心目中的权力形象，以影响对方并最终获得自己所希望的资源。黄光国发现"做面子"、拉关系和寻求私人网络是中国社会中最为基本的权力游戏。互惠规范在很大程度上是由等级性结构化了的社会关系网络塑造的，并且总是通过"面子功夫"而达成（黄光国，1985；Hwang，1987）。

杨美惠（Yang，1989，1994）对中国城市中礼物交换与私人关系进行了系统的人类学研究。她认为，中国的礼物经济与关系网络构成了一种与国家权力相抗衡的非正式权力。她详细考察了单位内部和单位之间私人的忠诚、义务与相互支持的广泛网络。在寻求恩惠的礼物交换过程中，礼物经济再分配了国家经济已经分配的资源，而且"用一种关系伦理话语取代了渗透在国家再分配交换方式中的普遍主义伦理的统治话语"（Yang，1989：50）。与那些强调礼物交换之消极后果的学者相反，杨美惠认为"虽然关系艺术的当下目的是获得一些物质利益，但同时它对行政权力的微观艺术发挥了一种颠覆性的作用"（Yang，1989：38）。这些私人网络在特定情况下充当中国式的市民社会或次生社会（a second society）的基础。因此她认为，要研究中国市民社会的发展必须关注关系的艺术，这是一个次生社会的动力因素。在她看来，基于关系的中国市民社会的独特性表现在个人与社会之间及个人与正式的志愿群体之间（Yang，1994：295-305）。

阎云翔（Yan，1996）通过对中国东北一个村庄的人类学和民族志的实地研究发现，农村的礼物馈赠发挥着经济、社会保障、社会支持和政治等功能。在礼物馈赠或交换的过程中，亲属关系和社区关系都有被纳入私人网络之中的趋势，从而成为布迪厄所谓的"实践的亲属关系"。虽然互惠原则在中国礼物流动中发挥着重要的作用，但是阎云翔的观察发现，至少在礼物馈赠的领域，道德义务更可能主导人们的行为，因为村民毕竟生活在道义经济当中。中国人的礼物交换建立在关系和人情的基础上。在他看来，滥用个人关系的结论多数是基于城市生活的观察（比如，Yang，1989，1994）。而在一个联系紧密的社区，关系的培养主要是一种文化地建构自我的途径而不是与他人交换资源的策略，人情主要是个人道德世界的一部分而非一种可以交换的资源。关系和人情的这种表现形式是乡村社会安土重迁或缺乏社会流动的结果。在大多数居民终身为邻的社区中，互惠期望和个人利益只能通过培养长期和稳定的关系网络来实现。这也许是阎云翔的独特发现。

2. 规范的华人社会的社会网络分析

上述有关中国社会关系的研究，都不是从社会网络或社会资本的理论和研究方法出发的，他们的分析工具也不是社会网络或社会资本的学术概念。最早用社会网络的分析工具和学术概念对中国社会网进行大规模调查的是阮丹青（阮丹青等，1990；Ruan，1993b）。阮丹青于1986年对天津城市居民社会网的调查表明，讨论网的平均规模为6.3人，41.4%的讨论网成员互相认识，关系密切的比例为38%。在网络构成方面，亲属占38.9%，同事占44.8%，邻居占5.0%，朋友占6.6%，即多数网络成员是由同事和亲属构成的，他们是紧密联系在一起的；在异质性指标方面，年龄平均相差9.61岁，性别为0.32，教育年限为0.5年，职业为0.48。同美国相比，天津城市居民社会网的规模更大，异质性更低，趋同性和同质性更高，紧密性更强，业缘关系的地位更重要。在中国，不同社会群体的网络模式相当不同，地位较高的人能够与具有政治影响力的人保持更多的联系，同其他人相比，他们的关系网络的规模更大、异质性更强、联系更松散。她还发现，中年人似乎在与亲属和同事的多种联系中占据着最有利的位置。同女性相比，男性拥有更成功的政治关系网络。造成中美两国社会网差异的重要原因是工作单位在两国所占据的不同位置。与美国不同，工作单位在中国占据着中心的地位。在计划经济体制下，工作单位是职工基本生活必需品和社会保障的综合提供者，因此也为职工建立与同事的个人关系创造了强烈的需要和巨大的机会。同时，这种宏观社会环境也给城市职工建立个人关系网络造成了外在的限制（阮丹青等，1990；Ruan，1993b）。

阮丹青等对1993年和1986年天津城市居民社会网的比较发现，社会网络的构成模式发生了较大的变化，具体表现在被访者拥有更多的朋友关系以及超出家庭和工作单位的联系，相反，同事关系和家庭关系的重要性显著下降。这种变化与中国宏观社会结构的变迁趋势一致（Ruan et al., 1997）。另外，阮丹青关于讨论网提名技术在中国脉络中应用的研究表明，基于美国综合社会调查中的"讨论重要问题"形成的社会关系网络，可以解释中国人个人社会网络的重要部分。具体而言，与中国城市居民讨论重要问题的人，更可能是与其共度闲暇时光和私人事务上的知心人。他们被期待着提供实质性的帮助或拥有重要的社会资源。但是，这些人很少卷入家庭事务中（Ruan, 1998）。

在此基础上，笔者等对天津农村及其城市居民的社会支持网进行了大规模的问卷调查。结果显示，天津农民的社会网是以高趋同性、低异质性、高紧密性为特征的。同传统中国农村相比，以血缘和婚姻联系起来的亲缘关系在社会网中的重要性虽然有所下降，但仍然是一种最重要的社会关系。业缘关系、友谊关系和地缘关系在社会网中占有相当重要的地位。形成这一特征既与中国农村的文化传统密切相关，又与宏观社会结构的变动趋势一致（张文宏、阮丹青、潘允康，1999a，1999b）。

笔者和阮丹青通过对天津城乡居民社会支持网的比较研究发现以下几点。(1) 亲属在城乡居民的财务支持网中发挥着非常重要的作用。(2) 亲属在精神支持网中的作用虽然也相当重要，但不如其在财务支持网中那么明显。亲属在财务支持网和精神支持网中的作用有程度上的差别，这个倾向在农民中表现得更突出。(3) 在亲属中，兄弟姐妹和其他亲属发挥着比父母更大的作用，特别是在财务支持网中。子女在财务和精神支持网中发挥的作用都非常小。配偶在精神支持网中发挥的作用也相当弱。(4) 同事和朋友在精神支持网中的作用比其在财务支持网中更大。在农村，邻居在财务支持和精神支持两方面具有相当重要的作用（张文宏、阮丹青，1999；Zhang and Ruan, 2001）。

李沛良等（Lee, Ruan, Lai, Chan, and Peng, 2001）对香港和北京城市居民社会支持网络的首次比较研究发现，虽然两个城市的政治制度、市场化程度和社会发展水平存在较大的差异，但是其个人支持网络的构成模式惊人地类似，具体表现为近亲（依次是配偶、子女、父母和兄弟姐妹）在提供所有类型的支持（包括家务帮助、疾病照料、财政资助、情感支持和提供建议等）时发挥着最重要的作用。相对而言，近亲的工具性功能强于其情感功能。在家庭关系中，配偶在工具性和情感性支持中发挥着同样重要的作用，父母和子女提供工具支持的功能大于情感支持。母亲比父亲、儿子比女儿在提供工具性和情感性支持方面更重要。兄弟提供更多的工具性支持,而姐妹则提供更重要的情感帮助。近亲中的岳父母/公婆和女婿/儿媳的支持作用很弱。换言之,血缘亲属比法律亲属的支持功能更强;密友的重要性虽然不及近亲,但是其提供情感支持的作用也不能被忽视。远亲、普通朋友、邻居、同事和专业机构的帮助者很少发挥支持功能。朋友的作用是次属的,而且集中于提供情感问题的帮助。这些发现表明核心家庭关系(特别是血缘关系)在今日香港市民和北京市民之社会支持网络中的极端重要性。两个城市的主要差别在于,北京市民比香港市民更可能转向同事或邻居寻求帮助。在北京,社会主义工作组织的影响虽然很弱,但是依然存在。随着强调自由竞争和流动的市场经济在北京的进一步发展,两地居民的社会支持网络有可能变得越来越相似。

然而,针对西方发达社会设计的社会支持网络的提名问题,有些并不适合在中国的背景下使用。比如,在荷兰社会学家的10个提名问题(Van der Poel,1993b:35)中,有两个并不适合当时中国的状况——"假定你家中有些工作需要别人帮助,比如扶扶梯子或移动家具,你会找谁帮忙","假如你在填写文件例如税单或管理表格时遇到困难,你会请谁帮助你"。因此在1993年的天津调查中,我们把第一个问题更改为"假定你家中有些工作需要别人帮助,比如移动家具、搬家、房子装修、修建小厨房等,你会找谁帮忙"。由于第二个问题在当时的中国很少发生,我们代之以另一个问题"假如你需要某些关系来做某些事情,比如让子女进入一家好学校和幼儿园,得到一份工作,职务晋升、变换工作或购买紧俏商品,而你又没有直接的渠道可以运用,你会请谁帮助建立这种关系"。所以在目前还没有公认的社会支持网络提名问题可以在不同的文化背景、市场条件和社会制度应用的前提下,在借鉴西方网络分析的测量工具时,一定要根据中国的具体情况进行一定的修改。但是,这又会产生跨文化比较的困难。

如果说阮丹青、张文宏的社会支持网络研究只是将西方学者发明的提名技术在稍加改动的基础上用于中国的脉络中,进一步检验其跨文化的效力和信度,那么,边燕杰的有关研究则在社会网络和社会资本研究的中国化方面迈出了重要一步。除了关系网络与职业流动的研究以外,边燕杰最近运用定位方法研究了中国天津、上海、武汉、深圳4个城市家庭的社会网络资本和关系资本(边燕杰、李煜,2000;Bian,2001)。他把家庭的社会网络资本界定为嵌入家庭成员的社会网络中的资源。通过家庭成员的社会关系网络获取权力、地位、财富、资金、学识、信息等资源,达到功利或非功利的目的。边燕杰第一次用"春节拜年网"测量了中国城市家庭的社会网络资本。调查发现，网络规模大，则网络中亲属关系比例小，网络资本总量高（网络规模效应和网络密度效应）。网络位差（range）大，则网络资源总量就高（网差效应）。另外，网顶（celling）高，网络资源总量就大（网顶效应）。对这4个效应的实证检验说明，一个家庭若要提高社会网络资本，必须与地位较高的家庭和个人发展社会交往（提高网顶），同时必须发展非亲属关系，扩大网络规模，并且与各种不同社会地位的家庭与个人交往（扩大网差）（边燕杰、李煜，2000）。边燕杰在另一篇论文中研究了吃喝网络（eating networks）在中国城市居民发展和维持人情交换中的作用。他在此项研究中把关系网络分为3种：扩大的家庭义务网络、特定工具性关系的交换网络和非对称交易的社会交换网络。研究结果显示，亲属关系在核心网络（春节拜年网）中占了较大的比重（36%），但是在吃喝网络中的比例较低（19%），这个发现与扩大的家庭义务和感情的传统模型相悖。在吃喝网络中，拟家庭关系和工作关系所占的比例也大于其在核心网络中的比例（分别为45% vs 39%；36% vs 25%）。① 拟家庭关系和工作关系从核心网络到吃喝伙伴（eating partners）网络的增长说明，选择吃喝伙伴并不受较大的阶层差异的支配，换言之，工具性的特殊关系模型并不适用。相反，具有异质性与多元化特征的不对称交易的社会交换网络模型得到证实。边燕杰的发现体现在，第一，关系资源更可能嵌入拟家庭关系而不是亲属关系或其他类型的关系中；第二，吃喝伙伴倾向于在干部、专业人员和工人的社会阶层内部彼此联系，这意味着中国的关系资源不太可能跨越阶层的界限被动员；第三，吃喝网络比核心网络更多元化，这意味着网络桥梁和关系转让，而不是有形资源的转让是关系资本积累的主要机制（Bian, 2001）。

边燕杰（2003）在其最新研究中按照产权、管理权、专业技能三个标准将城市居民分为行政领导、经理、专业技术、办事人员、技术工人、雇主、自雇和非技术工人8个阶层。对1999年长春、天津、上海、厦门和广州五城市职业流动与社会网络调查资料的定量分析结果显示，按照网络规模、网顶、网差和网络关系构成等指标来测量，行政领导、经理和专业技术阶层的社会资本总量高于非技术工人15%以上，其次是办事人员和技术工人，最低的是雇主、自雇者和非技术工人。前三个阶层拥有相对优势的社会网络。行政领导阶层的网络规模，与领导层、经理层和知识层的纽带

---

① 拟家庭关系（pseudofamily ties）包括家庭的客人、同乡、同学、战友、教师、学生或徒弟、邻居和朋友等。其他类型的关系包括工作中的上司和下属、相同级别的同事、其他工作关系、商业伙伴等（Bian, 2001: 285）。

关系均明显高于非技术工人阶层。相反，雇主和自雇阶层缺乏网络优势，虽然他们的网络规模大于非技术工人，但是其网顶低、网差小，尤其缺乏与领导层、经理层和知识层的纽带联系，这是雇主和自雇阶层社会资本总量不高的根本原因。因为并不是所有的社会关系都会产生社会资本，只有稳定的、私人领域中有情感和行为投入的关系才会产生社会资本。因此，雇主和自雇阶层与领导层、经理层和知识层的联系很可能是暂时性和交易性的，是一种非社会性的交往，随时可以中断，很难转化为稳定的网络联系和社会资本，所以没有包括在具有较高情感和行为投入的核心"春节拜年网"中。另外，对于社会经济地位主观评估的回归分析结果也表明，人们的社会资本越丰富，对家庭生活水平和社会经济地位的自我评估也就越高，这说明社会资本是人们对家庭社会经济地位评估的重要依据。从上述结果中可以发现，阶层地位是人与人之间社会资本总量差异的一个关键因素。阶层地位限制了人们自由地拓展社会网络，积累社会资本。阶层地位优势，在一定条件下可以转换为社会网络和社会资本的优势。

边燕杰（2003）认为，运用中国农历年城市家庭成员之间互相拜年的资料，不仅可以评估不同阶层内部和之间关系的强度和多元性，而且可以测量这些位置之间的社会距离。家庭更可能访问相同职业的人。但是相同或不同职业的家庭的访问说明了阶层的作用。工人与其他阶层之间存在重要的隔离。非工人阶层中存在专业技术人员和行政管理、经理之间的隔离。官僚精英与经济行动者之间也存在隔离。在改革后的中国，专业技能、权威和财产与阶层的构成是相关的。从行政管理权威、公司所有者和管理者、专业技术人员到工人阶层的由高至低的地位秩序，反映了某种程度的阶层等级制。工人给经理和雇主拜年，经理和雇主给重要的专业技术人员拜年的现象，则意味着阶层界限的相对模糊。边燕杰等的研究结论有以下几点。第一，工人阶层在社交上是一个处在边缘状态的群体。他们更可能在阶层内交往，不大可能跳出自己的圈子与其他阶层的人交往，工人阶层在社交上处于被剥夺和边缘化的境地。第二，官僚精英（干部、公检法人员、行政人员和办事人员）也呈现在自己阶层内交往的趋势。政府官员更可能与自己阶层的人交往，不大可能与知识分子、企业主、经理或工人交往。这意味着尽管干部仍然占据资源和机会分配的中心位置，但是在与不同职业阶层建立联系方面并不占据核心位置。第三，中间阶层分为两部分：一部分由知识分子组成，另一部分由经理和雇主组成，后者占据着网络的中心位置。正如作者自己总结的那样，上述研究结论只是初步的和探索性的。

未来运用全国城市调查资料是否能够发现相同的网络模式？如何超越"春节拜年网"的提名方法技术评估定位方法的比较和理论重要性？运用关系范式探讨阶级阶层结构是否还需要分析每一阶级阶层所实际掌握的物质资源？这些问题将是未来研究的课题。

在中国台湾，熊瑞梅、黄毅志（1992）较早涉及阶级阶层对社会网络结构特征的影响这个主题。她对台湾小资产阶级社会资源状况的研究发现，与其他受雇阶层相比，小雇主及自雇者在创业或寻找现职时拥有较丰富的社会资源，不仅包括许多老板级的社会关系，而且受雇者也包括在他们的社会网络内。这说明小雇主在经济行动中不但需要从所属阶层内部获得工作、商品或信息，也需要掌握作为受雇者的劳动力的状况。但是，各阶层在亲密网络的规模、密度、异质性等方面的差别不大，表明各阶层倾向于建立同质性较高的网络，阶层内地位团体的特色比较明显。从职业构成来看，雇主或自营作业者比较倾向于选择行政主管人员、商业服务人员、农林渔牧人员作为亲密网络的成员。作为雇主或自营作业者的小资产阶级亲密网络的组成仍然与其本身的职业特性有关。可见人们在选择亲密的社会网络时，有选择劳动力市场位置相同者的倾向。总之，在社会网络上，小资产阶级具有较丰富的资源，但是其网络机会并无隔离化的倾向。小资产阶级与受雇阶层的网络中均拥有差别不大的受雇阶层网络资源，表明台湾在劳动力市场的经济行动中不存在明显的阶级阶层藩篱。

受赖特有关研究的影响，其他台湾地区的社会学者从各职业阶层间的社会网络（包括友谊与婚姻两种亲密网络）来探讨阶层结构及其相关的阶层界限。研究发现，专业技术管理佐理人员、工人或农民，其最好朋友绝大多数为与本人同阶层者，这显示出友谊网络所具有的高度封闭性。现职为商业服务人员的最好朋友为同阶层者的比例最低。对各职业阶层选择同职朋友之相对机会的进一步分析发现，阶层距离越大，交往比越小，低层的工人或农民与上层的专业技术管理佐理人员、商业服务人员之间的交往比均小于1。在同层友谊的交往比方面，农民的交往比最大，商业服务人员最低。同样是上层的专业技术管理佐理人员与商业服务人员间的交往比，与同是下层的工农之间的交往比均大于1，且有着较高的同层交往倾向。对于各阶层间婚姻配对网络的分析也表明，现职为专业技术管理佐理人员、工人或农民者，配偶的现职多数与本人相同，显示出婚姻配对网络的高度封闭性，尤以农民的婚姻封闭性倾向最显著。现职为商业服务人员的配偶现职与本人相同的比例最低。至于各阶层间的婚姻配对，有两点值得注意：

第一，商业服务人员的配偶为专业技术管理佐理人员的比例高达31%；第二，虽然工人多半具有农家背景，但是其配偶仅有8%为农民。对于本人与配偶现职的对数线性分析显示，阶层距离越大，婚姻配对的可能性越小。明显的阶层界限存在于工人与商业服务人员之间（孙清山、黄毅志，1997）。

黄毅志（1999）关于台湾地区社会流动、社会网络与阶层意识的另一项研究发现，工人阶层或以往具有蓝领工作经验的阶层（初职、父职为体力工人者），会提高亲密网络为工人，以及本人认同工人阶层的机会。这个发现支持了社会流动（或不流动）的经历会影响亲密网络与阶层认同的假设。但是，亲密网络将对阶层意识产生影响的理论预测没有得到支持。他关于社会阶层与心理幸福之关系的研究表明，社会阶层与心理健康的整体关联性并不是很强，预示着阶层对于心理健康的影响比较复杂。换言之，高阶层者不会因为工作条件较佳、拥有的社会资源较丰富而比低阶层者感到更快乐和健康。与心理健康的关联性较强的因素，主要是个人社会网络的整合与关系品质以及主观的社会经济地位评价。社会整合因素包括邻里关系、亲属关系互动的频率，参与社区活动的项目。关系品质因素包括家庭关系品质、人际相处的困扰。邻里关系越密切，参与社区活动越多，人际相处的困扰越少，越会感到快乐；家庭关系品质越佳，邻里以及亲属关系越密切，心理健康问题越少。主观的社会经济地位评价越高，越感到快乐，烦恼越少。

另外一项关于台湾地区跨社会群体结构性社会资本的比较分析表明，就跨越社会界限的交往关系来说，在族群、性别、文化资本和社会阶级4个社会类别中，以跨越社会阶级的交往关系所占的比例最高（53.3%），其次为文化资本、族群和性别。其中向上阶级跨越的占66.6%，向下跨越的占33.4%，这反映出社会网络建构的声望原则或"上攀"效应（陈东升、陈端容，2001）。

笔者认为，在社会支持网的研究中仍然存在一些悬而未决的问题：(1) 网络规模对社会支持的影响是积极的（Wilcox，1981）、消极的（Haines and Hurlbert，1992）还是中立的（没有影响）（Acoke and Hurlbert，1993）？(2) 网络密度对社会支持的作用是正面的、负面的（Wilcox，1981）还是没有影响的（Haines and Hurlbert，1992）？网络密度对不同类型的社会支持的影响是什么？(3) 网络的同质性还是异质性特征更能提供工具性或情感性、常规性或紧急性的帮助（Lin，Dean，and Ensel，1986；Acoke and Hurlbert，1993）？(4) 地理距离的邻近和交往与社会支持的关系究竟是怎样的

(Wellman and Wortley，1990)？上述纷争在某种程度上也是由对社会支持网络的不同界定和不同的分析层次引发的。笔者赞同某些研究者的建议，我们至少可以在三个层次上界定社会支持网络：(1) 微观层次，即人们获取呈现在较亲密关系中的一系列资源的网络；(2) 中观层次，网络是人们在具有特定结构属性的社会关系中互动的副产品；(3) 宏观层次，网络是社会整合/社会参与的水平（Gottlieb，1981)。解决或澄清上述纷争是未来社会支持网络的经验和理论研究努力的方向。

小结：综观上述有关阶级阶层结构与社会网络的经验研究，有几个特点。第一，西方有关阶级阶层结构或社会经济地位（SES）对社会网络结构特征影响的发现并不完全一致，有些甚至是相互矛盾的。第二，多数研究是针对关系较密切的朋友网络进行的。针对网络密度较高和规模较小的朋友网络的研究发现，在以其他提名问题（name generator）(如"重要问题的讨论网"、"社会支持网"、"信息传播网络"和"求职网"等）等为主题的网络研究中，并不一定能够得出相似的结论。第三，有关社会支持网络的研究，并没有把阶级阶层地位对网络特征的影响作为分析的焦点（如Marsden，1987，1990；Burt，1984，1990）。第四，以往有关华人社会网络特别是中国大陆的社会网络研究（如阮丹青等，1990；Ruan，1993；Ruan et al.，1997；张文宏等，1999a；张文宏、阮丹青，1999；Lee et al.，2001；陈膺强、李沛良，2002）也主要是从社会结构的机会与限制的角度进行的，并没有采用阶级或阶层分析的范式。因此，采用阶级阶层分析的视角研究不同阶级阶层的社会网络结构，需要社会网络分析者和阶级阶层研究者摒弃门户之见，将对方的理论思考和经验发现融合到自己的专业领域，这样才能促进社会网络分析和阶级阶层分析的共同繁荣。

第三章
当代中国城市的阶层结构

第一节　马克思和新马克思主义的阶级
理论与经验研究模型

一　古典马克思主义的阶级理论

马克思进行阶级分析的初始目的是解释社会不平等、社会运动、阶级冲突、社会变迁和政治过程，从而构建一种宏观的历史理论（Sorenson，2000）。马克思的阶级理论博大精深，绝非三言两语能够诠释清楚。限于本书的主题，我们择要论述马克思划分阶级的基本标准及其阶级分化理论。

"阶级"是马克思卷帙浩繁的著作中使用频率最高的一个概念，在马克思看来，阶级是按照人们对生产资料的不同占有关系来界定的。在前资本主义社会向资本主义社会过渡以及整个资本主义社会的发展过程中，阶级结构的变化趋势是形成两个相互冲突和对抗的基本阶级：资产阶级和无产阶级。用恩格斯的话说："资产阶级是指占有社会生产资料并使用雇佣劳动的现代资本家阶级。无产阶级是指没有自己的生产资料，因而不得不靠出卖劳动力来维持生活的现代雇佣工人阶级。"（马克思、恩格斯，1995：272）换言之，在资本主义社会中，少数的非生产者（资产阶级）控制着生产资料，从大多数生产者（无产阶级/工人）身上榨取剩余价值。资产阶级对生产资料的占有也导致他们对国家权力的控制。在马克思那里，阶级关系既是剥削者和被剥削者的关系，也是压迫者和被压迫者的关系，从而决定了阶级关系的经济利益冲突和政治对抗性质。

阶级的两极分化和根本对抗是传统马克思主义阶级理论的突出特点，

对于当代阶级阶层研究的潜在意义在于以下几个方面。第一，处在两大对抗阶级之间的中间阶级或阶层日趋没落并最终流向这两个基本阶级。"以前的中等阶层的下层，即小工业家、小商人和小食利者，手工业者和农民——所有这些阶级都降落到无产阶级的队伍里来了，有的是因为他们的小资本不足以经营大工业，经不起较大的资本家的竞争；有的是因为他们的手艺已经被新的生产方法弄得一钱不值了。无产阶级的队伍就是这样从居民的所有阶级中得到补充的。"（Marx，1982：24-25）

第二，随着资本主义社会的发展，无产阶级的人数将日益增加。"资本愈增长，雇佣劳动量就愈增长，雇佣工人人数就愈增加，一句话，受资本支配的人数就愈增多。"（马克思，1976：367）

第三，阶级关系的对抗性质表明资产阶级与无产阶级之间的分化日益扩大，两个阶级之间的边界是封闭的而不是开放的，两个阶级之间的流动渠道是不通畅的。

当人们在生产资料的关系中处于类似的位置（先赋的结构地位）时，他们才有容易沟通和交往的机会，或多或少地彼此排斥亲密的互动，人们期待着某种意识或阶级意识产生的有利条件，从一种潜在的阶级转化为实际的阶级意识，并在与其他阶级的竞争中按照自己的利益积极行动。在此程度上，其他社会力量（包括社会分化的其他源泉）对与其他阶级或地位伙伴的排外的密切互动产生影响，因此一个充分定型化的阶级或地位结构被事先阻止。马克思和恩格斯还将美国缺乏政治意识的工会主义归于工人阶级分化为许多竞争的和相互敌对的种族群体（Laumann，1973：81）。

毋庸置疑，马克思的二元阶级结构理论存在致命的缺陷。第一，1848年的欧洲革命以及20世纪资本主义社会的现实并没有验证这种抽象模式的预言。社会也没有分裂为两大阶级，无产阶级也并未显示自己的强大。新兴工业资产阶级与旧有的中间阶级即土地贵族、小资产阶级以及农民形成了同盟，从而击败了无产阶级。这使马克思倍感失望，也迫使他认识到，不仅这个中间阶级生命力顽强，而且其他阶级会进一步分化。不过吉登斯（Giddens，1973）也指出，马克思所说的中间阶级日益减少和无产阶级化的观点，在一定程度上是正确的。因为他所说的中间阶级是旧中产阶级，是占有少量资产的小资产阶级，而不是现代意义上的新中产阶级。大量的经验研究数据表明，从19世纪到20世纪30年代，资本主义社会的小企业数量一直呈下降趋势。

第二，马克思关于阶级的论述存在诸多相互矛盾的观点。例如，在《剩余价值理论》中，他认为无产阶级在总人口中的比例将相对地越来越小，而中间阶级的人数将增加。他还认为存在工资劳动者、资本家和土地所有者三大阶级，他们维持生计的手段分别为工资、利润和地租，但是他们彼此之间的分界线会因各种中间阶级的存在而趋于模糊。中间阶级的人数将不断增加，而且其中的大部分越来越依靠工资生活，成了作为社会基础的工人身上的沉重负担，同时也增加了上流社会的社会安全和力量（马克思，1976：63、653；Marx，1982：20-21）。显然，他未预见到中间阶级将成为社会中的主要部分和中坚力量。

第三，马克思描述了但没有分析劳动力市场中（通过教育、技术和能力而产生）的不平等，因此在研究劳动力市场中的不平等和冲突时是无效的。另外，在地位获得研究中，马克思的阶级概念似乎不如社会经济地位有用（Sorenson，1994）。

二 普兰查斯的抽象阶级模型

在所有新马克思主义理论家当中，普兰查斯可以称得上最坚定不移地追随马克思的阶级理论的一位学者（Waters，1998）。他明确指出："阶级是由社会行动者组成的群体，而这些人主要但并不是完全按照他们在生产过程中所处的位置来确定的。"（Poulantzas，1982：101）这些位置并不是彼此独立的，它们维系着各不相同且从根本上相互对抗的各种利益，推动着阶级之间控制与抵抗的不断斗争。他的阶级定义明显受到马克思的直接影响。他坚持使用二分模式来概述资本主义历史形态下的复杂阶级关系，用他自己的话说："如果我们仅仅限于探讨各种生产方式，以纯粹而抽象的方式来考察它们，就会发现包含着两个阶级——剥削阶级和被剥削阶级，前者在政治上和意识形态上占据支配地位，后者相应地居于被支配地位。在资本主义生产方式里，就是资产阶级与无产阶级。但是在一个具体的社会里，就不只是包含两个阶级，因为它包含有多种生产方式和生产形式。没有一个社会形态仅仅包括这两个阶级。但是在任何一个社会形态里，总有那么两个最基本的阶级，它们属于该形态中占支配地位的生产方式。"（Poulantzas，1982：106）

面对社会变迁的历史事实，他重新阐述了"生产资料所有权"和"劳动过程"这两个在马克思理论中占据重要地位的范畴。他把所有权具体界定为实际的经济所有权。剥削阶级并不在狭义的法律意义上占有（own）生产资料，而是拥有（possess）生产资料。拥有意味着具有控制生产资料的能力，即将生产资料投入使用的权力（Poulantzas，1982：102）。因此，在当代资本主义社会里，剥削阶级并不包括大公司的全部股东，仅仅包括那些有控股权的管理者。而在社会主义国家社会，生产资料的所有者也并不是如官方所宣称的是全体平民百姓，而只是极少数的高级党政官僚（Poulantzas，1982：103）。

在马克思看来，任务专门化基础上的技术劳动分工的发展，使劳动不断受到控制并陷入贫困化。而对普兰查斯来说，这个过程从属于剥削者和被剥削者之间的劳动分工，"生产关系的地位高于劳动过程和'生产力'"（Poulantzas，1982：102）。只有那些通过直接的商品生产创造剩余价值的人，才应该被归于被剥削阶级。由此看来，他并不打算从根本上修正马克思的无产阶级定义，从而继续将非体力劳动者排除在工人阶级之外。

由于社会劳动分工先于技术劳动分工出现，剥削不仅发生在生产领域，也发生在政治和意识形态领域。一方面，普兰查斯认为生产在阶级的形成过程中发挥着首要作用；另一方面，他又指出纯粹的经济标准不足以确定社会阶级，因此考察阶级在社会劳动分工中的政治关系与意识形态中的位置是绝对必要的。例如，知识性的非生产或非商品劳动者（知识分子）就处在自相矛盾的位置上：就它与资本的关系而言，它是被剥削性的；而从其与工人的关系来说，它又是剥削性的。在两个基本阶级即无产阶级和资产阶级（或被剥削阶级和剥削阶级）之间，还出现了一个被他称为"新兴小资产阶级"的特殊利益集团。此外，还存在日益衰落的阶层（如作为封建制度残余的农民）和方兴未艾的阶层（如专业技术人员、经营管理人员）。他还说，由于社会结构的分化与发展并不均衡，阶级进一步分裂为集团和阶层。集团（fractions）是指阶级体系中分化出来的具体位置，例如，手工业者是无产阶级中受剥削程度较轻的部分，而工业资本家和金融资本家的剥削基础也存在程度上的差异。阶层是指进一步分化的地位群体，是具有高度分化的意识形态立场的群体。比如，中产阶级中既有倾向于资产阶级的保守派，也有同情工人阶级的激进派。这两种情况都属于正常的阶级现象，可以在阶级行动者的经验当中发现。普兰查斯认为，社会总体结构的维持取决于经济阶级、政治集团和意识形态阶层的有机组合和相互影响。经济阶级再生产的维持取决于政治集团和意识形态阶层的维持，反之亦然。例如，政治集团把冲突驱逐出有可能根本动摇社会秩序稳定的领域，知识分子这样的意识形态阶层也同样可以自由地发表不同政见，但是剥削性的生产体系照常运转（Poulantzas, 1982: 107 - 109）。他过于强调生产的抽象阶级结构，而个人的分层和流动在他那里不具有任何意义。

总之，普兰查斯基于结构主义的立场，主张社会阶级决定于客观存在的结构。他扩展了马克思的经济决定论，以生产关系来界定阶级，并以社会关系作为构造阶级的基础。他认为社会由三个基本的要素组成——经济、政治与意识形态，彼此构成阶级的相关维度。当代社会的阶级体系由三个阶级——资产阶级、小资产阶级和工人阶级——构成，但是阶级的内部并非和谐一致，其中势力大的集团会成为统治者。在经济领域，他区分了"生产劳动者"和"非生产劳动者"；在政治领域，他区分了"监督管理者"和"非监督管理者"；在意识形态领域，他区分了"体力劳动者"和"脑力劳动者"。

三 赖特的分析马克思主义的阶级理论

埃里克·赖特（Wright, 1978）最初的研究思路来自普兰查斯的阶级结构分析，但是后来他认识到普兰查斯并未充分阐明阶级之间的界限，特别是拒绝接受普兰查斯的集团和阶层的概念。在把阶级成员资格分解成几个标准（经济、政治和意识形态）以后，赖特发现按照一个或数个标准来看属于支配性地位的阶级，而按照其他标准来看则属于被支配阶级。他把这种可能出现的处境称作"矛盾的阶级位置"（contradictory class location）。他在阶级结构中勾勒出三种内在一致的阶级位置，其中两种的界定仅仅限于纯粹形式的资本主义生产方式，即资产阶级和无产阶级，而第三种则是以简单商品生产（用自己的劳动生产或自雇）来界定的，即小资产阶级。但是，在这些阶级位置之间，还存在三种矛盾的位置：（1）经理人员、技术专家和管理者的位置介于资产阶级和无产阶级之间，他们虽占有一定的财产，但是实际上的所有权很少，他们的工作至少具有一定程度的被剥削性质；（2）小业主的位置介于资产阶级与小资产阶级之间，他们既雇用他人，同时也为自己付出一些劳动；（3）"半自主性的工薪劳动者"的位置介于无产阶级与小资产阶级之间，他们是占有一定财产的从事专业技术工作的雇员（Wright, 1978: 63, 1985: 88）。

与马克思不同的是，赖特并未预期会发生两极分化或无产阶级化的过程。在他看来，阶级结构是稳定的，简单的商品生产并不会被吸纳到资本主义生产方式中去，而半自主性雇员的劳动也不会变得越来越技术化。相反,他认为这些过程是周期性循环的。因为新技术的愈益推广和自主生产者的吸纳会带来劳动过程控制方面的新问题,这些新问题又会导致生产企业中的等级化。对于阶级的定位结构而言,所有这些过程都意味着稳定。

赖特之所以对"矛盾的阶级位置"的观点做出修正,是基于两点理由。第一,大量的批评者指出,矛盾的阶级位置具有内在的矛盾性质,是不切合实际的,因为从行动者的经验层面来看,这些阶级位置是相当稳定一致的(Holmwood and Stewart, 1983)。第二,他本人所做的关于美国阶级结构变迁的研究,得出了具有相当否定效应的结果。大部分劳动力处在矛盾的位置而非历史的位置当中,而这样的不均衡还在进一步加剧(Wright and Martin, 1987)。因此,他指出:"在具体分析时,不能将资本主义社会落实为抽象的资本主义生产方式的简单体现:资本主义始终是一种复杂的融合,包含了多种多样的剥削机制及其伴生的阶级关系形式。"(Wright and Martin, 1987:24)

为此,赖特不再坚持把生产资料的占有或控制权作为阶级剥削的唯一源泉,在此意义上,他认为索伦森简单地按照租金产生的过程来定义剥削和以租金为基础的阶级理论是不充分的(Wright, 2000)。虽然经济租金的概念在阶级理论中发挥着澄清剥削机制强化或阻碍的作用,但是不能将剥削概念化约为不充分竞争和不充分信息条件下资产所有者(asset owners)的优势(Wright, 2000)。赖特学术研究的重心是致力于扩展"剥削"的概念,使其涵盖各种与生产资料的运作方式相关的资源(Wright, 1979, 1985, 1989, 1997)。他认为,除了优势阶级与劣势阶级之间的因果联系外,只有当优势阶级依赖于劣势阶级的劳动成果时剥削关系才存在(Wright, 1997:11)。具体而言,剥削的存在需要满足如下三个条件:(1)反向互赖的福利原则,剥削者的物质福利通常依赖被剥削者物质福利的削减;(2)排外原则,剥削者与被剥削者的反向互赖依赖于将被剥削者排除在获得某些生产性资源的行列之外;(3)占用原则(appropriation principle),排外为剥削者带来了物质优势,因为它使剥削者能够占用被剥削者的劳动(Wright, 2000:1563)。

在资本主义社会里,组织资产(organizational assets)与资格认定性技能(credentialized skills)这两种资源非常重要。组织资产的具体界定扩展了普兰查斯的占有概念,即使不拥有生产性资源的实际所有权,也可能控制它们。他认为,具有占用和调配剩余资源能力的组织资产,在官僚制组织中是自上而下分配的。在资本主义社会里,组织资产的运作方式类似于也从属于财产。高级管理人员、企业家和所有者占有了生产资料并控制了大部分组织资产。而在国家社会主义社会,组织资产的分配和再分配替代了财产的占有,成为剩余资源配置的首要基础。另外,组织资产通过官僚制的等级分配,也在非经济组织特别是各种国家和政府组织中得以体现。

与此相比,资格认定性技能的分配比生产资料或组织资产的分配更均衡。但是,它们也提供了某些稀缺的劳动形式,从而有利于对剩余资源的占用。在资本主义社会和国家社会主义社会里,相对于生产资料和组织资产,资格证书都居于从属地位,但是其运作方式与前两者类似。赖特预测未来会出现一种技术治国制度,这是一种纯粹的非国家社会主义(non-state socialism),资格证书将成为产生阶级分化的唯一标准。

总之,赖特的阶级划分尺度包括财产所有权、组织资产和资格认定性技能。后两种尺度虽然是他的发明,但是从中也可以发现韦伯思想的痕迹。按照这三个标准,赖特构建了一个包括 12 种阶级位置的新模式。这 12 种阶级位置是:资产阶级、小业主、小资产阶级、专家经理人员、专家管理者、专家(非经管人员)、半资格认定性经理人员、半资格认定性管理者、半资格认定性劳动者、无资格认定性经理人员、无资格认定性管理者、无产阶级。在他的阶级划分标准中,根本性的区分仍然在于生产资料的所有者与非所有者,这也是赖特被称作当代马克思主义的最忠实信徒的主要原因。在所有者当中,根据他们是否占有充足的资本来剥削他人,又产生内部的分化。而在非所有者当中,内部分化的根据则是组织资产和资格认定性技能,组织资产的占有比资格证书更能带来权力和剥削(Wright,1985:88)。实际上,上述 12 种阶级地位在经验研究中又经常被合并为 8 种:资本家、小资产阶级、专家 - 经理、经理、主管、专业人员、半专业人员和工人(Wright and Cho,1992)。笔者认为,赖特的阶级类别仍然显得有些混乱,也许可以进一步归纳为 4 个类别:资本家阶级、经理阶级、小资产阶级和工人阶级。资本家阶级占有生产资料并雇用许多工人为其工作,经理阶级为资本家工作且又控制其他人的劳动,小资产阶级拥有少量生产资料并雇用少量的工人,工人阶级只是简单地向资本家出卖自己的劳动力。赖特的阶级划分标准被广泛运用于美国及其他资本主义社会阶级结构与社会变迁的经验研究中(Wright,1987,1997)。

四 索伦森的新剥削理论①

索伦森（Sorenson，2000）在其近期研究中提出，一个充分的阶级理论应该确认形成阶级成员资格的结果。他运用广泛的产权概念，将阶级建立在租金形成过程的基础上。他区分了三个层次的阶级概念。（1）按照分层的一个或多个维度，如收入、职业声望或社会经济地位，对阶级进行名义上的分类。该概念被用来描述生活条件、生活机会中的不平等和呈现态度、信仰、价值与行动模型中的差异。美国传统的社会分层（尤其是地位获得模型）研究主要使用这个概念。（2）"作为生活条件的阶级"：具有可确认的界限与可观察的经验存在的群体。与不同的生活条件相联系的不同生活方式，或在职业、教育、收入及其来源和居住地区等指标方面提供了不同阶级的生活条件的预测。该概念被欧洲学者广泛用于阶级及其结果的经验研究中（如 Erikson and Goldthorpe，1992；Goldthorpe，1987，1997）。（3）作为剥削的阶级：由于人们在社会结构中占据不同的位置，一个群体的成员与其他群体的成员产生了内在的敌对利益，占据优势地位的群体从而成为剥削阶级。

在索伦森（Sorenson，2000）看来，产权是人们直接或间接获得资产回报的能力，表现为行动者的全部财富；租金则是人们所控制的资产（包括人力资本、物质资本、金融资本等）的实际价格与竞争价格之间的差价。在现代工业社会，租金有三种类型：（1）垄断租金，以资产供应的垄断化为基础；（2）组合租金（composite rent），是生产租金或特定租金的独特结合，比如拥有特定技术专长的工人只有同特定的工作相结合才能获得回报；（3）基于自然能力和才智的天赋租金。剥削则是因为所有权或拥有租金产生力的资产（asset that generating rent）而导致的不平等。在可带来租金的资产或资源产生的不平等中，优势掌握在所有者手中，他们的回报以非所有者的付出为代价。如果对租金资产进行再分配或削除，那么非所有者将会变得更富裕。② 因此能够有效地控制具有租金产生力的资产的行动者被界定为剥削阶级。行动者控制的全部财富规定了作为生活条件的阶级状况和

---

① 我们在此处评述索伦森的新剥削理论，并不意味着索伦森是马克思主义者。实际上，索伦森从未承认自己是马克思主义者，我们也不认为他应该隶属于马克思主义阵营。我们这样安排的逻辑旨在把他的以租金为基础的剥削理论与传统马克思主义和新马克思主义的剥削理论加以比较，使读者容易发现其中的明显差异。

② 索伦森的剥削概念受到 Roemer（1982）的影响。

阶级位置，这种不同的阶级位置导致了敌对的利益冲突，集体阶级行动表现为行动者的寻租活动，居于优势地位者总是力图保持和延续租金的产生力，而居于劣势者则试图消除结构位置中的租金。按照是保持还是消除租金，行动者被分为剥削阶级和被剥削阶级。社会中的租金分布是产生敌对阶级利益的源泉，进而导致敌对阶级的形成，他们的集体行动引发租金的创造、保留或消除。该理论还对资本主义发展做出如下预测：租金最终将从劳动力市场的结构位置中消失，未来将是无结构的社会，财产将转移到产权所有者手中。寻租是资本主义发展的动力，而劳动力市场中的租金消失将创造结构上更同质的工人阶级，亦即没有结构支持其福利待遇的工人阶级。当然，他的预言正确与否还有待于未来经验研究的支持和社会发展的历史验证。

　　索伦森指出，以租金为基础的阶级理论既克服了劳动价值论的缺陷，也避免了 Roemer（1982）所说的异常现象，还回答了韦伯和新韦伯主义者没有分析的一些问题（例如，人们为什么会为其社会位置和阶级形成中的行动而不安）。他的理论与资本主义劳动力市场中收入不平等的近期增长和日益下降的削除租金的实践活动一致。然而，批评者指出，任何充分的阶级理论应该在索伦森所提出的三个层次上都能够有效地操作，但是，很明显，索伦森主要是在第三层次上使用阶级的概念，从而使其阶级理论不能建立在他声称的"充分基础"（sounder basis）上（Goldthorpe，2000b）。赖特（Wright，2000）也指出，索伦森的作为生活条件的阶级概念没有区分共同的物质生活条件和获得物质条件的生活机会，其剥削阶级概念也没有将关于物质优势方面的敌对利益阶级和互动的相互依赖的阶级分开。实际上，他并没有明确阐明谁是剥削阶级或被剥削阶级，只是笼统地指出了任何既定的行动者都可以获得这种或那种类型的租金。笔者认为，以产权或租金为基础的剥削阶级理论带有明显的经济学导向，[①] 他的阶级范畴建立在理论推断而非经验分析的基础上，其有关阶级形成和发展的预测需要未来经验研究的证实，但是他的新剥削理论毕竟为我们提供了一个崭新的阶级分析的角度。

第二节　韦伯和后韦伯学派的阶级阶层理论

　　在某种意义上可以说，韦伯及其追随者的社会分层理论是在批判马克

[①] 从索伦森（Sorenson，2000）的参考文献中引用的大量经济学论著可以发现这一点。

思主义和新马克思主义阶级分层理论的过程中形成的。不仅韦伯本人，其后继者也一直以与马克思的幽灵论战为立论的前提。

一　韦伯的三重分层理论：阶级、地位群体和政党

如果说马克思划分阶级阶层是按照是否拥有生产资料的单一经济标准，那么韦伯则按照经济、社会和政治三个维度来研究社会分层，三者又以阶级、地位群体（status groups）和政党作为具体的指标，也就是后来的追随者所用的经济收入、声望和权力三维分层标准。韦伯用秩序（order）来表示社会分层，他认为秩序是高低不等的权力的表现。

1. 阶级

韦伯给阶级所下的定义是：（1）"对于为数众多的人来说，某一种特殊的、构成原因的生存机会的因素是共同的；（2）只要这种因素仅仅通过经济的货物占有利益来表现；（3）它是在（商品和劳务）市场的条件下表现的（阶级状况）"（韦伯，1997：247）。韦伯认为，"占有财产"和"毫无财产"是一切阶级状况的基本范畴。阶级状况应由财产关系来界定，而无产者的阶级状况应通过其所提供的服务来体现。很明显，此观点与马克思类似。同时，韦伯又强调财产与服务须通过市场表现出来。他认为市场状况归根结底是决定个人生存机会的基本条件，亦即阶级状况最终是由市场状况决定的（韦伯，1997：248~249）。与马克思不同的是，韦伯在界定阶级时强调的是市场机会而不是生产关系。只有在市场上使用阶级成员身份来确保获得有价值的稀缺物品和服务时，这种发挥确定作用的因素才能由一种潜在的可能转变为实际存在。这是对马克思阶级理论的补充和完善。

韦伯认为阶级是处于相同地位的人的群体，而地位由一个人的"货物供应的典型机会、外在生活地位的典型机会和内在生活命运的典型机会"构成，这种典型机会"是在一个既定的经济制度内部，产生于对货物或取得劳动效益的资格支配权力的规模和方式，或者产生于为获取收入或收益对它们的应用的既定方式"（韦伯，1997：333）。在此基础上，韦伯构建了他的阶级体系：有产阶级、职业阶级和社会阶级。有产阶级主要按照财产占有的多寡来区分。在一般原则上，对于任何种类的货物、生产手段、财富、获利手段、劳动效益的资格等支配权力，都会构成一种特殊的阶级地位。有产阶级在消费品购买、产品销售、资本投资和接受教育等方面享有垄断的特权。典型的享有特权的有产阶级包括以利息为生的人，如土地、矿山及设备出租者、债权人和证券投资者等。而典型的利益受到特权损害

的无产阶级包括被当作财产占有对象的人（无人身自由的人）、失去社会地位者、债务人和"穷人"。在这两大阶级之外，韦伯还承认存在一个由形形色色的拥有财产或受过教育并依此获益的"中间阶级"。职业阶级是指主要由货物或劳动效益的市场利用机会来确定其阶级位置的阶级。该阶级一方面通过阶级成员垄断货物生产，另一方面通过对政治和其他团体的经济政策施加影响来保障其获利机会。典型的享有特权的职业阶级包括商人、企业家（海运、工业、农业、金融等行业）以及具有卓越才能和受过高等教育的自由职业者（如律师、医生和艺术家等）和掌握垄断性技能的劳动者。而典型的受到特权损害的职业阶级由掌握熟练技术的工人、学徒工和非技术工人组成。同样，在两大职业阶级之间存在由独立的农民、手工业者和官员构成的"中间阶级"。社会阶级是有产阶级和职业阶级的总体，包括工人、小资产阶级、没有产业的知识分子和训练有素的专业技术人员、官员和有产阶级及因接受教育而享有特权的人（韦伯，1997：333~337）。这些社会阶级的突出特征并不只是有些阶级在报酬和机会方面相对其他阶级具有优势，而是前者通过排斥地位较低群体的成员，来维持甚至强化这些优势。要达到这一目标，既可以对财产和资格授予机构实行垄断，也可以削减地位较低群体向上流动的可能。韦伯接受了马克思关于劳动过程使工人阶级趋于同质化的观点。但是与马克思不同，他明确预示了中产阶级在资本主义社会的兴起。在韦伯看来，中产阶级的结构形成是稳定的，而马克思则认为中产阶级的形成过程会带来很多问题。韦伯从三个不同然而相互联系的视角来定义阶级并排列出高低不同的层次，为后来的阶级分析奠定了坚实的理论根基。

2. 地位群体

如果说韦伯的阶级概念是从商品的生产和利益获得方式的客观角度研究阶级状况，那么他所提出的地位群体的概念则主要从主观的视角分析社会不平等。他除了延续马克思的观点，强调生产资料的占有关系对阶级划分的重要性之外，也注意到社会秩序上的地位群体的重要意义。韦伯指出："地位是具有好的声望或缺乏它。地位主要是受条件制约的，并且是通过具体的生活方式来表现的。社会声誉可以直接同阶级地位联系在一起。在大多数情况下，也确实是由地位群体成员的平均阶级地位所决定的。然而，并非总是如此。地位群体成员的地位，反过来也会影响阶级地位。在某个地位上，地位群体所要求的生活方式使他们偏爱特殊类型的生产或获利方式，并拒绝其他方式。一种地位群体既可以是封闭的，也可以是开放的。"

(Weber, 1958: 193) 韦伯认为地位群体具有如下特征。(1) 隶属于相同地位群体的人，有共同的生活方式，这主要通过相近的正规教育、家庭背景和职业经历发展而来。(2) 限制性和排他性。在社会交往、婚姻和职业选择等方面，地位群体的成员对非成员均保持一种距离和排斥。(3) 地位群体以惯例、习俗、礼仪甚至法律为保障，从而维护和强化占优势地位的群体的生活方式、特权和荣誉。此外，韦伯还提到了地位群体有阻碍自由的市场经济发展的消极作用，因为地位等级的荣誉或声望从根本上拒绝市场经济中讨价还价的特性（韦伯，1997：253~259）。在韦伯的地位群体概念中，生活方式、教育和社会交往圈子是比较重要的因素。其中生活方式和教育反映出当前社会学理论和经验研究中十分重要的文化资本和人力资本的影响，而社会交往圈子的意义，则与我们今日所说的社会网络或社会资本的概念非常接近（黄毅志，1999：9）。

关于地位群体与阶级划分的关系，韦伯认为，当资源获得和分配的基础相对稳定时，有利于地位群体的形成和稳固。而当任何技术和经济的甚至政治的动荡与变革来临时，阶级划分就显得尤其重要。阶级分析具有重要意义的时代和国家，一般都处于技术、经济和社会政治的变革时代。而当社会经济的变革进程趋于稳定和缓慢时，地位群体又会恢复其重要性（韦伯，1997：260）。

3. 政党

韦伯对权力的分析与政党联系在一起。在他看来，阶级的真正故土在"经济制度"里，地位群体的真正故土在"社会的制度"里，即在社会声望分配的领域里。而政党的故土原则上在"权力"的领域里，政党的行为旨在获得社会的权力，总是包含着一种社会化。因为政党行为总是针对着一个有计划争取的目标，不管是客观的目标，还是个人的宏图，大体离不开为其领袖和追随者争取权力和荣誉。韦伯认为，只有在某种社会化了的社区内部，即在拥有某种理性的制度和一个准备执行制度的人员机构的社区之内，才有可能形成政党。在具体的情况下，政党可能代表由阶级所制约的利益，也可能代表受到地位群体所约束的利益，但是通常是由阶级和地位群体共同组成的。政党可能是短暂的，也可能是长期的。政党获得权力的手段形形色色，经常会采取暴力、革命或民主选举等方式。但是韦伯对民主选举持悲观论调，他认为争取选票易受到金钱、个人地位、演讲和欺骗的影响。所以政党政治不一定能造就民主社会，其最主要的功能也许是产生最佳的领袖。总之，政党是一种为争夺统治而斗争的严密的组织机构

(韦伯 1997：262)。

4. 马克思和韦伯的阶级理论的比较

（1）就经济、政治与社会三种秩序而言，马克思的理论是经济决定论或阶级化约论，即控制了经济秩序也就同时控制了政治和社会秩序。但是，韦伯不以为然，他认为经济（阶级）、社会（地位群体）和政治（政党）三个层面是彼此联系的，各自具有一定的自主性，是不可以归结为任何单一层面的（Bendix，1974）。（2）就阶级而言，马克思从经济功能，特别是生产资料的占有关系来定义，并提出了资产阶级和无产阶级的二分模型。他认为阶级由自在到自为的转变是必然的，共同的阶级状况必然导致阶级行动。韦伯虽然基本同意马克思以生产关系来界定阶级，但是他特别强调阶级最终由市场决定，阶级状况并不必然导致阶级行动，而且种族、宗教等因素会缓和阶级冲突的尖锐化。（3）就阶级与社会变迁而言，马克思将阶级与社会变迁结合在一起，认为无产阶级在阶级斗争中最终会战胜资产阶级，这基本上是一种目的论的观点。韦伯则持一种循环论的观点，他认为在社会稳定时期，地位是整个社会秩序的核心，但是在社会变迁、技术变革和社会动荡时期，阶级成为社会分层的重心。同时，韦伯也没有提到谁将是阶级斗争的最终胜利者，他并不认为阶级斗争的结果是一种零和博弈（zero-sum game）。

二 帕金的阶级封闭理论

弗兰克·帕金早期关于阶级结构的探讨，完全集中于职业秩序。他认为"职业秩序是阶级结构的基石，其实也是西方社会整个报酬体系的基石"（Parkin，1971：18）。这块基石就是由各种职业范畴组成的一套等级秩序，它体现着各种社会和物质报酬的分配状况。这套等级秩序还关联着"一套与此相近的技能方面的等级秩序，或者说为某种工业秩序所需要的某些技能"（Parkin，1971：21）。因此他指出："适应市场需要的技术专长是确定职业报酬的因素中最重要的一个，因此也是整个阶级不平等体系中的核心要素之一。"（Parkin，1971：21）帕金根据职业标准和技术专长，将阶级结构划分为如下6个类别：专业、经理与中高级管理人员，半专业人员与低级管理人员，普通白领，技术工人，半技术工人，和非技术工人。

实际存在的各个阶级，是基于等级秩序上的显著断裂而形成的，要实现跨越这些界限的流动颇为困难。与阶级界限相关的封闭又进一步强化了这些断裂。这其中最有意义的断裂，一端是位于顶层的各种非体力性职业类别，另一端是处在底层的各种体力职业类别。而界限的标志就是物质报酬方面的显著差异。帕金所说的物质报酬是广义的，既包括传统意义上的收入、职业保障、退休养老金、有薪假期、健康与伤残保险，还包括晋升机会和工作条件。在他的分析中，不存在财产位置方面的上层阶级。他不将财产作为阶级划分标准的原因在于：第一，财产在总收入中的比例日趋下降；第二，财产已经重新分配，以某种适度的形式流向了职业等级阶梯的底端，体现为非生产性的个人财产，从而隶属于职业等级秩序。换言之，获取财产的渠道取决于职业。

　　帕金用社会封闭（social closure）的概念来分析当代资本主义社会的社会关系和阶级关系。他的社会封闭的概念是从韦伯那里借用的，在韦伯的意义上，社会封闭指的是"社会集体（collectivities）试图把奖酬和机会限制在合适人选的范围内，并依此来最大化自身的奖酬"（Parkin，1974：3）。他进一步发展了韦伯的这一概念，强调它在社会结构形成中的作用。在帕金看来，社会封闭通过两种既有区别又具互补作用的机制促进了社会结构的形成：排他（exclusion）和内固（solidarism）。排他是所有阶级体系中社会封闭的主导模式。这一机制的产生，出于某一社会群体为了维持和增强自身的特权而试图制造一个受其控制的位居其下的阶层或群体。相应地，在它之下的群体或阶层也采取类似的方式来制造另一个下属阶层，如此逐级类推就形成了一个阶级体系。内固则是被排挤的阶层由于不能采取"排他"策略来最大化自身的奖酬而做出的集体响应。排他发挥了稳固现存社会分层秩序的作用，而内固则对现存的分层秩序构成了潜在的挑战。他还指出，在资本主义社会，社会封闭主要通过两种方式来实现，一种是与财富相关的机制，另一种是与学术或专业资格相关的机制。他认为后者所发挥的作用将越来越重要（Parkin，1974：4 - 5）。

　　帕金指出，不同社会阶级之间流动的疏通或紧张就是由社会封闭作用的大小造成的。在社会封闭机制起作用的同时，阶级之间也存在一个社会和文化的缓冲带。他特别分析了当代社会中在工人阶级与中产阶级之间存在低层白领这一缓冲带。对经验资料的分析发现，在当代资本主义社会，有1/4到1/3的体力劳动者向上流动为非体力的白领。如此之高的跨越体力与非体力职业的流动率，似乎表明阶级界限已经基本不存在，机会结构正在趋于平等化。然而帕金认为，这种较高的向上流动率并不表明阶级之间的封闭机制不复存在，主要是由于缓冲带的存在，绝大多数的流动，"都是流入或流出这个地带的运动，而不是跨越阶级两端的运动"（Parkin，1971：

56)。缓冲带的存在可以避免这两个阶级的分割体系的崩溃。另外，向上社会流动也发挥着社会安全阀的功能，对社会和政治稳定起到了重要的作用。因为向上流动为下层阶级提供了一种靠个人奋斗来改变其劣势地位的途径，从而弱化了下层阶级的内固程度（Parkin, 1971）。

后来，帕金（Parkin, 1979）修改了最初的想法，承认财产和资格证书都可被居支配地位的阶级用来排斥居从属地位的阶级。他把财产观念扩展到各种占有物（等价于赖特的组织资产的概念）。在他看来，财产只是一种排斥和封闭的手段，而不是一种剥削手段。他还认为财产和资格证书被视为可以相互交换、彼此等价的资产。正是在此意义上，帕金的阶级封闭理论被归入韦伯学派而不是马克思主义的阵营。

另外，帕金还比较了社会主义国家和资本主义国家社会分层制度的差异。他认为，意识形态和体制的差异在比较社会分层研究中被低估了。在他看来，在社会主义社会，意识形态对社会流动的影响要大于经济和技术的合理性，从而形成了社会选择体系的独特类型。在社会主义社会，代际传递的经济资本对于社会流动的影响小于资本主义社会，同时，在进入专业的、经理的、管理的职位过程中，文化资本的作用也小于资本主义社会。帕金指出，由于意识形态的原因，社会主义社会的奖酬体系与资本主义社会有很大的差异，特别体现在体力工人和非体力工人的收入水平类似方面，这对社会流动产生了影响，体力工人和非体力工人的子女的竞争起点是大致相同的。家庭所有的物质资源的差距不大，进而使得体力工人和非体力工人的子女有着大致相似的抱负水平，对于体力工人的后代而言，他们可以通过一个比资本主义社会更为开放的教育体系来积累文化资本并在知识分子队伍中谋得一席之地。总之，帕金的结论是，社会主义社会在阶级界限方面的差异不像资本主义社会那样明显，其流动往往是跨越幅度较大的甚至是跨越整个阶级体系的流动。而资本主义社会中的多数流动的跨越幅度较小，往往是在阶级边缘的缓冲带的流动。

帕金认为，在分析社会主义社会的阶级结构和流动类型时必须将革命胜利后的初建时期和工业化时期区分开来。他指出，在初建时期，共产党政权采取了一系列政策削除革命前的重要群体，如企业资产阶级、金融资产阶级、小业主和土地所有者等老中产阶级。同时，出于意识形态的需要，还实施了平均化的政策，以提高和改善工人阶级和农民的社会地位和经济条件。这些政策改变了社会的身份体系和阶级结构，最明显的体现是工人和农民的地位显著提高，原来的中产阶级处于不稳定的状态。工业化开始以后，情况发生了变化。一方面，体力与非体力工人、非技术工人与技术工人的收入差距逐渐扩大；另一方面，有利于体力工人和农民子女的教育配额被取消，教育继承制度重新恢复和逐步发展。此外，随着理性化的工业组织的发展，白领人员的优势地位逐渐明显，共产党员中白领专业人员的数量增长并超过了工人，专业人员有更多的进入政治和工业部门领导位置的机会。同时，在这一时期，精英集团中有体力劳动者背景的成员比例下降，体力劳动者的"长距离流动"和进入知识分子队伍的机会减少（Parkin，1969）。

三　吉登斯的阶级结构化（structuration of classes）理论

吉登斯作为欧洲最有影响的社会理论家之一，其对阶级分析的关注点是：现代社会中的阶级结构和相互关系是如何形成的，各阶级所具有的特征又是如何产生的。他认为这些问题可以从群体的流动分布中找到答案。在他看来，阶级是指享有相同的经济机会或市场能力（market capacities）的群体。这些具有类似市场能力的人们可以形成具有集体行动能力的社会群体。阶级内部的一致性程度或者采取集体行动的可能性取决于该阶级与其他阶级之间的流动机会。

很明显，吉登斯的阶级是按照市场能力来定义的。他所说的市场能力包括三个方面：（1）生产资料的占有状况；（2）获得教育和技术资格证书的状况；（3）体力劳动能力。他认为从确定的市场能力到阶级形成之间有一个过程，一些中介因素在其中发挥了作用。吉登斯称这个过程为阶级关系的结构化（structuration）。阶级关系的结构化又分为两部分，一个是阶级关系的中介型结构化（the mediate structuration），另一个是阶级关系的邻近型结构化（the proximate structuration）。中介型结构化是市场能力通过中介形成特定社会中的基本阶级结构，从而导致阶级的形成，这个过程主要是通过流动机会的分布来控制的。他说，"一般而言，流动机会（既包括代间也包括代内的流动机会）的封闭程度越高，越有助于一致性的阶级的形成，因为代间流动的封闭性作用造成了代间共同生活经历的再生产，而个人在与职业相关的劳动力市场中的流动程度也影响了个人经历的相似性程度"（Giddens，1973：107）。换言之，与任何特殊形式的市场能力相关联的流动封闭性决定着它对阶级形成的促进程度。他认为封闭性是阶级形成的基本因素。在一个特定的社会中，阶级的团结一致和阶级界限的严格程度都与流动机会的分布有关。中介型结构化的结果是"构筑了资本主义社会里一个由三个阶级组成的基本体系:'上层'阶级,'中层'阶级与'下层'阶级或'工人'阶级"(Giddens,1973:167)。吉登斯认为,这个基本体系还可能进一步分化,尤其是小资产阶级及工人阶级内部根据技能水平而产生的分化。尽管如此,体力劳动与非体力劳动之间依然存在决定性的分离。

他所说的上层阶级由各个领域的精英组成,这些精英的社会来源在一定程度上决定了上层阶级的特点及与其他阶级的关系。他根据成员招募方式和整合程度区分了四种不同的精英类型:一致型精英(uniform elite)、确定型精英(established elite)、团结型精英(solidary elite)和抽象型精英(abstract elite)。吉登斯(Giddens,1973:108-127)解释说,一致型精英是具有严格的招募方式和紧密联系的整体,精英成员之间具有高度的整合性。传统的贵族和种姓等级制度中的上层人物均属于这种类型。确定型精英的成员选择方式虽然严格但其整合程度不高。团结型精英的招募方式相当开放,其成员的社会背景存在很大的差异,但是某些共同因素将他们紧密地联系在一起,因而也具有高度的整合性。社会主义国家中的精英集团多数属于此类,他们中的多数出身于较低的社会阶层,加入共产党是他们进入精英位置的主要途径。抽象型精英的招募途径相当开放,但其整合程度较低。现代资本主义国家的精英多数属于该类。

对于工业化和后工业主义理论家的观点,吉登斯提出了强烈的批评。工业化理论家认为,在当代资本主义社会,高等教育的发展、社会流动率的提高和流动渠道的开放,使得进入上层阶级的机会显著增加,社会选择的机制更主要地依赖教育和个人素质等获致因素,而较少依赖父代的地位、家庭背景和财富等先赋因素。后工业主义理论家指出,后工业社会发生的"管理革命",使来自各种社会阶层的大批不占有资产的管理人员,进入了经济精英集团并在上层阶级中占据越来越重要的地位。吉登斯认为,上述观点很难得到经验资料的证实。教育不仅促进精英阶层的流动,也是造成分化、封闭、隔离和同质化的决定因素。他举例说,19世纪的英国公民教育并没有推动流动机会的广泛分布,相反其造成了进入精英阶层的渠道为少数阶层所垄断的结果。对管理人员出身背景的研究也表明,大多数的企业领导人来源于经济背景优越的家庭,政治领导人和高级公务人员也是如此(Giddens,1973:169)。

吉登斯基于社会流动文献的分析,得出了有关当代资本主义社会精英流动的两个结论。(1)进入精英位置的流动的开放程度在同一社会的不同精英集团之间和不同社会的同一精英集团之间均具有明显的差异。例如,在英国，尽管精英位置多数为社会经济背景优越的人所把持，但是与经济精英集团相比，教会和军队精英位置为上层阶级所垄断的程度更高。美国的情况正好相反。英国的管理阶层比日本更开放，但是在高级公务员阶层，两国的情况又相反。这些差异是广泛存在的，并没有迹象表明这些差异会减小或消失。(2) 进入 20 世纪以来，导致精英阶层流动途径更开放的一系列社会变迁几乎总是有利于中产阶级流入精英集团，这些社会变化不利于甚至减少了工人阶级向精英集团渗透和流动的机会。在发达资本主义社会，工人阶级的多数流动属于"短距离"流动，"长距离"流动十分罕见。广泛存在的跨越体力和非体力工人界限的向上代际流动与体力和脑力劳动者之间收入差异变小的现象，并不表明资本主义社会的精英流动渠道越来越开放，中产阶级和工人阶级的界限不再那么清晰严格。相反，吉登斯指出，中产阶级和工人阶级之间的界限仍然是清晰深刻的。而跨越两个阶级边界的流动多数属于进出"缓冲带"的流动，即工人阶级的向上流动多数是从工人阶级中的较高位置（如技术体力工人）流动到中产阶级中的较低位置（如低层白领）。另外，在美国和日本，从工人阶级进入精英集团的机会多于多数欧洲国家。所有的经验研究都表明，社会变迁所导致的上层阶级与中产阶级之间边界的有限开放和界限模糊，主要表现在经济领域，而不是在更广泛的社会和政治领域 (Giddens, 1973: 169 - 170)。

与中介型结构化相对应的邻近型结构化，指的是在基本阶级结构基础上进一步强化各阶级的特征和阶级之间关系的过程，其中主要涉及三个因素：(1) 企业内部的劳动分工，这是工业革命和技术进步的最重要体现，它产生了体力劳动者与非体力劳动者之间的分离；(2) 企业内部的权威分工，增强了以阶级结构上层领域所享有的财产为基础的结构化；(3) 分配性类别，"即那些包含经济物品消费共有模式的关系" (Giddens, 1973: 109)，实际上是指存在阶级隔离现象的邻里社区。由此可见，吉登斯的阶级结构化理论突出体现了多维度的特征。在他看来，阶级分层是多种因素作用的综合结果：财产、资格证书、劳动力、技术劳动分工、权威以及消费模式等。

四 戈德索普的阶级分析模式

吉登斯和帕金虽然都从阶级结构的角度研究社会分层和社会流动，他们的关注点并非分层和流动现象本身，而是阶级的形成、阶级关系和阶级结构的特性，但是这两位学者的研究都不是定量意义上的实证研究。在欧洲，对于阶级结构和社会分层与流动进行实证研究的传统是由戈德索普及其同事开创的（Erikson, Goldthorpe, and Portocarero, 1979, 1982, 1983; Goldthorpe, 1980/1987; Erikson and Goldthorpe, 1985, 1987）。

戈德索普及其同事对英国及其他发达资本主义社会的阶级结构做出了颇有影响的分析（Goldthorpe, 1980/1987; Erikson and Goldthorpe, 1992）。他们不再坚持早期经验主义传统强调声望量表的做法（Goldthorpe and Hope, 1974），在创新的方法论中融入了相当严谨的理论思考。他们指出，描述就业关系中的差异是理解现代社会阶级结构的最好方法。因为按照就业关系的分化而形成的社会结构位置是现代社会的显著持久的特征，由此导致了持续的阶级不平等和阶级冲突（Goldthorpe, 2000a：第10章）。他们把量表化了的各种职业重新加以组合，构建了"七阶级模式"（Goldthorpe, 1980/1987：40-43；Erikson and Goldthorpe, 1992：34-35）。他们所界定的7个阶级如下。

（1）服务阶级，包括大业主和高级专业人员、（中央及地方政府、公营和私营企业的）高级行政人员和经营人员（他称之为"非生产性阶级"）、低级专业人员和技术人员、低级管理者和官员、小商业和工业企业及服务业经理和非体力雇员的主管。大业主以及高级专业人员、高级行政人员和经营人员级的成员通常拥有较高的收入和综合性保障，他们的地位可以终生稳步提升。这个职业典型地在处置权方面可以实施权威或专业技能的控制，在被人控制方面则拥有相当大的自治和自由。低级专业人员和技术人员以及低级管理者和官员的位置保证了其收入水平直接位于"非生产性阶级"之下，但是他们拥有"行政与管理"职位和就业条件。其职业角色处在科层制等级的中间和较低位置，所以在完成他们的工作职责时实施某种程度的权威和处置权，同时也接受或多或少系统化的（如果不是特别严格的）来自上级的控制。

（2）常规非体力雇员：在管理和商业部门工作的常规非体力（主要是文员）雇员；销售人员和服务业的普通职员。该阶级的收入水平明显低于服务阶级，也低于某些体力就业者。然而，该阶级的多数位置提供了相对较高的就业保障，在某种程度上处于科层制结构的底层，至少具备"行政与管理"职位的某些特征。其职业角色通常并不需要实施权威，如果有的话，也仅仅是通过运用标准化的规则和程序而稍微行使其处置权；另外，他们可能服从相当精细的官僚制规则，因此基本上处于服从的位置。该阶级被认为与服务阶级相分离，代表着"白领劳动力"，功能上与服务阶级相关，但是处于服务阶级的边缘。

（3）小资产阶级，包括有雇员和无雇员的小雇主和自雇的手工艺人，该阶级在市场中的位置与雇主明显不同，其收入水平也相当不稳定。一般而言，这个阶级的经济保障和未来前景至少不像工薪雇员那样可以预测。该阶级所囊括的小"独立人士"，又总是表现出其活动受到某些市场限制的可能性，他们只能在大规模公司经济（corporate economy）的缝隙中求生存。同时，他们具有一定量的资本优势，在行动自由和直接监督及履行职责的意义上又具有高度的自治。

（4）农场主和小股票所有者以及在主要生产行业的其他自雇人士。

（5）技术工人，其工作在某种程度上具有体力劳动的特征；体力工人的主管人员（如工头、领班）和所有行业的经过学徒训练及通过其他正规训练而获得了相当高技术水平的工人。其位置提供了较高的工资水平，其工薪水平与常规非体力雇员阶级相当，也具有相当的就业保障。另外，其成员的就业前景不像行政人员那样乐观，后者更完全地融入行政或管理的官僚制。他们的职业角色，在某种程度上比常规非体力雇员更多地参与权威的实施和拥有较大的处置权。该阶级被认为是当今的劳工贵族或蓝领精英，其成员与工薪劳动者大众相分离，由于他们的职业功能，在某种程度上也由于其在企业中的就业条件，仍然徘徊在体面的管理群体的边缘。

（6）非技术工人，包括所有行业的半技术和非技术等级的体力工资劳动者。技术工人阶级比非技术工人阶级的工资收入更高。前者比后者有更好的工作保障，在工作中的自由度更高。然而，工人阶级与其他阶级区别开来的主要原因是：第一，其市场处境的基本性质——他们或多或少地出卖自己的劳动力（以体力付出或时间来测量）以换取工资回报；第二，其工作处境的基本性质，通过劳动合约，处在一种完全服从的角色，服从其雇主或代理人的权威。

（7）农业工人，包括农业工人和主要生产行业的其他工人。

戈德索普的阶级分类模式融合了市场处境和工作处境两方面的特征。市场处境包括收入水平及就业、职业保障、晋升等方面的条件，而工作处境则包括各种组织资产（权威与自主程度）（Goldthorp，1980/1987：40－43）。换言之，他以市场关系、就业关系和权威关系为基础构建其阶级模型。戈德索普指出，他的"七阶级模式"并不带有等级排列的含义，因为各个阶级之间存在地位重叠，将大业主和专业人员放置首位，纯粹是为了表述的方便。在经验研究中，戈德索普还使用了"五阶级模式"，即白领工人（阶级1和阶级2）、小资产阶级、农业劳动者（阶级4和阶级7）、技术工人和非技术工人，以及"三阶级模式"，即非体力劳动者、农业劳动者和体力工人（Erikson and Goldthorpe，1992：34-35）。他指出，阶级1、阶级2可归并为"白领阶级"，阶级3、阶级4、阶级5是处在非生产性阶级与工人阶级之间的"中间阶级"，而阶级6、阶级7则是工人阶级或"蓝领阶级"。上述阶级分类模式似乎是自相矛盾的，我们不清楚戈德索普想要建立的究竟是一种七阶级模式还是三阶级模式，虽然他在经验研究中使用最多的还是七阶级模式（Goldthorpe，1987；Erikson and Goldthorpe，1992）。尽管如此，戈德索普的阶级分类标准成为英国官方社会统计分类的蓝本，从而取代了自1911年以来一直实行的户籍注册部门的社会分类标准（Registrar General's Social Classes）。

从戈德索普及其同事关于阶级封闭的讨论中可以发现，他们的理论重点已经从测量个人在垂直地位续谱上的移动转向把握结构总体上的固定性，结构在一般层面上的运动程度，即其"社会流动性"（social fluidity）。他得出了三点结论（Goldthorpe，1980/1987：43-47）。第一，在阶级结构的顶点，存在相当程度的代际封闭。具有专业人员、经营人员和高级行政人员家庭背景的人最终很少会达到不同的位置。某人的父母地位在等级秩序上越是靠下，此人就越不可能成为上层阶级（如第一阶级）。这意味着资格证书与组织资产的传承会产生可观的效应。第二，尽管等级秩序靠下，其稳定性也随之下降，但是这并不是严格的规律。事实上，小资产阶级群体也呈现高度的稳定性。因此，财产在塑造阶级结构的过程中依然很有效力。第三，尽管从历史的角度看，工人阶级的流动性呈增长趋势，但是其流动幅度有限，因此，在白领和蓝领阶级之间，依然存在严格的界限。由此看来，这几点结论非常类似于韦伯、帕金和吉登斯有关阶级流动的分析。我们认为，他们的阶级分类框架可以简化为如下四个阶级：上层阶级或非生产性阶级、小资产阶级、白领中产阶级以及从事体力劳动的工人阶级。

戈德索普的阶级范畴经常被批评为缺乏经验证据的主观假定。比如他所说的"非生产性阶级"（或上层阶级），就包含了多种职业位置，既包括大公司的经理、政府部门的高官，也包括普通文员和基层管理者。而他界定的小资产阶级，既包括马克思意义上剥削他人的资本家，也包括自我雇用者。因此，仅仅用直觉观察建构出来的阶级范畴，很可能掩盖其中存在的明显界限，模糊不同类别群体的本质特征。被戈德索普界定为专业性、行政性和经营性的职位也并不能从市场上获得很高的回报，而且在工作处境中也体验到居于从属地位。另外，虽然他从市场关系、就业关系和权威关系三个维度来界定阶级，但是他并未指明三者之间的精确联系。换言之，他并没有清楚地说明其阶级分类架构究竟以哪一种维度作为主要的标准。

小结：新韦伯主义的关键缺陷在于缺乏对上层阶级的具体阐明，有关财产的论述也是模棱两可。关键的理论问题似乎在于，如何从那些掌握组织资产的人当中，区分出那些占有大量组织资产的人。韦伯式的分析强调的是封闭，剥削仅发生在资本层面。要具体划分出一个上层阶级，在理论上就必须假定具备一种特定的能力，通过它可以剥削他人的资产，把生产资料或再生产资料投入运作，以此增加资本积累，而新韦伯主义的阶级理论似乎不能对此做出充分的解释。

第三节　新的综合：当代中国大陆学者的社会分层框架

究竟采用什么标准来划分当代中国的阶层结构，可能是目前社会学研究中争论最多、分歧最大也是很难取得共识的一个课题。国际社会学界关于 20 世纪 80~90 年代关于中国市场转型与社会分层的争论没有直接触及阶级分类或阶层划分的标准问题（边燕杰，2002；Bian，2002），倒是中国大陆社会学界 20 世纪 80 年代末和 90 年代末发生过两场关于中国当代阶级阶层研究的大讨论。

一　当代中国的阶级阶层研究

按照研究者所坚持的理论导向，当代中国的阶级阶层研究可以大致归为 4 类（张宛丽，1990）。第一，坚持传统马克思主义的阶级分析原则，或是以生产资料的占有关系或是以财产、收入等经济指标来划分阶级阶层（王训礼，1988；何建章，1988；郭枢俭，1988）。第二，以西方的社会分层理论为指导构建阶级阶层划分的多元标准（庞树奇、仇立平，1989）；或是以社会地位为基点，以反映地位特征的权力、声望、身份、收入、教育等指标作为阶级阶层分类的标准（杨晓、李路路，1989）；或是按照职业，教育与收入，家庭出身、政治面貌、财产、权力、生产方式与社会声望，性别、民族和宗教信仰四级逐次深化的指标来划分阶级阶层；或是以社会资源及其获取机会作为划分的标准。第三，融合传统马克思主义的阶级分析理论和西方的社会分层理论，以社会分工为基础的职业作为多元划分标准的主体（陈颐，1988；陆学艺，2002）。第四，以利益群体为基本概念的划分标准（顾杰善等，1995；李强，2002）。

根据以上理论导向，研究者概述了划分当代中国阶级阶层结构的几种模式（张宛丽，1990）。（1）两阶级一阶层模式，即工人阶级、农民阶级和知识分子阶层，其中知识分子是工人阶级的一部分。这种模式带有明显的意识形态色彩，延续了战争或革命年代划分基本阶级和附属阶级的思路。

（2）两阶级三阶层模式，即工人阶级、农民阶级、知识分子阶层、个体劳动者阶层、私营企业主阶层。该模式没有揭示两个基本阶级和三个阶层之间是否有隶属关系，也没有说明三个阶层是否游离于两个基本阶级之外。另一版本的两阶级三阶层模式主要按照劳动人口所属的单位所有制类型划分为全民所有制劳动者阶级、集体所有制劳动者阶级、个体劳动者阶层、雇工劳动者阶层和企业主阶层。虽然阶级和阶层归属与所有制类别相关，但是仅仅按照这个标准来分析阶级阶层结构似乎过于简单。

（3）三阶级模式，工人阶级、农民阶级和小资产阶级（包括个体经营者、私营企业主）。这种模式沿用的标准是职业特征和生产资料的占有方式的双重指标，因此带有某种程度的不一致。

（4）三阶级一阶层模式，即工人阶级、农民阶级和半资产阶级（私营经济雇主群体）及流民阶层。该模式是模式（3）的扩展，在三个阶级之外增加了一个流民阶层。如果说界定工人阶级和农民阶级的依据是他们所从事的职业及其工作地点的城乡分割，对于半资产阶级的界定则仅仅考虑了其雇佣劳动的特征，而对于流民阶层的界定则主要考虑了其生活和工作的不确定性特点。

（5）三阶级和三阶层模式，三个阶级是指处于领导地位的工人阶级、处于同盟地位的集体农民阶级和处于补充地位的个体劳动者阶级（小资产阶级）；三个处于发展中的阶层是知识分子阶层、雇主阶层和管理干部阶层。

（6）四阶级模式，即工人阶级、农民阶级、小资产阶级和资产阶级（包括海外资本投资者和内地资本拥有者）。

（7）四阶层模式，即干部阶层、工农阶层、企业家阶层和知识分子阶层。

（8）三形态模式，工人阶级和农民阶级是两个基本的劳动阶级，属于工人阶级又具有相对独立性的知识分子是一个特殊的阶层，非基本的社会集团包括个体劳动者和私营企业主等。

（9）利益群体结构模式，以各群体在政治、经济、物质与精神生活等方面的共同利害关系与需求、共同的境遇与命运为标准，将当代中国的人口划分为20个利益群体：高级领导干部、中层干部、一般干部、专业知识分子、企业家、正式工、合同工、临时工、业主、待业无业者、军人、宗教职业者、城乡独立劳动者、农民工、乡镇企业工人、农村专业户、私人雇工、农民、游民、反社会利益群体。另外一些学者将利益群体界定为物质利益上地位相近的人所构成的集团。根据改革以来人们利益获得和利益受损的状况，研究者将中国人口分为特殊获益者、普通获益者、利益相对受损者和利益绝对受损者（或社会底层）四个利益群体。特殊获益者群体包括企业所有者、经理、经纪人、影视体育明星及外资企业的白领等；普通获益者群体包括知识分子、干部、一般经营管理者、企事业单位办事人员、职员、工人和农民等；利益相对受损者群体主要指城市的失业、下岗工人及待业者；社会底层群体包括农村的绝对贫困人口、流入城市的无固定职业的农民工及失业与下岗工人中的生活极端贫困者（李强，2002：99～120）。笔者以为，利益群体的分析范式是社会分层研究和阶级分析的另一思路，它可以帮助我们理解中国经济转型过程中社会利益结构变动的趋势。尽管作者没有直接使用分层的概念，但从其分析中可以发现明显的等级排列秩序。但是，仅仅从经济利益（主要是收入或消费）的角度来定义利益群体则是片面的。如果将利益范畴扩展为包括经济利益、政治利益（主要是权力和权威）和社会利益（以声望为标志）等在内的广义社会利益，相信对中国社会利益结构的诠释将更有说服力。

陆学艺及其同事的社会分层标准可能是20世纪90年代以来中国大陆最有代表性的一种。他们融合马克思主义、新马克思主义、新韦伯主义及功能主义的分层理论，以职业分类为基础，以组织资源（包括行政组织资源与政治组织资源，主要指依赖国家政权组织和政党组织系统而拥有的支配社会资源的能力）、经济资源（指对生产资料的所有权、使用权和经营权）和文化资源（指社会通过证书或资格认定所认可的知识和技能的拥有）的占有与支配状况为标准，将当代中国社会阶层划分为上层、中上层、中中层、中下层、底层5个社会经济等级和10个社会阶层，即国家与社会管理者、经理人员、私营企业主、专业技术人员、办事人员、个体工商户、商业服务业员工、产业工人、农业劳动者及城乡无业、失业与半失业者。社会上层包括高层领导干部、大企业的经理人员、高级专业人员及大私营企业主；中上层包括中低层领导干部、大企业中层管理人员、中小企业经理人员、中级专业技术人员及中等规模的企业主；中中层包括初级专业技术人员、小企业主、办事人员、个体工商户、中高级技术工人、农业经营大户；中下层包括个体劳动者、一般商业服务业员工、工人、农民等；底层包括处于生活贫困状态并缺乏就业保障的工人、农民和无业、失业、半失业者（陆学艺，2002：8~23）。

笔者认为，陆学艺等人的阶层划分标准从一定程度上描述了各阶层的基本特征，是有关中国社会分层标准的一个大胆的最新尝试，但是不可否认仍然存在一些问题。第一，这个以职业类别为基础的分层标准忽略了职业声望这个重要标准。第二，虽然这个标准以职业分类为基础，并涉及组织资源、经济资源和文化资源的占有和支配状况，但是，我们从中并不能清楚地识别每个指标在整体标准中的相对重要性。第三，其分层范畴是未经实证检验的预先假定。其五大社会经济等级的划分主要考虑了各个等级的收入及经济状况，因此将职业性质类似和组织资源、经济资源和文化资源占有和支配能力类似的个人划归不同的阶层（陆学艺，2002：9）。再如，在其10个社会阶层的划分中，国家社会管理阶层既包括中央和省区市政府中的高级领导干部，也包括农村乡镇一级的基层管理者。虽然他们的职业功能相近，但是其所拥有的政治资源、经济资源及文化资源存在很大的差异，因此将社会特征差异很大的人员归为一类似有不妥。此外将私营企业主和个体工商户单独分类，主要考虑的是所有制类别，并不是如作者所说的职业特征及其对各种资源的占有状况。

无论是采用阶级阶层的分析范式，还是按照利益群体的思路，考察中国转型时期社会分层状况肯定不能沿用古典马克思主义的"生产资料占有方式"的单一标准，代表人们先赋身份的家庭出身指标也是无效的。一个可行的思路是，综合马克思主义（包括新马克思主义）、韦伯学派（包括新韦伯学派）、功能主义和冲突学派的合理成分，以职业身份、教育、收入、权力或权威、生活方式和社会声望等指标建构当代中国阶层分类的综合标准，使阶层分类标准成为可以操作化和定量化的指标。例如，黄伟邦和吕大乐就将赖特的新马克思主义和戈德索普的新韦伯主义的阶级分层标准综合起来运用于香港地区的阶级分析中（Wong and Lui, 1994）。

二　笔者的阶层分类框架

结合新马克思主义和新韦伯主义及结构功能主义的阶层分类和社会分层标准，以职业分类为基础，结合生产资料的占有关系、人们在正式组织中的权威关系、所掌握的专业技能以及教育获得、收入等指标，笔者初步将中国社会人口划分为如下几个阶层。

（1）专业行政管理阶层①：包括国家机关、党群组织、国有和集体企事业单位科级以上行政管理人员，大型企业厂长或经理，接受过大专及以上正规教育且从事专业技术工作的人员，如工程师、医生、护士、律师、会计师和大中小学专职教师等。

（2）普通白领阶层：包括国家机关、党群组织和事业单位没有行政职务的一般科员、文员、秘书，在公司或企业工作的职员，商业服务业的非体力职员（如银行职员、商品推销人员）等。

（3）小雇主阶层：主要包括私营/民营、中外合资合作企业的所有者或法人，雇工或不雇工的公司或企业的所有者，例如个体工商户、家庭小业主以及自我雇佣者。

（4）工人阶层，从事体力劳动的技术工人、半技术工人和非技术工人。

（5）农民阶层，主要以农、林、牧、渔业等为主要收入来源的劳动者。

下面我们择要从组织资源、经济资源、文化资源、经济收入、教育获得及权威等角度对上述4个主要阶层（不包括农民阶层）的特征进行初步的分析。

专业行政管理阶层　该阶层与戈德索普的服务阶级类似，又可称为"非生产性阶层"。由国家机关、党群组织负责人组成的国家管理者控制着国家和社会的大部分行政组织资源和政治组织资源，拥有较大的支配人、财、物的权力，是社会精英集团的重要组成部分。专业技术人员大多接受过中等以上的正规教育及专业技术培训，拥有较多的文化资源，多数持有专业技术资格证书。国有和集体企业的厂长/经理虽然不拥有生产资料和资本的所有权，但是他们在支配、调动生产资料等经济资源方面拥有较大的处置权。总之，专业行政管理阶层通常接受过较高的正规教育（57.7%的专业行政管理人员受过大学专科及以上的教育，见表3.1），拥有较高的收入（个人月收入仅次于小雇主阶层，家庭月收入是各阶层中最高的，见表3.2和表3.3），多数工作在国家机关、事业单位和国有企业（91.9%的专业行政管理人员在国家机关事业和国有企业工作，见表3.4），享有较好的生活条件（如私有住房，65.3%的专业行政管理人员拥有私有住房，见表

---

① 由于中国大陆的国有和集体企事业单位的负责人同时享有与政府机关党群组织管理人员相应的行政级别及待遇，在对于组织资源的调动和支配、对于经济资源的调配和文化资源的拥有以及经济收入等方面更接近行政管理人员而不是新兴的雇主阶层，所以我们将其归于前者而不是后者。

3.5。其平均住房面积也是各阶层中最大的,为55.04平方米)及综合性的社会保障。这个阶层中的中共党员占半数以上(见表3.6),男性和50岁及以上的人居多(见表3.7和表3.8)。与其他阶层相比,该阶层在实施正式组织的权威或专业技能的控制等方面拥有较大的优势,享有相对较多的自治和自由,其社会地位最高,经济地位相对稳定。

表3.1 阶层地位与教育获得的交互分析

单位:%

阶层	初中及以下	高中/中专	大学专科及以上	样本量
专业行政管理	16.3	26.1	57.7	307
普通白领	31.1	47.0	21.9	151
小雇主	41.7	30.6	27.8	36
工人	61.6	34.1	4.3	443
样本总体	41.1	33.4	25.5	937
Eta	0.543(教育作为因变项) 0.550(阶级作为因变项)		χ^2($df=6$) = 312.014***	

表3.2 阶层地位与个人月收入的交互分析

单位:%

阶层	1000元以下	1000~2500元	2500元及以上	样本量
专业行政管理	33.1	53.8	13.1	305
普通白领	60.9	30.5	8.6	151
小雇主	25.7	57.1	17.1	35
工人	74.0	24.2	1.8	442
样本总体	56.7	36.1	7.2	933
Eta	0.388(收入作为因变项) 0.353(阶层作为因变项)		χ^2($df=6$) = 146.874***	

表3.3 阶层地位与家庭月收入的交互分析

单位:%

阶层	1000元以下	1000~2500元	2500元及以上	样本量
专业行政管理	11.5	44.3	44.3	296
普通白领	24.7	46.7	28.7	150
小雇主	32.3	48.4	19.4	31
工人	38.2	48.4	13.4	432

续表

阶层	1000 元以下	1000～2500 元	2500 元及以上	样本量
样本总体	27.1	46.8	26.2	933
Eta	0.361（收入作为因变项） 0.353（阶层作为因变项)		Pearson χ^2 ($df=6$)	= 112.288 ***

表 3.4　阶层地位与单位所有制类型的交互分析

单位：%

阶层	国家机关事业	国有企业	集体企事业	非公有制	样本量
专业行政管理	57.5	34.4	4.9	3.2	308
普通白领	22.5	54.3	11.3	11.9	151
小雇主	13.9	27.8	5.6	52.8	36
工人	16.2	26.2	16.2	5.3	437
样本总体	30.8	50.4	11.3	7.5	932
$\lambda = 0.194$		Pearson χ^2 ($df=6$)		= 112.288 ***	

表 3.5　阶层地位与住房产权的交互分析

单位：%

阶层	购买单位/商品房	租用单位/商品房	其他	样本量
专业行政管理	65.3	28.2	6.5	308
普通白领	42.4	50.3	7.3	151
小雇主	38.9	58.3	2.8	36
工人	37.1	59.0	3.8	442
样本总体	47.3	47.5	5.2	937
$\lambda = 0.232$		Pearson χ^2 ($df=6$)	= 73.834 ***	

表 3.6　阶层地位与政治身份的交互分析

单位：%

阶层	中共党员	非中共党员	样本量
专业行政管理	54.2	45.8	308
普通白领	24.5	75.5	151
小雇主	36.1	63.9	36
工人	15.3	84.7	443
样本总体	30.4	69.6	938
$\lambda = 0.160$		Pearson χ^2 ($df=6$)	= 133.100 ***

表 3.7　阶层地位与性别的交互分析

单位：%

阶层	男性	女性	样本量
专业行政管理	53.6	46.4	308
普通白领	29.1	70.9	151
小雇主	80.6	19.4	36
工人	45.6	54.4	443
样本总体	30.4	69.6	938

$\lambda = 0.047$　　Pearson χ^2 ($df=6$) $=41.306$ ***

表 3.8　阶层地位与年龄的交互分析

单位：%

阶层	29 岁及以下	30~49 岁	50 岁及以上	样本量
专业行政管理	4.9	35.2	59.9	307
普通白领	14.0	66.7	19.3	150
小雇主	11.1	55.6	33.3	36
工人	5.9	53.5	40.6	442
样本总体	47.3	47.5	5.2	936

Eta $= 0.130$　　Pearson χ^2 ($df=6$) $=78.390$ ***

普通白领阶层　该阶层也称为常规非体力劳动力或白领职员。该阶层的受教育水平低于专业行政管理阶层，但是大多数受过高中/中专及以上的教育，因此拥有一定的文化资源（见表 3.1）。他们的收入水平明显低于专业行政管理阶层和小雇主阶层，但是高于工人阶层（见表 3.2），其社会经济地位居于中层，可以视为当代中国的中间阶层。其就业地位相对稳定，该阶层的多数位置享有相对较高的就业和综合社会保障，该阶层的多数职业角色并不需要实施权威，通常通过标准化的规则和程序行使工作处置权。在国家机关、党群组织和大公司工作的普通白领，处于科层制结构的下层，基本上处于服从的角色。虽然其职业功能与专业行政管理阶层相关，同属于"非体力劳动阶层"或广义的"白领阶层"，但是他们处于专业行政管理阶层的边缘。

小雇主阶层　该阶层是中国改革开放的产物，是一个处于上升阶段的新兴阶层。初期的雇主来源于农村和城镇的较低阶层（如谋求生存的农民和城镇的失业与待业人员）。1992 年以后，拥有组织资源和文化资源的原国家机关干部、国有和集体企事业单位的管理人员和专业技术人员开始大量流入这一阶层，从而使该阶层的社会地位明显提高[1]（陆学艺等，2002：16～19）。小雇主阶层拥有私人资本并投入生产、流通和服务业等经营领域或金融债券市场，因此比其他阶层拥有更大的对于生产资料等经济资源的所有权、使用权和经营权。与此相适应，他们的个人收入也是各个阶层中最高的（见表 3.2）。但是，由于投资和生产经营活动的风险性较高，他们的收入水平相对不稳定。原国家机关干部、国有和集体企事业单位的管理人员和专业技术人员向该阶层的流动，大大提高了该阶层的平均受教育水平[2]（该阶层的平均受教育年限介于专业行政管理阶层和普通白领阶层之间），从而使该阶层所掌握的文化资源不断提高，并运用到其投资或生产经营活动中。原国家机关干部的"下海"也使该阶层中的中共党员比例明显高于普通白领阶层和工人阶层（见表 3.6）。在中国从计划经济向市场经济的转型过程中，拥有政治资本的雇主有可能利用他们与决策者的联系在市场经营中获利（Rona-Tas，1994；Bian and Logan，1996；Parish and Michelson，1996）。另外，绝大多数的小雇主集中在非公有制企业（见表 3.4），主要由男性组成（见表 3.7）。

  工人阶层 这个阶层的共同特征是从事体力劳动。在 4 个阶层中，工人阶层对组织资源、经济资源和文化资源的拥有量最少（见表 3.1 和表 3.6）。因此在市场处境方面，他们均以自己的劳动付出换取工资收入。在工作处境方面，他们都通过劳动合同来满足自己的就业需要，基本上处在一种完全服从的角色，在工作组织中服从其雇主或直接上司的权威。在劳动契约制普遍引入企业以后，工人阶层的就业处于相对无保障的状况，原来的终身就业保障不复存在（见表 3.2、表 3.3 和表 3.5）。

  由于本研究所使用的调查资料仅仅局限于北京城市地区，在对被访者的原始职业分类中没有包括中国社会人口中规模最大的农民阶层，在对被访者及其社会网络成员的阶层定位中也没有包括农民阶层，因此在实际的定量分析中没有包括主要生活和工作于农村地区的农民阶层。[3]

---

[1] 私营/民营企业主的职业声望得分从 1987 年的 67.6 上升到 1999 年的 78.6，工商业个体户则相应地从 62.2 提高到 65.7（许欣欣，2001：128～129）。
[2] 在我们的调查中，专业行政管理阶层、普通白领阶层、小雇主阶层和工人阶层的平均受教育年限分别为 13.7 年、11.6 年、11.8 年和 9.2 年。
[3] 在北京调查中，属于宽泛定义的"农民"阶层的农林牧渔业劳动者在 1004 个有效样本中仅有 3 人，因此笔者在定量分析中将农民阶层忽略。未来关于中国城乡阶层结构和网络结构的对比研究，可以重点分析农民阶层与其他阶层在社会网络结构特征方面的差异。

阶层地位与组织资源、雇用、文化资源、权威、收入水平和生活条件等因素的关系见表3.9。

表3.9 阶层地位的操作化

阶层	组织资源	是否自雇	是否雇人	文化资源	工作中的权威	收入水平	生活条件（如私有住房拥有率和住房面积）
专业行政管理	+++	不确定	不确定	+++	+++	+++	++++
普通白领	++	否	否	++	+	++	++
小雇主	+	是	是	++	+++	++++	+++
工人	否	否	否	+	否	+	+

注：+号越多表示拥有或控制某种资源的能力越强。

对于影响阶层地位的各种社会人口因素的多类别对数比率回归（Multinomial Logistic Regression）分析的结果（见表3.10）表明，男性成为专业行政管理人员而非工人的比率是女性的1.34倍（$e^{0.291}=1.34$），他们成为普通白领而非工人的比率是女性的2.24倍（$e^{0.897}=2.24$）；50岁及以上的人比30岁以下的人更可能成为专业行政管理人员而非工人［前者是后者的4.25倍（$e^{1.446}=4.25$）］，但是前者成为普通白领而非工人的比率仅仅是后者的35%（$e^{-1.045}=0.35$）；受教育程度较高者比较低者更可能成为专业行政管理人员和普通白领。具体而言，大学专科及以上者成为专业行政管理人员而非工人的比率是初中及以下者的74.88倍（$e^{4.315}=74.88$），前者成为普通白领而非工人的比率是后者的58.5倍（$e^{2.017}=58.5$）。高中/中专学历者成为专业行政管理人员而非工人的比率是初中及以下者的5.5倍（$e^{1.707}=5.5$），前者成为普通白领而非工人的比率是后者的1.83倍（$e^{0.779}=1.83$）。中共党员成为专业行政管理人员而非工人的比率是非中共党员的4.39倍（$e^{1.481}=4.39$），前者成为普通白领而非工人的比率是后者的2.27倍（$e^{0.820}=2.27$）。在国家机关事业单位工作的人成为专业行政管理人员而非工人的比率是在集体所有制与非公有制单位工作的人的2.99倍（$e^{1.047}=2.99$，$p<0.001$）。在国家机关事业单位和国有企业工作的人成为小雇主而非工人的比率分别是在集体所有制与非公有制单位工作的人的17.8%（$e^{-1.726}=0.178$，$p<0.001$）和11.7%（$e^{-2.144}=0.117$，$p<0.001$）。换言之，在集体所有制和非公有制单位工作的人比国家机关事业单位和国有企事业单位的员工更可能成为小雇主。

表3.10 影响阶层地位的社会人口因素的多类别对数比率回归分析

	专业行政管理/工人	普通白领/工人	小雇主/工人
截距	-3.607（0.513）***	-1.746（0.424）*	-1.332（0.694）***
男性	0.291（0.209）+	0.897（0.215）***	1.504（0.449）***
年龄[1]：50岁及以上	1.446（0.446）***	-1.045（0.410）**	-0.068（0.741）
30~49岁	0.011（0.414）***	-0.374（0.345）**	0.226（0.631）
教育[2]：大学专科及以上	4.315（0.353）***	2.017（0.358）***	2.146（0.555）***
高中/中专	1.707（0.262）***	0.779（0.236）***	0.435（0.479）
中共党员[3]	1.481（0.228）***	0.820（0.255）***	1.254（0.428）**
单位类别[4]：国家机关事业单位	1.047（0.319）***	0.105（0.312）	-1.726（0.562）***
国有企业	-0.229（0.298）	-0.141（0.251）	-2.144（0.434）***
Pseudo R^2 (Nagelkerke)		0.532	
-2 Log Likelihood		530.96	
χ^2		603.35***	
df		24	
N		929	

注：系数为非标准化的回归系数，括号内为标准误。+ $p<0.10$，* $p<0.05$，** $p<0.01$，*** $p<0.001$（单侧检验）。
1. 参考类别为30岁以下者。
2. 参考类别为初中及以下。
3. 参考类别为非中共党员。
4. 参考类别为集体企事业和个体、私营及民营、外资企业单位。

第四章
研究架构与研究设计

第一节 研究架构

　　本书的研究主题是阶层地位对社会网络结构特征的影响。综合第二章关于个人社会网络研究的理论模型和经验发现，笔者认为，人们的社会网络的结构特征取决于其在社会网络中的结构位置，后者又决定于他们在社会经济结构中所处的高低不同的位置。阶层地位是人们社会经济特征的综合反映。或是由于社会成员对生产资料的占有关系不同，或是由于他们在官僚制组织中所拥有的正式权威关系不同，或是由于他们通过正规教育而对于专业技能的掌握程度不同，或是由于他们在劳动力市场中的机会不同，或是由于他们所从事的具体职业不同，而表现为不同阶层的成员在社会经济结构中占据不同的位置。这些高低不同的阶层结构位置直接影响了社会成员在拥有财富、地位和社会声望等个人资源方面的不平等，后者进而构成了其社会交往的机会或限制，或是成为其社会交往的成本或代价，最终表现为不同阶层成员在拥有社会资源或社会资本（本书所研究的社会网络特征）方面表现出明显的差异。以往的研究发现，社会人口特征（如性别、年龄、婚姻地位等）对人们的社会网络特征也会产生不同的影响（Laumann, 1966, 1973; Fischer, 1982; Van der Poel, 1993b; Ruan, 1993b; 等等），为了检验阶层地位对社会网络特征的独特影响（或单独的解释力），在具体的分析模型里，我们均把性别、年龄、婚姻地位等变项作为控制变项引入回归方程（见图4.1的研究架构）。

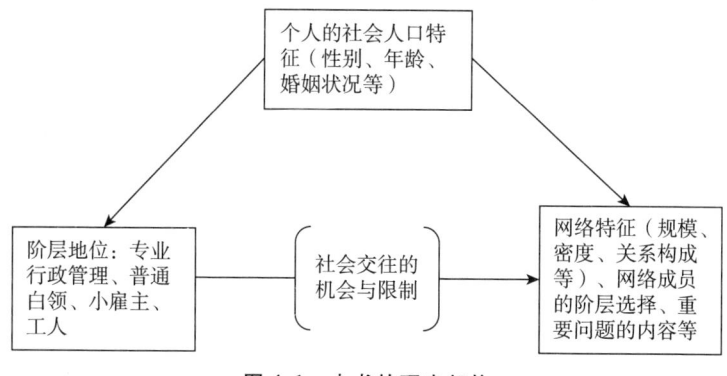

图 4.1　本书的研究架构

第二节　研究设计

本书的资料来自 2000 年 7～8 月在北京城市地区进行的大规模问卷调查。该调查是李沛良教授主持的"香港和北京社会网络与健康比较研究"大型调查项目的一部分。除项目负责人李沛良教授以外，参与者还包括香港中文大学社会学系陈膺强教授、彭玉生博士，香港浸会大学社会学系赖蕴宽博士、阮丹青博士。北京的抽样调查和入户访问工作由北京大学社会学系林彬、刘德寰与中国人民大学社会学系郝大海负责。本节将对项目的研究设计进行描述，然后对主要的概念加以界定和操作化测量。

一　研究设计

调查问卷由项目负责人和调查参与者共同设计。为了检验调查问卷的效度和可操作性，在北京城市地区实施正式调查之前，于香港地区进行了两次试调查。该项目的两个原始目标是：①社会网络的结构和过程如何在影响心理健康方面发挥作用？②社会网络及其相关的心理健康后果如何受到微观社会经济因素（如性别、年龄和社会阶级地位）和宏观社会与经济环境（如文化传统、工作组织及社区）的形塑和限制。

与本研究相关的调查问卷由以下 6 个部分组成。①

（1）被访者个人背景资料：包括被访者的年龄、性别、婚姻状况、受教育水平、政治面貌、职业、单位所有制类别、工作单位规模、所属行业、

---
① 与本书相关的调查问卷详见附录。

雇主/雇员身份、工作身份、拥有下级的人数、个人收入等。

（2）住户资料：在北京居住的年限、居住现住房的年限、住房面积和产权类别、家庭收入等。

（3）与家人和近亲属的联系：包括与母亲和父亲的居住距离和交往频率，与兄弟姐妹、子女的居住距离和交往频率，与其他亲属近期联系的状况。

（4）与好朋友的联系：包括好朋友的性别、年龄、人数、居住距离和交往频率等。

（5）与同事、邻居和志愿组织团体成员的联系，包括各种关系中好朋友的规模。

（6）社会网络：在社会网络分析中，提名法（name generator）曾经被多次使用并被证明为一种有效的测量技术（Laumann，1966；McCallister and Fischer，1978；Wellman，1979；Burt，1984；Marsden，1987）。这种测量技术是从自我引出一个人员名单，确认自我与被提名者的关系以及被提名者（网络成员）之间的关系。通常也会询问被提名者的性别、年龄、受教育水平、职业、行业等社会人口方面的资料。从这些资料出发，可以测量自我和他人在社会网络中的相对位置，可以计算自我的网络资源、网络关系构成、异质性、趋同性等指标。提名法的优势包括：①相对于调查问卷中的提名项目而言，可以确定特定的内容区域；②描绘自我在中心网络中的位置及嵌入自我网络中的社会资源（Lin，1999a，2001）。

北京城市居民社会网络调查的提名问题直接取自美国综合社会调查中的一个问题："大多数人时常会和他人讨论重要的问题。在过去半年内，你和谁讨论过对你来说重要的问题呢？"（Burt，1984）为了与国外和国内同类研究进行比较，该调查沿袭了最多提名5位讨论网成员的惯例。除了询问被访者与每位被提名的讨论网成员的关系密切程度、关系类别、认识时间和交往频率以外，还追问了每位讨论网成员的性别、年龄、受教育水平和职业等资料。这部分资料将是本书分析的核心。

二 主要分析指标的操作化测量

1. 自变项

年龄，为被访者在2000年7~8月调查进行时的实足周岁。在回归分析中有时直接将年龄引入方程，有时又根据研究的需要分为3个年龄组——29岁及以下，30~49岁，50岁及以上，以其中一组或两组作为参考类别。

性别，在回归分析中编码为虚拟变项，男性为1，女性为0。

婚姻状况，原始问卷分为未婚、已婚、离婚/分居和丧偶4个类别。在回归分析中重新编码为两个虚拟变项，将已婚者编码为1，未婚、离婚/分居和丧偶者编码为0。

政治面貌，分为中共党员和非中共党员两类。在回归分析中编码为虚拟变项：中共党员为1，非中共党员为0。

受教育水平的原始分类为：未受过正式教育、小学、初中、高中/职业高中、技校、中专、大专、大学本科、研究生及以上9个类别。在统计分析中合并分为小学及以下、初中、高中、中专和大学专科及以上5个类别。教育趋同性的计算就是依此教育分类为基础。在回归分析中，则进一步合并为初中及以下、高中（中专）和大学专科及以上3个类别。

职业，分为高层专业或管理人员、一般专业或管理人员、办事员或销售人员、小型工商业雇主、家庭工商户、工商业班组长、技术工人、半技术工人或非技术工人、农林渔业雇主或管理人员、农林渔业工人和其他11个类别。① 在统计分析中合并为高层专业或管理人员、一般专业或管理人员、办事员或销售人员、小型工商业雇主（包括家庭工商户）、工商业班组长、技术工人、半技术工人或非技术工人7个类别。② 职业趋同性和异质性的计算以此职业分类为标准。

单位所有制类别，分为全民事业单位/行政单位、国有企业、集体企事业单位、民营企业、个体私营企业、三资企业6个类别。由于最后3类的从业人数较少，在统计分析中合并称为非公有制单位。在回归分析中，为了重点突出全民事业单位/行政单位和国有企业的影响，重新编码为虚拟变项，前两类分别以集体企事业和非公有制单位为参考类别。

工作身份，是指调查进行时被访者的工作状况，原始问卷分为7类：全职或兼职工作、退休、未就业、失业（下岗未就业）、学生、主持家务及其他。在统计分析中为了考察目前是否工作的影响，所以合并为两类：目前有工作、目前不工作。后者为参考类别。

---

① 很明显，原始问卷中的职业分类使用了Erikson和Goldthorpe（1992：38-40）以职业为基础的阶级分类框架。
② 在北京样本中，农林渔业雇主或管理人员仅有1人，根据开放问题"实际做什么工作"的答案，将其归入小型工商业雇主。农林渔业工人仅有3人，根据其工作的职责和技术复杂程度分别归入技术工人、半技术工人或非技术工人。

个人月收入和家庭月收入①分为高（2500元及以上）、中（1000~2500元）和低（1000元以下）3个类别。

阶层地位，关于阶层的划分可参考第三章第105~106页的阐述。

在回归分析中，编码为4个虚拟变项，通常以工人阶层作为参考类别。

2. 控制变项——机会与限制或成本与回报变项

根据社会交往的机会与限制理论和理性选择理论，人们建立和维持社会网络是通过评估所有可能的个人关系的成本和收益，从而选择能够产生最大收益且付出最小成本的个人关系。因此，在验证机会与限制模型时，某种角色关系是否存在（或某种角色的总人数）、与某种角色关系的居住距离、与某种角色关系的联络频率成为3个重要的控制变项。例如，在分析社会网络构成中影响朋友规模的因素时，自我在现实生活中所认识的朋友总人数作为机会变项，与朋友（或接触最多的一位最好朋友）的居住距离和联络频率作为2个成本变项，社会交往中排除朋友以外的网络规模称为收益变项。②

居住距离分为：15分钟以内，15~30分钟，30分钟至1小时，1~2小时，2~3小时，3~4小时，4~5小时。在回归分析中，居住距离指标作为定序变项来处理。

3. 依变项：社会网络指标

在以前关于自我中心网络（egocentric networks）的研究中，研究者虽然涉及不同的研究主题，但是在描述网络特征时使用了大致相同的指标。这些指标包括网络规模、网络密度（关系的强度）、网络异质性（heterogeneity）或差异性（diversity）、关系的内容、关系的多重性（multiplexity）等（Bott, 1957/1971; Laumann, 1966, 1973; Granovetter, 1973; Fischer, 1982; Burt, 1984; Marsden, 1987; Ruan, 1993b）。以下部分笔者对本研究所使用的基本指标进行界定和操作化的测量。

社会网络。Mitchell从分析而非隐喻的意义上将社会网络界定为"一群特定的个人之间的一组独特的联系"（Mitchell, 1969: 2）。很明显，Mitchell的定义是从小群体的角度出发的。除非另有说明，本书所说的社会网络

---

① 由于中国大陆问卷调查中收集被访者收入资料的困难，为了降低本项问题的拒答率、提高资料的信度，原始问卷中将个人月收入和家庭月收入分为10个类别（见本书附录）。在第三章的阶级分类的界定中，个人和家庭月收入指标是作为依变项纳入统计方程的。

② 关于这个模型的具体解释和相关假设见本书第二章的文献评述和本章的研究架构和假设部分。

即讨论网，也即在过去半年与被访者讨论过重要问题的所有成员。讨论网中的自我（ego）指被访者本人，他人（alters）指讨论网成员。讨论网成员是本书分析社会网络的基本单位。

在不同的环境下，社会网络的行动者（actors）可以是具体的个人、社团或集体的社会单位。例如，行动者可以是一个群体中的个人、一个公司内部的部门、一个城市的公共服务机构，或是世界经济政治体系中的民族－国家。在任何社会网络中，总有行动者和参与者之分。行动者又有主动发起者和被动参与者的区别。本研究中社会网络的行动者即讨论网的发起者，亦即问卷调查中的被访者，他们是在随后章节的分析中多次提到的自我。本书所分析的是个人层次上的二维联系（dyad），即讨论网的自我与他人之间或他人之间联系的类型和模式。

（1）社会网络的规模（size of social network）指的是构成一个社会网络的成员的数目。社会网络的规模是测量一个人的社会资本拥有程度的重要指标。许多研究已经证明，一个人的社会网络的规模越大，他拥有的社会资本越丰富，越可能在社会行动中占据优势地位（Lin，1982，2001）。

本书所说的社会网络的规模即与自我在过去半年讨论过重要问题的总人数，并不仅仅限于自我所提到的前5个讨论网成员的人数。在进一步的分析中，我们还测量了亲属网络的规模（讨论网中亲属关系的总人数）、非亲属网络的规模（讨论网中非亲属关系的总人数）以及讨论网中自我所提到的各种角色关系的规模。例如，讨论网中朋友网络的规模指讨论网中朋友关系的总人数。

（2）与社会网络的规模相关的一个概念是角色关系类别次数（numbers of role relationship），简称关系种类。虽然网络规模与关系种类在很大程度上相关，却从不同侧面反映了社会网络的不同特征。相关的研究从未涉及关系种类的分析，本研究首次对社会网络的关系种类进行了探索。① 关系种类指网络构成中各种角色关系的总次数。笔者首先将角色关系归类为配偶、父母、子女、兄弟姐妹、其他亲属、同事、同学、邻居、好友、普通朋友和其他非亲属11种，然后测量自我提到的角色关系的总数，在计算中排除

---

① 熊瑞梅（2001）虽然在台湾社会网络研究中使用了关系次数的指标，但与本书所使用的关系种类的含义不同。她将关系次数界定为被访者回答某种特定关系的频数，比如亲属次数指被访者的网络成员中所有亲属关系的频数。实际上，熊瑞梅的关系次数测量的是网络规模。她的测量并没有排除亲属关系和非亲属关系的重叠部分。

了关系重叠的个案。① 例如,如果某个人提到 2 个同事和 3 个兄弟姐妹,那么他的关系种类为 2。我们还进一步测量了亲属关系种类(指自我在讨论网中提到配偶、父母、子女、兄弟姐妹、其他亲属的次数)和非亲属关系种类(指自我在讨论网中提到同事、同学、邻居、好友、普通朋友和其他非亲属的次数)。

(3) 社会网络的密度 (density) 是衡量网络成员之间关系密切程度的一个重要概念,可用不同的指标来测量。第一,关系强度 (strength of ties)。一般将网络成员之间的密切关系数值规定为 1,认识但不密切规定为 0.5,不认识规定为 0,依此来计算网络的平均关系强度。② 数值越大,表示社会网络的密度越大 (Marsden, 1987; Ruan, 1993b)。第二,互不相识的讨论网成员的对数 (pairs) 占所有成员的比例。根据伯特 (Burt, 1992) 的经典研究,如果一个网络中陌生人所占的比例较高,那么网络的核心人物(自我)可以充当这些互不认识的人的桥梁,他凭借其"结构洞"的地位优势可以发挥控制信息、影响等作用。如果一个社会网络的所有成员都只与核心人物单线联系,该社会网络的密度为零。第三,自我与他人的关系密切度,以自我与他人关系密切的比例来表示。

此外,与网络密度相关的其他指标还有关系持续期 (duration) 和交往频率 (frequency of contact)。关系持续期测量的是讨论网的自我与每一位网络成员之间的认识时间。交往频率测量的是自我与他人之间讨论问题或交谈的频率。以往的研究表明,这两个指标与网络密度之间具有较强的正相关关系:一般而言,关系保持的时间愈久,交往频率愈高,关系密度愈强,反之亦然 (Granovetter, 1973, 1974)。

---

① 由于允许调查对象指出与网络成员的多种角色关系,所以各种关系存在重叠的可能性,比如,一个讨论网成员既可以是调查对象的配偶,也可以是他的同事或同学。在本书的统计分析中,除非另有所指,均排除了各种关系重叠的可能性。首先排除亲属关系与非亲属关系的重叠,如果一个讨论网成员是调查对象的亲属,那么他与调查对象的所有非亲属关系都会被排除。非亲属关系按照同事、同学、邻居、好友、普通朋友和其他非亲属的顺序依次排除。类似研究中网络构成各种重叠关系的排除顺序是:配偶、亲属、同事/同学、邻居、相同组织的成员、熟人和朋友 (Var der Poel, 1993b: 57)。以下计算网络角色关系构成的排除方法和顺序与此相同。
② 阮丹青在其博士学位论文中根据 Burt 和 Guilarte 的分析,对关系强度进行了两种测量。第一,她将中国天津讨论网中的熟人(认识但不是关系不密切)的关系强度规定为 0.6,美国讨论网中的熟人规定为 0.7。她把中国天津和美国讨论网中的陌生人的关系强度分别规定为 0.1 和 0.2,关系密切的数值则规定为 1。第二,采用等距间隔的方法,也即本书所采用的密切为 1、熟悉为 0.5、陌生为 0。根据这两种方法计算的关系强度在对工作、亲属和朋友关系进行回归分析中得出了大致相同的结果 (Ruan, 1993b: 35 - 36)。

关系持续期分为：不足 3 年，3~6 年，超过 6 年；交往频率分为：每天，每周几次，每周一次，每月一两次，每年几次，每年一两次或更少。在回归分析中，关系持续期和交往频率指标被作为定序变项来处理。

（4）社会网络的异质性（heterogeneity）指的是一个社会网络中全体成员（不包括自我）在某种社会特征方面的分布状况。每个人的社会网络都有其特有的异质性或多元性。它可以在某个方面的异质性较低，而在其他方面的异质性较高。这个指标指的是从一个网络中随机抽取 2 人，这 2 人在某个方面不属于同一群体的概率。性别异质性、职业异质性和阶层异质性按照异质性指数（Index of Qualitative Variation，简称 IQV）的标准公式计算。异质性指数的标准公式是 $IQV = K(N^2 - \sum F^2)/N^2(K-1)$，式中 K = 变项的类别数目，N = 全部个案的数目，F = 每个类别的实际频数（李沛良，2001：53）。异质性指数又称为差质性指数（Index of Diversity），也可按下述公式计算：$D = 1 - \sum (Pi)^2$，其中 $P = i (i=1,\cdots,K)$ 的数目占总体数目的比例（Gibbs and Martin, 1962; Agresti and Agresti, 1977）。阮丹青关于中美社会网的比较研究就采用了这种计算方法（Ruan, 1993a：35）。根据上述两种公式计算的异质性指数虽然不完全相同，但是高度相关，例如，按照上述两公式计算的性别异质性指数的 Pearson 相关系数为 0.988。所以选择哪种计算方法是研究者的偏爱，对统计结果和统计推断并不产生实质的影响。

异质性指标的分布为从 0 到 1。0 表示网络成员之间在某个指标方面不存在差别，1 表示网络成员在某个指标方面完全不同。很明显，性别分为男、女两个类别；职业异质性首先将网络成员的职业分为高级专业或管理人员、一般专业或管理人员、办事人员或销售人员、小型工商业雇主、工商业班组长、技术工人和半技术工人或非技术工人 7 类，阶层异质性分为专业行政管理阶层、普通白领阶层、小雇主阶层、工人阶层 4 个类别，然后依据 IQV 的标准公式分别计算。年龄和教育异质性由网络成员间的年龄和接受正规教育年限的标准差来表示，标准差越大，说明讨论网成员的异质性越强。在异质性的计算中，排除了社会网规模小于 2 的个案。

（5）社会网络的趋同性（homophily）或同构性（similarity）指的是社会网的核心人物（自我）与其他社会网络成员在某种社会特征方面的类似性。在一般意义上，大多数人倾向于与背景相近的人交往，例如相近的年龄、受教育程度、职业和居住地区等（Blau, 1977a）。趋同性通常用与调查对象在某个特征方面同属一个群体的人数占全体网络成员的比例来表示。

所谓同属一个群体，可以是相同的性别、职业、受教育程度、阶级地位或政治面貌。

在本研究中，性别趋同性以网络成员属于相同性别的比例来表示。借鉴以往的测量方法（Ruan，1993b），把年龄趋同性界定为与调查对象年龄不超过5岁的社会网成员所占的比例。为了比较分析的方便，我们还计算与调查对象年龄相差超过5岁、比调查对象受教育程度高和低的网络成员的比例；在教育趋同性的测量中，首先将自我和他人的受教育程度合并为小学及以下、初中、高中、中专和大学专科及以上5个类别，然后计算他人与自我同属于一种教育获得层次的比例；职业和阶层趋同性的计算方法与此一致，首先将自我与他人的职业和阶层分为7类和4类，然后再计算他人和自我属于同一种职业和阶层的比例。此外，为了更详细地描述社会经济地位对自我选择网络成员的影响，笔者还分别计算了自我选择高于和低于网络成员的教育、职业和阶层地位的比例。教育获得的高低顺序一目了然，不必赘述。根据中国城市社会的现实，笔者将职业地位按由高到低的顺序排列为：高级专业或管理人员、一般专业或管理人员、办事人员或销售人员、小型工商业雇主、工商业班组长、技术工人和半技术工人或非技术工人。阶层地位的高低排列次序是专业行政管理阶层、普通白领阶层、雇主阶层和工人阶层。网络趋同性指标的计算排除了网络规模为0的个案。趋同性和异质性是描述社会网特征的两个既相互联系又有区别的指标。趋同性是比较自我与其他成员之间的相同或相异，而异质性比较的是社会网成员之间在社会特征方面的差异（Marsden，1987；阮丹青等，1990；Ruan，1993b；张文宏等，1999）。

（6）社会网络的关系构成（composition of role relationship），具体指社会网络的核心人物（自我）与网络成员（他人）以哪种制度性的角色（institutionalized roles）发生联系（Scott，2000：32）。一个群体的成员之间的特定类型的联系的集合称作关系构成。例如，一个学校班级中成对学生之间的友谊关系，或世界体系中两国之间的正式外交关系，都是特定关系的联系。对于任何行动者群体而言，我们均可以测量多种不同的关系。从一个特定的行动者群体来说，一种关系是指按照成对的行动者（自我与他人）测量的某种特定联系的集合。联系本身仅仅存在于特定的成对行动者之间。

在测量讨论网的自我与成员之间的关系类型方面，原始问卷设计了配偶/同居伴侣、父母、子女、兄弟姐妹、孙子女、配偶的父母、女婿/媳妇、自己的其他亲属、配偶的其他亲属、同乡、同事（包括现时和过去的雇主、雇员/上级、下级)、生意伙伴、同学(现时和过去的)、邻居(现时和过去的)、好友/知己/恋人、普通朋友、师生(包括顾问、训练班辅导员)、宗教和气功及健身团体的成员、居委会工作人员和志愿团体成员19种关系。在讨论网的关系构成分析中,我们将上述关系类型进一步归纳为配偶、父母、子女、兄弟姐妹、其他亲属(包括孙子女、配偶的父母、女婿/媳妇、自己的其他亲属、配偶的其他亲属)、同事(包括同事和生意伙伴)、同学、邻居(包括同乡)、好友、普通朋友、其他非亲属(包括师生、顾问、训练班辅导员、宗教和气功及健身团体的成员、居委会工作人员和志愿团体成员及其他非亲属)。前5种关系又可以合并为亲属关系,后6种关系则归纳为非亲属关系。

社会网络的关系构成通常用某种特定关系占总关系的比例来表示。例如,某位被访者提出了5名讨论网成员,其中2人为其配偶和子女,另外3人分别为其同事、同学和朋友,那么他的讨论网的亲属关系比例为40%,非亲属关系比例为60%。在社会网络关系构成的分析中,不包括网络规模为0的调查对象(Marsden,1987;阮丹青等,1990;Ruan,1993b)。在回归分析中,为了解释的方便,笔者直接使用了关系频数的绝对数——自我在讨论网中提到某种特定关系的人数——作为依变项。

(7)重要问题的内容。对于网络性质的判断,我们可以列出种种不同的标准。最常见的划分标准是将网络划分为工具性的和情感性的(如Lin,1986,1990,1992)或是工具性、情感性和混合性的(Hwang,1987;黄光国,1985)。黄光国(Hwang,1987;黄光国,1985)认为情感性关系是一种稳定而持久的关系,这种关系的主要功能是满足关爱、温情、安全和归属等方面的需要;工具性关系是为了达到功利性的目标而建立的;混合性关系介于两者之间。林南(Lin,1999a)在建构其社会资源或社会资本的理论模型时,采用了二维的标准。他将工具性网络的性质界定为旨在获得不为行动者本身拥有的资源,而将情感性网络的本质界定为维持已被行动者拥有的资源。

借鉴前人对网络性质划分的不同标准,我们根据自我与网络成员讨论的重要问题的内容,将讨论网区分为工具性、情感性、社交性和混合性4种。其中工具性问题包括事业、投资/金钱、住房和健康与医疗等;情感性问题包括感情、子女、老年父母、亲友聚会、宗教和人生目标等;社交性问题包括时事新闻、饮食、衣着、娱乐、体育等话题;混合性问题涉及上述3种问题中的2种或3种,比如工具性与情感性问题的混合、工具性与社交性和情感性问题的混合等。

第三节 抽样和资料收集方法

本节首先对抽样方法和资料收集过程进行介绍，然后对样本的代表性加以分析。

一 抽样方法和访问程序

北京作为中国的首都和政治、文化中心，2000 年以 760.7 万名非农业人口在上海之后位居中国城市人口规模排行榜上的次席。北京市共有 13 个区，123 个街道办事处和 4438 个居民（家居）委员会。其中本次调查所涉及的城市中心区和近郊区（俗称北京城八区）有 105 个街道办事处和 3668 个居民委员会。城市中心区有非农业住户 87.7 万户，非农业人口 238.2 万人。近郊区有非农业住户 132.2 万户，非农业人口 381.9 万人（北京市统计局，2001：33）。城市中心区和近郊区非农业住户和人口分别占北京市非农业住户和人口的 79.8% 和 81.4%。

根据多阶段分层抽样方法抽取调查样本（Chan，2001）。第一，确定初级抽样单位（primary sampling units）。将街道办事处确定为本次调查的初级抽样单位。北京城区共有 123 个街道办事处，调查母体涉及其中的 105 个。每个街道办事处平均管辖 35 个居民委员会（北京市统计局，2001：38、68）。按照概率比例规模抽样方法①（Probabilities Proportional to Size，简称 PPS）从城市中心区和近郊 8 个区抽取 12 个街道办事处作为初级抽样单位。街道办事处抽样的原则参考了该区的人口数量，其中人口较多的 4 个区各抽取了 2 个街道办事处，人口相对较少的另外 4 个区则分别抽取 1 个街道办事处。抽样母体的街道办事处、居民委员会和人口分布状况见表 4.1。

表 4.1 抽样总体的街道办事处、居民委员会和非农业人口分布

	街道办事处（个）	居民委员会（个）	非农业住户（万户）	非农业人口（万人）
全市	123	4438	275.5	760.7
城市中心区	35	978	87.7	238.2

---

① PPS 抽样是一种根据抽样单位的规模确定比例的概率抽样方法。通常利用辅助信息（比如人口普查数据的信息）来确定每个抽样单位的比例，基本原则是保证每个单位均有按其规模大小成比例的被抽中的概率。

续表

	街道办事处（个）	居民委员会（个）	非农业住户（万户）	非农业人口（万人）
东城区	10	285	23.5	62.6
西城区	10	298	28.2	78.1
宣武区	8	239	20.3	41.3
崇文区	7	156	15.7	56.2
近郊区	70	2690	132.2	381.9
朝阳区	22	1055	48.7	133.5
丰台区	16	356	25.3	82.2
石景山区	10	208	10.8	33.2
海淀区	22	1071	47.4	161.6

资料来源：北京市统计局，2001：33、68。

第二，抽取次级抽样单位。次级抽样单位是居民委员会。北京城区共有 4438 个居民委员会，每个居民委员会由 4000～5000 个住户组成。同样根据 PPS 方法从每个街道办事处随机抽取 4 个居民委员会，共抽取 48 个居民委员会。[①]

第三，确定最终的抽样单位。最终的抽样单位是住宅。根据简单随机原则从每个被选中的居民委员会中抽取 35 个住宅单位，总共获得 1677 个住户地址作为抽样调查的样本。再从被选中的住宅单位随机选择住户。调查员首先记录居住在被选中的住宅中的所有住户，然后随机抽取被访户。最后在选定的住户中，由访问员根据修正后的 Kish Grid 表选取合适的被访者。

表 4.2　北京调查的样本规模

单位：人，%

	样本数	占比
原本样本规模	1677	100.0
无效地址[1]	145	8.6
非住宅	6	0.4

---

① 按原来的抽样设计，每个街道抽取 4 个居民委员会，但是，由于随机抽中的一个居民委员会是某军事单位职工集中居住的小区。在调查过程进行中，其声称上级主管部门不同意参与此项调查，故另外补充了一个居民委员会。这样最终的调查是在 49 个居民委员会进行的。

续表

	样本数	占比
未分配的地址[2]	103	6.1
有效样本规模	1423	84.9

注：[1] 无效地址包括已经拆迁、空置和无法确定的地址。
[2] 未分配的地址指没有将这些地址派发给访问员。

现场访问。资料收集是运用结构性问卷通过面对面访问获得的。田野工作从 2000 年 7 月初开始，8 月底完成。由北京大学社会学系 46 名大学本科和专科学生担任访问员，在入户访问之前经过了系统的培训。在 1423 个合格被访者中，成功访问了 1004 人，回收率达到 70.6%（见表 4.3）。

表 4.3　北京调查的样本回收结果

单位：人，%

	样本数	占比
有效样本规模	1423	100.0
成功个案	1004	70.6
不成功个案	419	29.4
拒访	298	20.9
未接触	44	3.1
未完成	19	1.3
错误抽取被访者	20	1.4
其他	38	2.7

二　样本代表性分析

在此，我们将对样本和抽样总体的社会人口特征进行对比，以验证样本的代表性。由于本次调查的样本限定在北京 8 个城区（4 个城市中心区和 4 个近郊区）居住且有北京市非农业户口的 18 岁及以上的在职或退休的成年居民，但是有关北京市居民的统计资料和抽样数据多数包括了农业人口。此外，关于受教育程度、年龄、职业的统计口径又与本次调查的设计不尽相同，比如，关于受教育程度、年龄分布、职业的统计口径一般以 15 岁及以上的在职人口为标准，而我们的调查对象为 18 岁及以上的成年居民，既包括在职人员，也包括离退休人士，还含有下岗失业无业人口，所以样本和总体的比较仅仅具有相对的意义。表 4.4 从性别、年龄、受教育程度、职业和婚姻状况等方面对样本和总体的社会人口特征进行了对比。

表 4.4　样本基本资料与北京市统计资料的对比

单位：%

指标	样本	总体	指标	样本	总体
性别[1]			受教育程度[3]		
女	53.5	49.6	小学及以下	13.2	20.8
男	46.5	50.4	初中	27.7	32.4
N	1004	6579000	高中/中专/技校	33.3	26.3
			大学专科及以上	25.8	20.5
			N	1003	8972
年龄[2]			职业[2]		
18～29 岁	10.5	29.2	国家机关/党群组织/事业单位负责人	6.2	6.5
30～39	18.3	32.7	专业技术及辅助人员	32.8	19.9
40～49	28.9	27.2	办事人员和有关人员	13.4	12.3
50～59	15.7	8.7	商业服务业人员	11.0	27.6
60 岁及以上	26.6	2.3	生产运输设备操作人员	36.6	33.7
N	1002	679849	N	936	599307
婚姻状况[3]			单位的所有制类别[4]		
未婚	9.8	18.7	国有	81.2	78.5
已婚	83.4	74.7	集体	11.3	14.2
丧偶	5.3	5.1	个体/私有/三资	7.5	7.3
离婚/分居	1.5	1.5	N	932	4563000
N	1004	8022			

资料来源：[1] 北京市统计局，2001：68。性别比例以北京城区常住人口的性别比换算得出。
[2] 北京市第五次人口普查办公室、北京市统计局，2002：850～876。该相对数根据北京市 2000 年人口普查之 10% 抽样调查资料中 15 岁及以上的各职业人口的分年龄组的绝对数（剔除 15～17 岁的人口）计算，农业户籍的在职者也包括在内。职业的总体数也来自该抽样调查，同样也包括了农业户籍的在职者。
[3] 国家统计局人口和社会科技统计司，2001：47～49。表中相对数根据 1999 年北京城市地区人口变动抽样调查资料计算得出，教育获得和婚姻状况都是 6 岁以上人口的数字。
[4] 段柄仁、张明义，2001：589。

从表 4.4 可以发现，样本与总体的性别比例有些差别。总体计算的是城区常住人口的性别比，包括了所有具有城区常住户口的人口。如果仅仅计算 18 岁及以上的成年常住人口，也许这个比例会更加接近。但是样本和总体在性别方面的差异并不明显，不会影响我们做出统计推论。

在年龄的分布方面，30～39岁的青年人口和60岁及以上的老年人口的差别比较明显，主要表现在样本中青年人口低于总体，而老年人口高于总体。中年（40～59岁）人口的比例则接近。总体年龄分布根据北京市2000年人口普查之10%抽样调查资料中15岁及以上的各职业人口的分年龄组的绝对数（剔除18岁以下的人口）计算得出，农业户籍的在职者包括在内。样本和总体在年龄结构方面的差异也许说明，青年人比老年人更活跃，他们一般不太可能留在家里。加上我们的调查多数是在工作时间（白天）进行的，由此造成了老年人口有较高的访问成功率。

样本和总体在教育获得方面的差异主要表现在前者初中及以下的比例低于后者，而高中/中专/技校及以上的比例高于后者。接受正式教育年限统计的结果也表明，样本平均为11.1年，总体平均为10年。教育获得方面的差异可能原因是，总体的统计范围包括了抽样范围之外的6～17岁的未成年人口，而未成年人的教育获得一般低于成年人。如果从总体的统计中剔除18岁以下的人口，也许二者的教育获得根本没有实质性的差别。①

婚姻状况方面的差别与教育获得类似。关于婚姻状况的总体的资料同样包括了6～17岁的未成年人口。毫无疑问，未成年人结婚的比例必然低。从样本和总体在丧偶和离婚/分居比例的接近可以推断，样本和总体在未婚与已婚者比例方面的差异是因为后者的统计包括了6～17岁的未成年人。样本的婚姻状况基本上与抽样地区的真实状况一致。

再看职业。由于问卷调查和人口普查关于职业判定的标准不一致，表4.4所报告的样本和总体比较的数字是经过合并以后的结果。② 主要的差

---

① 令人遗憾的是，查阅了大量有关北京人口教育获得方面的统计资料，无论是人口普查还是抽样调查资料，都不能找到与我们的统计口径一致的资料。不是在户籍类别上有别，就是在年龄选取标准上有异。

② 样本职业资料来自被访者关于实际的工作职责的详细描述，然后根据香港人口普查标准分为10类：（1）经理及行政级人员；（2）专业人员；（3）辅助专业人员；（4）文员；（5）服务人员及销售人员；（6）渔农业熟练工人；（7）工艺及有关人员；（8）机台及机器操作员及装配员；（9）非技术工人；（10）其他。应该说明的是，此处对样本和抽样总体的职业进行比较与第二节界定网络的职业趋同性和异质性时所运用的标准不同。而总体所使用的人口普查职业分类标准是：（1）国家机关、党群组织、企业/事业单位负责人；（2）专业技术人员；（3）办事人员和有关人员；（4）商业和服务业人员；（5）农林牧渔水利业生产人员；（6）生产运输设备操作人员及有关人员；（7）不便分类的其他从业人员。考虑到人口普查中的职业统计包括农业户籍的在业人员，因此，在对比分析中，人口普查中的农林牧渔水利业被剔除，而样本中的3名渔农业熟练工人被合并到生产运输设备操作人员及有关人员中。

别在于样本中专业技术及辅助人员的比例高于总体,商业服务业人员的比例又低于总体。这种差别可能是由于总体统计的是北京市就业人口的职业类别,近郊区、远郊区和县在内的农业户籍中从事各类职业的人也包括在内。而样本涉及的仅仅是城市中心区和近郊区 18 岁及以上成年人口的职业类别。北京城市中心区和近郊区集中了国家和北京市的科研单位、大专院校及各种专业机构。相比较而言,远郊区和县在科研单位、大专院校及各种专业机构工作的在业人口则大大低于城市中心区和近郊区。

从样本与总体人口的工作单位所有制类别的对比,可以发现二者十分接近。样本中全民所有制的比例略高于总体,这很可能是由样本和总体的统计范围不同造成的。如前所述,样本限定在城市中心区和近郊区,这里集中了北京市和国家的政府机关、党群组织、科研院所,这些单位绝大多数属于全民所有制。相应地,在包括远郊区和县在内的农村地区,各种形式的集体所有制单位(主要是乡镇企业)吸引了大量的农村剩余劳动力。如果考虑到这个因素,那么样本和总体的单位所有制类别是相当吻合的。

三 分析方法和统计模型

本章所使用的统计模型主要有两类。第一,当依变项为间距测度(interval measurement)以上的变项(如本书的网络规模、网络密度、网络趋同性、网络异质性等指标)时,采用多元线性回归方法①,统计模型如下:

$$y = \beta_0 + \beta_1 x_{i1} + \beta_2 x_{i2} + \beta_3 x_{i3} + \cdots + \beta_k x_{ik}$$

在具体的分析中,将自变项分为几组(block),采用全部纳入法将定义的所有变项一次性引入回归方程。为了凸显阶层地位对网络特征的最终独特影响,我们通常在回归分析中将阶层地位的三个虚拟变项放在最后一组纳入。

第二,当依变项为类别变项(如网络成员的阶级归属和重要问题的讨论内容等)时,将采用对数比率回归(Logistic Regression)的统计方法(Xie and Powers,1999;彭玉生,2001:308~319)。具体而言,当依变项为

---

① 关于网络规模的回归分析是采用 OLS 方法还是 Poisson Regression,社会网络学界并没有取得共识。一些学者采用传统的 OLS 方法对网络的总体规模及其子规模进行回归(如 Ruan,2001;熊瑞梅,2001),而另外一些研究者则采用 Poisson Regression 方法(如 Van der Poel,1993b)。笔者曾经用北京城市居民讨论网的资料对两种方法的统计结果进行了对比,发现其总体结论基本一致。为了更直观地报告研究结果,笔者在分析讨论网的总体规模和子规模(配偶规模除外)时,采用了 OLS 方法。

二分变项（binominal variable）时，将采用简单对数比率回归的统计方法，统计模型如下：

$$y = \ln(p_1/p_0) = \alpha + \sum \beta_i x_i, \text{其中}, i = 1,2,3,\cdots,n$$

当依变项为多分类变项时，如网络成员的阶层地位归属，我们采用多类别对数比率回归（Multinomial Logistic Regression）处理。多类别对数比率回归是简单对数比率回归的扩展，由一组对数比率方程构成。如果把多类别变项中的一类作为基准类（baseline category），那么就形成了基准模拟（baseline category contrast）。具体做法是先选择基准类，然后将它的概率与其他各类的概率对比。例如，在网络成员的阶层地位归属分析中，我们将工人阶层作为基准类，研究一组自变项 X 如何影响人们选择工人阶层（p_j）作为网络成员的影响，用 p_1、p_2、p_3 表示选择专业行政管理阶层、普通白领阶层和小雇主阶层作为网络成员的概率，那么由此形成的多类别对数比率回归方程就是：

$$\begin{cases} \ln(p_1/p_j) = \alpha_1 + \beta_1 X \\ \ln(p_2/p_j) = \alpha_2 + \beta_2 X \\ \ln(p_3/p_j) = \alpha_3 + \beta_3 X \end{cases}$$

在分析网络成员选择的阶层界限跨越问题时，如果我们将作为依变项的阶层地位视作定序变项（阶层地位由高至低依次是专业行政管理阶层、普通白领阶层、小雇主阶层和工人阶层），由此形成定序变项的邻类对数比率回归（adjacent category logits）方程（Powers and Xie，1999：209 - 222）。邻类对数比率回归是将所有相邻两类的概率成对相比。如果变项含有 j 个有序类别，我们可以建立 $j-1$ 个不重复的对数比率方程。用 p_1、p_2、p_3、p_j 表示定序变项由低到高各级类别的比率，用 X 表示一组自变项，那么由此建立的邻类对数比率回归方程如下：

$$\begin{cases} \ln(p_2/p_1) = \alpha_1 + \beta_1 X \\ \ln(p_3/p_2) = \alpha_2 + \beta_2 X \\ \vdots \\ \ln(p_j/p_{j-1}) = \alpha_{j-1} + \beta_{j-1} X \end{cases}$$

在我们的具体分析中，p_1、p_2、p_3、p_4 表示选择工人阶层、小雇主阶层、普通白领阶层和专业行政管理阶层作为网络成员的概率，X 表示自我的各种社会人口特征、网络特征和阶层地位特征等自变项，我们可以建立如下网络成员阶层地位跨越的邻类对数比率回归方程：

$$\begin{pmatrix} \ln(p_2/p_1) &=& \alpha_1 &+& \beta_1 X \\ \ln(p_3/p_2) &=& \alpha_2 &+& \beta_2 X \\ \ln(p_4/p_3) &=& \alpha_3 &+& \beta_3 X \end{pmatrix}$$

第五章
城市居民社会网络的一般特征

在讨论阶层结构对社会网络特征的影响之前，我们首先对中国城市居民社会网络的一般特征进行总体的描述和分析，以期从总体上对中国城市居民社会网络的一般结构特征有一个初步的把握。本章将从网络规模、网络密度、网络异质性、网络的关系构成、重要问题的内容和讨论网中的差序格局等方面概述城市居民社会网络的综合特征，并就本次研究的主要发现与以前的类似研究进行对比分析和讨论。

第一节 北京城市居民社会网络的结构特征

本节将从社会网络的规模、密度、异质性和趋同性等方面描述北京城市居民社会网络的总体特征，然后对主要的研究发现进行解释和讨论。

一 社会网络的结构特征

1. 网络规模

从表5.1可以看到，北京城市居民社会网络的规模为3.14人，即在过去半年平均与3.14个成员讨论过对自己来说重要的问题。3%的被访者没有和任何人讨论过重要问题。提到1个及以上讨论网成员的比例为97%。约六成五的被访者提到2个或3个讨论网成员（64.8%）。提到6个及以上网络成员的比例较低（5.8%）。

与网络规模高度相关的一个指标是关系种类。关系种类与网络规模测量的角度不同，从另一个侧面展示了人们社会资源的拥有程度。用关系种类来测量人们的社会资源，本书是第一次尝试。[①] 一般而言，如果一个人的社会网络中各种角色关系越多，即角色关系越分散，预示着这个人的社会资本越丰富，因为他可以与不同角色关系的人讨论不同性质的重要问题。如果他的讨论网成员仅仅由某种单一的角色构成，则该单一角色将发挥多种重合的功能，那么预示着其社会资本相对贫乏。

表 5.1　北京城市居民社会网络的规模和密度

变项	占比（%）	平均数	标准差	N
网络规模				
0	3.0	3.14	2.71	1003
1	5.5			
2	35.1			
3	29.7			
4	12.5			
5	8.5			
≥6	5.8			
亲属网络规模[1]				
0	44.8	1.04	1.18	1003
1	22.3			
2	20.8			
3	8.6			
4	2.1			
5	1.4			
非亲属网络规模				
0	31.0	1.78	1.59	1003
1	15.3			
2	22.7			
3	14.5			
4	8.7			
5	7.8			
亲属关系比例[2]				
0	42.9	0.42	0.42	970

[①] 熊瑞梅（2001：187）虽然在台湾社会网络研究中测量了关系次数，但是她将关系次数界定为被访者回答某种关系类型的总人数，与本研究对关系种类的界定不同。

续表

变项	占比（%）	平均数	标准差	N
0.01~0.33	10.8			
0.34~0.66	12.3			
0.67~0.99	5.4			
1	28.6			
网络成员之间的密度[2]		0.77	0.31	909
<0.25	7.8			
0.25~0.49	5.4			
0.50~0.74	24.9			
>0.74	61.9			
成员之间关系陌生的比例		0.121	0.286	909
0	81.0			
0.01~0.33	3.6			
0.34~0.66	3.5			
0.67~0.99	5.7			
1	6.1			
成员之间关系密切的比例		0.658	0.43	909
0	22.3			
0.01~0.33	12.4			
0.34~0.66	4.1			
0.67~0.99	3.1			
1	58.1			

注：[1] 由于亲属规模和非亲属规模仅仅计算了所提到的前5个网络成员，所以亲属规模和非亲属规模的总数并不等于总体网络的总数。

[2] 亲属关系比例的计算排除了网络规模为0的个案。

从表5.2可以发现，北京城市居民讨论网的总体关系种类为2.15，有92.4%的被访者提到1~3种关系，提到4种及以上关系的比例很低。提到2种关系的被访者最多（50.7%）。在亲属关系种类方面，样本的平均数为0.93，即被访者平均提到1种亲属关系。提到1~2种亲属关系的占一半以上（53.4%），不到5%的人提到3种及以上的亲属关系。另外，亲属关系种类为0的比例高达42.0%，说明超过四成的人的讨论网全部由非亲属关系组成；被访者平均提到1.24种非亲属关系。提到1~2种非亲属关系的比例为60.4%，有11.0%的人提到了3种及以上的非亲属关系。应该注意的是，讨论网全部由亲属关系组成的比例达到 28.6%。

表 5.2 讨论网中的关系种类

	占比（%）	平均数	标准差	N
总体关系种类		2.15	0.91	970
1	22.0			
2	50.7			
3	19.7			
4	5.2			
5	2.5			
亲属关系种类		0.93	0.93	970
0	42.0			
1	28.6			
2	24.8			
3	4.3			
4	0.3			
非亲属关系种类		1.24	1.02	970
0	28.6			
1	31.8			
2	28.7			
3	9.5			
4	1.5			

注：网络成员关系种类的计算排除了重叠关系和网络规模为 0 的个案。

2. 网络密度

我们从几个不同的角度分别测量了网络密度。第一，讨论网成员之间（不包括自我）的平均网络密度为 0.77。对于网络密度的进一步分解可以清楚地发现，在北京城市居民讨论网中，近 2/3 的人之间的关系密切（65.8%），互不相识的比例仅占 12.1%，至少有 81% 的网络成员之间是相互认识的。换言之，讨论网完全由互不相识的人构成的比例仅为 6.1%，而讨论网成员全部由关系密切的人构成的比例则高达 58.1%（见表 5.1）。

第二，从自我与他人的关系密切程度来看，亲属中关系密切的平均比例为 93.8%，非亲属中关系密切的比例为 89.8%，讨论网中自我与他人的关系密切比例为 92.1%。由此可见北京城市居民讨论网中自我与他人的关系密切程度非常高（见表5.3）。

表5.3 自我与他人关系密切的比例

单位：%

	第一个成员	第二个成员	第三个成员	第四个成员	第五个成员	样本总体
亲属	97.2	93.9	87.9	80.8	74.6	93.8
配偶	97.8	94.5	89.8	80.0	77.5	94.7
父母	99.2	96.7	90.1	88.9	88.2	95.8
子女	98.0	99.0	97.1	86.0	72.7	97.1
兄弟姐妹	95.3	95.2	89.6	88.4	84.6	93.3
其他亲属	95.9	95.9	92.2	75.9	60.0	92.7
非亲属	93.2	90.0	85.5	80.7	76.0	89.8
同事	92.8	90.9	84.9	79.7	78.0	89.7
同学	96.2	92.4	89.5	88.2	83.3	92.4
邻居	92.3	86.6	85.3	78.1	74.4	87.5
密友	97.7	94.4	91.9	89.0	84.3	94.6
普通朋友	62.3	61.5	50.0	37.5	44.4	55.1
其他	85.0	81.0	79.2	71.4	65.0	91.5
总体	94.7	92.3	97.4	82.0	77.6	92.1
N	969	909	558	264	140	2840

第三，关系持续期和交往频率。从自我与网络成员的关系持续期来看，80%以上超过了6年，不足3年的仅占不到5%；从自我与网络成员的交往频率来看，每天交往的比例在半数以上，少于每月交往一次或交往频率不一定的比例仅仅稍多于一成。这组数字说明自我与网络成员的关系持续期较长、交往频率非常高。

表5.4 自我与他人的关系持续期和交往频率

单位：%

	样本总体	第一个成员	第二个成员	第三个成员	第四个成员	第五个成员
关系持续期						
不足3年	4.5	4.1	4.9	5.6	7.6	4.9
3~6年	10.1	9.8	10.0	10.2	10.2	14.8

续表

	样本总体	第一个成员	第二个成员	第三个成员	第四个成员	第五个成员
6 年以上	85.4	86.1	85.1	84.2	82.2	80.3
N^1	2835	968	904	557	264	142
交往频率						
每天都有	52.9	63.0	48.6	40.9	38.3	38.0
至少每周一次	24.5	29.7	28.5	27.7	28.0	26.8
至少每月一次	11.0	8.9	11.4	16.1	17.0	16.9
少于每月一次	5.1	3.4	5.5	7.9	9.8	9.9
没有一定	6.5	5.0	5.9	7.5	6.8	8.5
N^1	2846	971	909	560	264	142

注：[1] 该统计以网络成员作为分析单位。

3. 网络异质性

表5.5呈现了网络成员在性别、年龄、教育、职业和阶层五个指标方面的异质性特征。性别异质性指数为0.48，相当于样本性别异质性指数（0.99）的48%。接近半数（46.9%）的讨论网是由性别相同的成员构成的，其性别异质性为0。性别完全相异的网络只占样本总数的18.8%。

网络成员的平均年龄相差8.51岁，仅仅相当于样本年龄异质性的56.6%。平均48.0%的网络成员属于同一个年龄组别，亦即接近半数的网络成员相互之间的年龄差别在5岁以内，这组统计结果说明网络成员之间在年龄方面存在较大的差异。

再看教育异质性。网络成员的平均受教育年限相差1.89年，相当于样本教育异质性的47.3%。有32.1%的网络成员之间的受教育年限完全相同。成员之间平均受教育年限相差2.6~11.3年的仅占28.4%。由此可见网络成员之间的教育异质性指数相当低。

网络成员的职业异质性指数为0.31，仅相当于样本职业异质性指数的43.7%。66.4%的网络成员所从事的职业完全相同，职业完全相异的网络成员仅占21.3%。换言之，多数网络成员是由职业相同的人构成的，他们的职业异质性指数非常低。

阶层异质性指数为0.25，相当于样本阶层异质性的49.0%。在北京讨论网中，72.6%的网络成员的阶层地位完全相同，仅有13.3%的网络成员的阶层地位完全相异。这个结果初步说明了人们倾向于与相同阶层地位的人讨论重要问题，用简单统计资料证实了"讨论网成员选择的阶层内趋势"的研究假设。①

表 5.5 讨论网的异质性特征

变项	占比（%）	平均数	标准差	N
性别异质性（IQV）				
0	46.9	0.48	0.46	909
0.01~0.99	34.3			
1	18.8			
样本性别异质性		0.99		
年龄异质性（S.D.）				
<5	48.0	8.51	7.54	909
5~9	16.0			
10~15	11.1			
>15	25.0			
样本年龄异质性		15.04		
教育异质性（Std. Dev）				
0	32.1	1.89	1.97	909
0.1~2.5	39.5			
2.6~11.3	28.4			
样本教育异质性		4.00		
职业异质性				
0	66.4	0.31	0.44	909
0.01~0.99	12.2			
1	21.3			
样本职业异质性		0.71		
阶层异质性				
0	72.6	0.25	0.41	909
0.01~0.99	14.1			
1	13.3			
样本阶层异质性		0.51		

---

① 关于"讨论网成员选择的阶层内趋势"假设的更严格验证，将在第六章进行。

4. 网络趋同性

网络趋同性和异质性两个指标虽然有联系,①但是从不同的侧面反映了社会网络的不同结构特征。如前所述,异质性指标是衡量某种社会网络的成员之间（不包括自我）在某个指标方面相同或相异的程度,而趋同性指标则是比较自我与网络成员（包括自我）在某种社会特征方面类似或差异的程度。

网络趋同性指标是由自我在性别、年龄、教育、职业和阶层等方面的群内选择比例来表示的。表5.6的结果显示,平均63.1%的讨论网成员与自我的性别相同。自我与所有网络成员性别完全相异的仅占13.0%。而自我与所有网络成员性别相同的则达到36.2%。

表5.6　讨论网的趋同性程度

变项	占比（%）	平均数	标准差	N
性别趋同性		63.1	34.2	815
0	13.0			
0.01~0.25	1.2			
0.26~0.50	31.4			
0.51~0.75	16.1			
0.76~0.99	2.1			
1	36.2			
年龄趋同性		57.5	35.4	953
0	16.4			
0.01~0.25	3.4			
0.26~0.50	31.9			
0.51~0.75	14.7			
0.76~0.99	2.8			
1	30.8			
比自我年轻5岁以上		26.1	34.3	953
0	56.2			

---

① 在我们的资料中,讨论网的年龄异质性与趋同性的零序相关系数为 －0.418**（Pearson correlation,** $p<0.01$,双侧检验,下同）,教育异质性与趋同性的零序相关系数为 －0.051**,职业异质性与趋同性的零序相关系数为 －0.195**,性别异质性与趋同性的零序相关系数为 －0.317**。

续表

变项	占比（%）	平均数	标准差	N
0.01~0.25	4.7			
0.26~0.50	20.2			
0.51~0.75	8.0			
0.76~0.99	0.6			
1	10.3			
比自我年长5岁以上		16.5	26.7	953
0	66.6			
0.01~0.25	5.9			
0.26~0.50	17.7			
0.51~0.75	6.1			
0.76~0.99	0.1			
1	3.5			
教育趋同性		41.8	38.2	953
0	35.4			
0.01~0.25	5.2			
0.26~0.50	25.9			
0.51~0.75	10.8			
0.76~0.99	1.8			
1	20.9			
受教育程度低于自我		24.7	33.5	953
0	57.3			
0.01~0.25	5.1			
0.26~0.50	19.9			
0.51~0.75	7.3			
0.76~0.99	0.8			
1	9.5			
受教育程度高于自我		33.4	38.5	953
0	49.3			
0.01~0.25	3.8			
0.26~0.50	20.7			
0.51~0.75	7.6			
0.76~0.99	1.3			

续表

变项	占比（%）	平均数	标准差	N
1	17.4			
职业趋同性		43.3	42.8	744
0	43.3			
0.01~0.25	2.1			
0.26~0.50	17.2			
0.51~0.75	6.6			
0.76~0.99	1.8			
1	29.3			
职业地位低于自我		21.9	35.9	744
0	68.0			
0.01~0.25	2.6			
0.26~0.50	12.2			
0.51~0.75	3.6			
0.76~0.99	0.3			
1	13.4			
职业地位高于自我		29.4	40.6	744
0	60.7			
0.01~0.25	2.6			
0.26~0.50	12.0			
0.51~0.75	4.2			
0.76~0.99	0			
1	20.5			
阶层趋同性		55.7	43.1	743
0	31.9			
0.01~0.25	1.2			
0.26~0.50	15.8			
0.51~0.75	8.6			
0.76~0.99	1.3			
1	41.2			
阶层地位高于自我		23.3	37.6	743
0	68.1			
0.01~0.25	1.6			

续表

变项	占比（%）	平均数	标准差	N
0.26~0.50	11.7			
0.51~0.75	2.8			
0.76~0.99	0			
1	15.7			
阶层地位低于自我		15.5	31.5	743
0	76.7			
0.01~0.25	2.3			
0.26~0.50	8.5			
0.51~0.75	3.2			
0.76~0.99	0.1			
1	9.0			

从表5.6的结果可以发现，平均57.5%的网络成员与自我的年龄接近。年龄趋同性为0的网络成员仅占16.4%，而自我与网络成员属于同一年龄区间（年龄趋同性为1）的比例则为30.8%。平均26.1%的网络成员比自我年轻5岁以上，全部网络成员比自我年轻5岁以上的比例为10.3%；平均16.5%的网络成员比自我年长5岁以上，全部网络成员比自我年长5岁以上的比例仅为3.5%。

在典型的讨论网中，平均41.8%的网络成员与自我的教育获得相同。教育趋同性为0的网络成员占35.4%，全部网络成员与自我教育获得相同的比例仅仅为20.9%。同时，平均24.7%的网络成员比自我的受教育程度低，全部网络成员比自我的受教育程度低的比例仅为9.5%；平均33.4%的网络成员比自我的受教育程度高，全部网络成员比自我的受教育程度高的比例为17.4%。与其他指标相比，北京城市居民讨论网的教育趋同性是较低的。

在我们的样本中，北京城市居民讨论网成员的平均职业趋同性指数为43.3%。自我与所有网络成员职业不同的比例为43.3%，自我与全部网络成员职业相同的比例则为29.3%。网络成员的职业地位低于自我的平均比例为21.9%，全部网络成员的职业地位都低于自我的比例为13.4%；网络成员的职业地位高于自我的平均比例为29.4%，全部网络成员的职业地位都高于自我的比例为20.5%。

北京城市居民讨论网的平均阶层趋同性指数为55.7%，所有网络成员均与自我处于相同的阶层地位的比例为 41.2%，有 31.9% 的网络成员与自我的阶层地位相异。网络成员的阶层地位高于自我的平均比例为 23.3%，所有网络成员的阶层地位均高于自我的比例为 15.7；网络成员的阶层地位低于自我的平均比例为 15.5%，全部网络成员的阶层地位均低于自我的比例仅为 9.0%。这个结果表明，人们在选择讨论网的成员时，存在很强的阶层内选择趋势。同时，上述结果也为"讨论网成员选择的声望性假设"提供了注脚。[①]

需要特别指出的是，亲属关系在北京城市居民的讨论网中占有重要的地位，从而增加了社会网络的异质性。比如父母、子女的年龄与调查对象相比必然会有一定的差距。如果一个调查对象在选择讨论网成员时以是不是亲属为主要的选择标准，那么群内选择的倾向就会降至其次。其结果必然是，被选择的讨论网成员更有可能来自不同的群体，如不同性别、不同受教育程度、不同职业等。假如我们只计算非亲属的讨论网成员之间的异质性或是调查对象与非亲属网络成员的趋同性，我们所得到的异质性指标将会大大低于在全体讨论网成员基础上得到的数值，而我们所获得的趋同性指标的数值则会更高。

总之，北京城市居民的讨论网是一个规模较小、关系持续期较长、交往频率颇高、关系密切的核心社会网络。讨论网的性别、年龄、教育、职业和阶层异质性指数均低于样本。除教育以外，网络的性别、年龄、职业和阶层趋同性指数均在 40% 以上。上述结果初步表明，中国城市居民的社会网络构成存在一种很明显的群体界限，显示出一种很强烈的自我选择的倾向。

二 社会网络的基本特征与宏观社会结构：解释与讨论

北京城市居民的核心讨论网是以高趋同性、低异质性、高紧密性和小规模为特点的。北京城市居民讨论网的高趋同性、低异质性特点与中国社会结构分化程度相对较低的现状密切相关。上述发现可以从以下几个方面来解释。第一，按照社会交往的机会与限制理论，任何人建立和维持社会网络都受到特定的宏观社会条件的制约，不论他们是否意识到这一点，这种社会结构的影响总是客观存在的。中国工业化和现代化属于后发外生型，虽然过去近 20 年的改革开放政策大大加速了中国工业化和现代化发展的步

[①] 与阶层地位有关的讨论网选择的一系列假设，将在第六章进行严格的定量检验。

伐，但是不可否认，同西方发达国家相比，中国的工业化和现代化程度还较低，因此相应地在社会劳动分工程度、社会分化以及阶级阶层的复杂程度等方面与西方发达国家相比都处在一个相对较低的水平上（Ruan,1993b）。宏观社会结构条件的高度同质性特征是造成城市居民讨论网具有高趋同性、低异质性特点的根本原因。

第二，严格、僵化的户籍管理制度和劳动力（或人才）部门与单位所有制等制度限制了城市劳动力和城市市民在不同地区之间、不同就业部门之间以及不同职业之间的流动（Cheng and Selden, 1994；陆益龙，2003），从而使人们的社会交往局限在同质性很强的范围内。虽然20世纪80年代以来政府在劳动用工制度和干部人事制度等方面实行了一系列的改革措施，人们拥有了更多的职业选择和社会流动的自由，但是许多单位还控制着对人生活至关重要的福利住房的分配或高额的住房补贴，致使过去享受过单位福利住房分配的原有职工和希望享受这种福利待遇的职工不愿以放弃福利住房作为职业流动的代价。① 北京作为中国的政治和文化中心，在限制外地人口流入方面也制定了比其他大中城市更多的地方性法规。上述种种限制职业流动的政策，不仅阻止了外地向北京的人口迁移，也使跨部门的职业流动相当困难。在我们的样本中，过去3年没有经历过职业变动的占80.8%。长期固守在一个单位，是人们建立和维持高趋同性和低异质性的密切社会网络的结构性制约条件。

第三，中国社会群体参与的复合性较高。Simmel（1955）曾经用跨越性群体参与（cross-cutting social circles）和复合性的群体交往这对概念来分析人们的社会互动和参与。跨越性群体参与指人们所接触的社会圈子包含着角色不同的人群。与此相反的现象则是复合性的群体交往，即一个群体的成员与另外一些群体的成员在角色上往往是重合的。比如，在北京社会网络调查样本中，有19.6%的配偶、14.8%的同事和18.4%的同学同时分别又是同乡或邻居，有7.3%和8.4%的同学和邻居同时分别又是好友，还有27.9%的同事和5.7%的邻居同时分别又是被访者的远亲。这种较高重合性的群体参与，为人们共同参与许多社会活动提供了条件，这是社会结构造成的，而不是出于人们的主观偏爱。

---

① 在笔者的深入访谈中了解到，许多单位都有限制人才流动的成文或不成文的规定。例如，有些单位规定，那些已经享受福利住房的职工，在调离时应该交出原来的住房，或补足该住房的市场价格与福利价格之间的差额。这些规定在一定程度上阻止了职工的职业流动。在我们的样本中，租住和购买单位住房的被访者占52.4%。

第四，高趋同性和低异质性的社会网络在西方的同类研究中也有发现（Laumann，1973；Marsden，1987，1990），这也许反映了人类社会交往普遍遵循着同质性原理。人们倾向于与自己年龄类似、教育相同、职业相近、性别相同以及阶层地位接近的人交往，这可能是人类的普遍趋势。对于一个涉及一定程度的信任和密切关系的讨论网来说，这些共同特点的形成一定有其深层次的社会结构和文化方面的原因。但是笔者在此无意探讨影响社会网络高趋同性特征的文化心理因素，这些任务应该留给社会心理学家和文化社会学家去做。从结构社会学的角度看，共同的教育背景、职业经历、年龄、性别以及阶层地位，更有助于彼此之间的交往和互动，而互动和交往是产生信任的前提。对于涉及私人社会生活领域的重要问题的讨论网成员，彼此之间的信任是必不可少的。另外，社会经济背景相同的人也可能面临着共同的"重要问题"，从而使他们的沟通和交流更有效。

第二节　网络的关系构成

一　研究结果与发现

北京城市居民的讨论网究竟是由哪些人构成的？在讨论网中扮演主要角色的是亲属关系还是非亲属关系？从表5.1关于亲属关系比例的统计结果可以发现，接近三成（28.6%）的讨论网成员全部是亲属，有四成多（42.9%）的讨论网全部由非亲属组成。就典型的讨论网而言，42%的成员由亲属关系构成。

表5.7详细分析了讨论网成员的关系构成比例。第一列是提到某一特定关系的自我占样本总数的比例；第二列数字代表某一特定的关系在一个典型讨论网中所占的比例，即在全部讨论网中所占的平均比例；第三列数字表示某种特定的亲缘关系在总亲缘关系中所占的平均比例；第四列是某种特定的非亲缘关系在总非亲缘关系中所占的平均比例。

表5.7的统计结果告诉我们，57.1%的调查对象至少提到了1名亲属，71.4%至少提到了1名非亲属；41.5%提到了自己的配偶，41.5%提到了父母、子女、兄弟姐妹等近亲，还有6.9%提到了其他亲属（远亲）；38.9%提到了好友，31.3%提到了同事，13.2%提到了邻居，9.3%提到了过去或现在的同学。这说明在北京城市居民的讨论网中，非亲缘关系比亲缘关系占有更重要的位置。而在亲缘关系中，配偶关系最为重要，它在亲缘关系中的比重是48.3%。子女在亲缘关系中占据第二重要的位置（21.7%），然

后依次是父母（14.7%）、兄弟姐妹（8.4%）和其他亲属（6.9%）。在非亲缘关系中，最重要的是好友，它在非亲缘关系中所占的比重是41.9%，其次是同事（27.6%）、邻居（12.1%）、同学（7.1%）、其他非亲属关系（6.1%）和普通朋友（5.2%）。

表 5.7 讨论网的关系构成

单位：%

	提到一个或以上该种关系的被访者的比例	讨论网成员的关系构成	亲缘关系构成的比例	非亲缘关系构成的比例
亲属	57.1	42.0	100	
配偶	41.5	18.4	48.3	
父母	12.7	6.3	14.7	
子女	20.4	10.9	21.7	
兄弟姐妹	8.4	3.5	8.4	
其他亲属	6.9	2.9	6.9	
非亲属	71.4	58.0		100
同事	31.3	16.5		27.6
同学	9.3	4.1		7.1
邻居	13.2	7.4		12.1
好友	38.9	23.4		41.9
普通朋友	5.5	3.1		5.2
其他非亲属	6.2	3.5		6.1
N	970	970	554	693

如果以某种角色在讨论网构成中的平均比例表示该角色的重要性，那么北京城市居民依次提到的各种角色关系是：好友、配偶、同事、子女、邻居、父母、同学、兄弟姐妹、其他非亲属、普通朋友和其他亲属。

从表5.8提名顺序与讨论网成员的关系构成的分析中可以发现，亲属关系被提到的比例随着次序的延后而降低，非亲属关系则随着次序的延后而提高。结合表5.3提名顺序与密切关系比例的统计结果，我们似乎可以得出这样的初步结论：在一个以讨论重要问题为提名技术的社会网络调查中，人们总是倾向于较早提到与自己关系密切和对自己生活与事业产生较大影响的那些人。

网络关系构成方面的主要发现可以概括为，亲属关系仍然是城市居民核心社会网络的重要组成部分，但是其重要性似乎没有非亲属关系那样显著。在讨论网的亲属构成中，配偶相对于父母、子女相对于兄弟姐妹的地位更加重要。在讨论网的非亲属构成中，好友占有突出的中心位置，同事和邻居的重要性也不容忽视。

表 5.8 提名顺序与讨论网成员的关系构成

单位：%

	第一个成员	第二个成员	第三个成员	第四个成员	第五个成员
亲属	48.4	38.3	28.5	19.4	19.3
配偶	33.3	6.8	2.3	0.8	2.1
父母	5.5	8.0	5.7	2.7	3.6
子女	5.3	16.7	11.5	6.4	2.1
兄弟姐妹	2.3	3.3	5.6	6.8	7.9
其他亲属	2.0	3.5	3.4	2.7	3.6
非亲属	51.6	61.7	71.5	80.6	80.7
同事	25.4	11.6	13.1	14.0	10.7
同学	6.7	2.9	3.4	3.4	1.4
邻居	8.5	6.3	7.5	6.8	7.9
好友	7.8	33.2	36.4	39.8	43.6
普通朋友	1.0	3.9	5.9	7.6	7.9
其他非亲属	2.9	3.9	5.2	9.1	9.3
N	969	909	558	264	140

二 解释与讨论

自 1949 年以来，虽历经政治运动，但并没有从根本上削弱亲缘关系在城市居民社会网络中的主导地位。由于家庭在中国传统社会中占据着中心位置，它一直被许多学者作为分析传统中国社会结构的一个逻辑起点，因此，把亲缘关系视为中国传统社会结构的中心来分析，说不上是什么最新的发现。在有关的经典著作和重要文献中，这种分析到处可见。林耀华（1944/1989：2）指出，"我们日常交往的圈子就像是一个用有弹性的橡皮带紧紧连在一起的竹竿构成的网，这个网精心保持着平衡。拼命拉断一根橡皮带，整个网就散了。每一根紧紧连在一起的竹竿就是我们生活中所交往的个人，如抽出一根竹竿，我们也会痛苦地跌倒，整个网便立刻松弛"。

美国著名的中国学专家费正清（1987：17～19）在分析"中国社会的本质"时也指出，中国的社会单元是家庭而不是个人。Lang（1946：9）也指出："家庭在中国比在世界上的其他任何国家都更被有意识地栽培并因而获得了更重要的地位。"确实，对家庭的义务和忠诚在其他社会从未像在中国那样受到如此的重视，有时中国人对家庭忠诚之重要性的强调甚至被置于国家之上。家庭是传统中国社会秩序得以维持的重要机制（Yang，1959）。我们在这里所关心的，并不仅仅是家庭网、家族网在当代城市社会生活中是否依然存在，更重要的是这个网络是否发生了变化、破裂？如果破裂了它的功能是怎样被替代的？它的历史遗存在现代社会结构的变动和转型中还具有什么样的意义？

可以说，我们的调查统计结果与以往的研究发现既有一致的方面，又有相异的地方。一致的方面表现在，以血缘和婚姻联系起来的家庭、家族关系为主的亲缘关系在城市居民的社会网络中依然占据着最重要的位置。在北京城市居民讨论网的关系构成中，亲属关系的比例高达42.0%（见表5.7）。这个统计结果比1986年天津城市社会网络调查还高出3.1个百分点（Ruan，1993b：table 3.2）。虽然从1949年以来特别是20世纪80年代中期中国推行城市经济体制改革以来，中国城市的宏观经济结构和社会结构发生了较大的变化，但以家庭、家族关系为主线的亲属关系网并未发生重大的变化。中国城市的家庭在人们的生活中仍然占据着最核心的位置。

第一个尤其应该引起注意的重要发现是：在北京城市居民讨论网的亲属关系构成中，按关系构成比例由大到小依次是配偶（48.3%）、子女（21.7%）、父母（14.7%）、兄弟姐妹（8.4%）和其他亲属（6.9%）。这与中国传统家庭关系网络结构的模式大不相同。人类学家雷蒙德·弗思曾认为传统"社会结构中真正的三角是由共同情操所结合的儿女和他们的父母"构成的（转引自费孝通，1981：65）。在中国传统家庭的几种基本关系中，纵向的亲子关系和靠亲子关系来维持的横向的兄弟姐妹关系在社会交往中占据着举足轻重的地位，而由婚姻缔结的夫妻关系则在这个网络中居于最不重要的位置。这与传统中国人崇尚孝道、维护大家庭中家长权威的观念密切相关。不仅家庭中的大事，甚至自己的重要问题都要首先征求父母的意见。以血缘为纽带的纵向的亲子关系不仅重于以婚姻为基础的配偶关系，而且前者支配着后者。在北京调查中，配偶关系不仅上升到社会网络构成中的第一位，而且其在关系构成中超出其他关系的比例非常明显。这种社会网络构成模式的巨大变化的原因有以下几点。第一，城市的家庭结构发生了很大的变化。在北京样本中，以夫妻及其未婚子女构成的核心家庭占据绝对的支配地位（65.4%），扩大的核心家庭占 25.6%，而传统意义上的大家庭即主干家庭或联合家庭等退居次属地位（仅占 4.6%）。在核心家庭中，夫妻关系和亲子关系自然成为家庭关系的轴心。第二，自 1949 年开始的历次妇女解放运动及推行的男女平等的经济与社会政策，使大部分城市女性的社会角色发生了很大的转变，从而也使妇女的经济和社会地位不断提高，成为中国经济和社会发展中一支不可忽视的力量。配偶关系在城市居民社会网中占据突出重要的位置即妇女经济、政治和家庭地位显著提高的表现之一。第三，城市经济体制改革的逐步推进，又恢复了家庭的部分经济功能，表现在以家庭或家族为经营主体的个体、私营或民营企业在 20 世纪 80 年代中期以后获得了蓬勃发展。家庭经济功能的发挥，通常首先是以核心家庭而不是大家庭作为经营单位的。即使在由几个家庭共同经营的经济实体中，也往往以独立的小家庭作为基本的经济核算单位。在家庭事务的决策上，夫妻具有几乎平等的发言权。因为在家庭经济实体的投资和经营中，夫妻双方是作为共同的合伙人或参与者的身份出现的。总之，夫妻关系在城市社会网络中的地位上升必然伴随着以血缘为纽带的亲子关系（包括父母和子女关系、兄弟姐妹关系）相对重要性的下降。

第二个值得注意且与以往研究不同的发现是，北京城市居民的朋友关系（包括好友和普通朋友）在讨论网中的构成比重之高超出了我们事先的想象。朋友关系不仅在整个讨论网中的重要性居首，其在整个讨论网中的重要性（按构成的占比计算）也超过配偶和父母，而且在非亲属关系的构成中其重要性也远在同事关系之上。同其他关系类别相比，朋友关系的界定不像其他关系那么明确（例如，亲属关系是按照血缘联系和婚姻关系来界定的，同事关系是按照共同的工作地点和类似的工作任务来界定的，邻居关系和同乡关系是按照居住或出生地的地理邻近来界定的，志愿团体成员是按照参与共同的活动或拥有共同的团体成员资格来界定的，参见 Van der Poel, 1993b: 9-15; Ruan and Zhang, 2000），带有很强的感情色彩和主观意义。虽然普通朋友的界定可能是"剩余标签"（residual label）的结果（Fischer, 1982），但是，对于调查对象所提出的好友（最好朋友），则不可能是找不到具体称谓来描述这种关系的结果（Ruan and Zhang, 2000）。西方的研究表明，朋友的功能是特殊的而不是普遍的，朋友在情感支持和社交陪伴方面的功能比在工具性支持方面更重要（Fischer, 1982; Wellman and Worthley, 1990）。因此，我们可以把具有深度的情感、同质性的社会特征和特殊功能的关系称为朋友（Ruan and Zhang，2000）。

那么，朋友关系（特别是好友）在城市居民社会网络中所占据的重要性上升的意义是什么呢？第一，社会交往机会的增加，使人们真正冲出了家庭生活的小圈子。毫无疑问，20 世纪 80 年代中期开始实施的对外开放和对内改革政策，从宏观层次上促进了中国社会结构的转型。各种社会娱乐、休闲服务场所的大规模发展（比如社区活动中心、体育场馆、健身俱乐部、歌舞厅、酒吧和网吧等）以及各类志愿性团体（比如各种专业性团体、志趣性团体）的大量涌现，使人们在家庭和工作单位以外建立新的社会联系并进而发展为密切关系的可能性大大提高。休闲活动场所和社会团体的增多，自然为人们创造了更多的交往机会。一般而言，每一种休闲场所和志愿性社会团体所吸引的成员在社会人口特征和经济地位方面都具有一定的类似性。比如，经常参加健身俱乐部活动的多是那些年轻的、受过较好教育的白领人士，时常参与高尔夫运动的则是事业上相当成功的企业家或上层白领、政府官员。这些成员在性别、年龄、职业、受教育程度等方面的趋同性自然大于那些非成员。以前的研究发现，在具有相同的年龄、性别、种族、宗教信仰和类似的社会经济地位的人之间最可能发展朋友关系（Laumann，1973；Blau，1977a；Marsden，1987）。同先赋性的亲属关系相比，朋友关系是后天获致的结果。此外，同亲属关系相比，朋友之间的关系更趋于平等和均衡，如果说朋友之间存在种种的社会交换，那么这种交换更可能是互惠式的。

第二，中国城市单位制度和单位组织的弱化，使原来由同事关系在非亲缘关系网络乃至整个社会网络中占据主导地位的状况有所改变（这点将在下面论述同事关系重要性的部分详细解释）。在一个由比例表示的社会网络的关系构成中，一种关系比例的上升必然带来其他类型关系比例的相对下降。在目前的研究中，作为非亲缘关系重要组成部分的同事关系和朋友关系，前者重要性的下降自然会引发后者重要性的相对提升。[①]

第三个需要讨论的重要发现是，同事关系在社会网络关系构成中的相对重要性显著下降。在 1986 年和 1993 年的天津城市社会网络调查中，同事

---

① 在控制网络规模的条件下，讨论网中同事关系和好友关系的偏相关系数为 −0.223（p = 0.000）。在非亲属关系的构成中，除了上面提到的朋友关系和同事关系，还有同学关系、邻居关系和其他非亲属关系。与以前同类研究的对比发现，同学关系和邻居关系在非亲属关系和整个社会网络中所占的比例几乎没有差别（阮丹青等，1990：9；Ruan et al.，1993b：table 3.2）。

关系分别占典型网络构成的 44% 左右（Ruan, 1993b: table 3.2; Ruan et al., 1997: 81）。笔者以为，同事关系重要性下降的主要原因是，这种关系赖以存在的基础——中国城市社会的单位制发生了较大的变化。

曾经有许多中外学者对中国转型之前的城市单位组织、单位现象、单位地位进行了深入的研究和考察，他们认为单位是认识中国社会结构，特别是城市社会结构独特性的一个重要视角。单位组织发挥着经济、政治和社会等方面的综合功能（Walder, 1986; 路风, 1989; Lin and Bian, 1991; 谭深, 1991; 于显洋, 1991; 李汉林, 1993; 李路路, 1993; Bian, 1994a; 李猛、周飞舟、李康, 1996）。在改革之前的中国城市社会，大多数社会成员工作于大大小小的单位组织中，由于单位组织赋予"单位人"社会行为的权力、身份和合法性，满足他们从生存、安全、发展、自尊以至自我实现的全面需求，并代表和维护他们的利益，从而控制他们的行为，进而形成了组织依赖国家、个人依赖单位组织的双重依赖，国家也依赖于形形色色的单位组织来实施控制整个社会的宏观目标（李路路、李汉林, 2000: 2~4）。在转型之前的中国城市社会，人们只要进入一个单位，特别是国有和集体单位，那么他就获得了终身的保障，在生活必需品短缺的计划经济体制下，许多单位实际上被称为一个个规模不等的小社会。单位组织为其成员提供的福利或保障涵盖了生存和发展的各个方面，可以概括为"从生包到死""从头包到脚"的全方位保障（潘允康、张文宏, 1995: 第14章）。有学者对20世纪80年代天津城市单位组织的研究表明，工作单位为其雇员所提供的福利项目高达21种之多（Ruan, 1993b: table5.1）。① 另外，单位组织实际存在的社会关系网络，直接决定了单位人的利益和行动策略，特别是在单位组织中普遍存在的"领导"和"下属积极分子"之间的庇护或依附性关系，与对中国共产党及其占统治地位的意识形态的忠诚密切结合，形成了单位体制中经济与社会资源分配的"有原则的特殊主义"，存在于单位组织内部的上下级之间、同事之间的关系网络就构成

---

① 单位为其雇员提供的福利或帮助包括开办食堂、浴室、医务室、图书馆、托儿所、免费假日旅游、文化中心、零售商店、幼儿园、体育运动队、运动场、理发店、免费交通班车、财政资助、子女就业、困难补助、购买食品、购买日常用品、购买自行车和彩色电视机等紧俏商品、购买其他物品和提供其他资助。其中有些项目的受益雇员在85%以上（Ruan, 1993b: table 5.1）。之所以在当时的调查中，没有涉及福利住房分配这个项目，是因为在20世纪80年代以前的中国城市社会，单位雇员特别是国有单位雇员的住房几乎全部来自政府或由政府直接控制的单位。从单位或政府获得福利住房，在当时的单位雇员看来是理所当然的。

了一种独特的社会结构（Walder，1986）。单位组织中普遍存在的纵横交织的关系网络特别是上下级之间的庇护或依附关系网络是单位人获得单位提供的稀缺资源的一种重要的非制度方式。总之，单位组织对单位人所提供的全方位的保障是单位人对其所属单位产生强烈依赖和服从的根本原因，从而也是转型以前的中国城市社会网络中同事关系占据绝对优势地位的社会结构根源。

但是，随着计划经济体制向市场经济体制的转型及中国政治体制改革的不断深化，一些新的结构性要素逐步产生并日益发展壮大，从而对于高度集中和政治、经济与社会功能一体化的单位制度、单位组织和单位现象造成了冲击，并在一定程度上改变了传统的单位制度。这种改变至少表现在以下几个方面。第一，整个社会逐渐由计划经济向市场经济转型。再分配体制下由国家直接控制和统一分配经济和社会资源的计划体制逐渐松动，而市场或其他资源配置机制，开始在某种程度上成为经济和社会资源占有和分配的可以替代的机制，从而打破了过去由国家及其所隶属的各级单位垄断资源配置的单一方式。资源配置方式的改变或多元化对中国城市单位体制的影响表现为，单位及其单位人获得了更多的"自由活动空间"和"自由流动资源"（孙立平等，1994）。

第二，资源配置方式的改变或多元化，弱化了单位成员或个人对所属单位的依赖性。单位体制和单位组织管理及其运行方式的改变，外资、民营、私营以及各种"无行政级别"或"无上级主管部门"的新型社会组织的不断涌现，使得原来的单位成员有了更多的职业选择和社会流动的自由，脱离了原有单位组织对个人的控制，在一定程度上改变了人才或职工"部门或单位所有制"的状况。职业流动、人口流动和地域迁移的一些政策性限制的松动乃至取消，使真正意义上的社会或阶级阶层流动成为可能。我们的北京城市调查显示，在过去3年，有过职业流动经历的被访者占11.2%，职业流动经历最多的为6次以上。虽然同西方发达国家相比，中国城市职业流动的比例还相当低，但是如果同再分配时代的中国城市社会相比，这确实是一个巨大的变化。同时，市场化的发展，使人们不必依赖单位就能在市场上获得生活必需品，紧俏商品的概念已经成为一种历史。社会保障和社会福利制度的改革，也正在改变过去由单位包办一切的传统方式，个人和单位（或由单位代表国家）共同承担的社会保障模式正在向医疗、失业和养老等专业社会保险领域扩展；住房制度改革的深化，也在某种程度上减少了个人对于单位的依赖。与此相对应，单位对于个人的直接控制范围也正在逐步缩小。对于个人而言，无论是经济资源还是社会资源的获取，除了单位渠道以外，还有其他的制度性或非制度性的途径可供选择。大量个体户、私营企业主、民营企业家和形形色色的自由职业者就是通过脱离单位体制而实现了社会地位和经济地位的提升，这是社会机会结构多元化的直接后果。

单位体制、单位组织和单位现象的弱化而不是完全消失（杨晓民、周翼虎，1999；李路路、李汉林，2000），使得个人对于单位组织的依赖也大大弱化，从而对于中国城市的基本社会结构产生了深刻的影响，表现在微观的社会结构领域，就是同事关系在城市居民社会网络中的绝对重要性下降，同事关系（包括与工作单位中上级和下级的关系）对于个人经济资源和社会资源的获得不再具有至关重要的意义。单位成员也不必为了自己的资源获得或地位提升而处心积虑地在单位中建立并谨慎地经营社会关系网络。从资源获得的角度来看，单位已经不再是满足其成员全方位需要的"小社会"，人们的许多需要可以在单位以外通过市场或社会网络等其他制度化或非制度化的途径得到满足。同事关系重要性的下降，不是城市居民的主观偏爱，而是宏观社会结构变迁为人们提供了更多的选择自由，比如人们可以在单位之外的场所结交更多的朋友。这个发现证明了布劳等提出的社会交往的机会和限制理论在当代中国仍然具有很强的解释力。

当然，我们说同事关系在北京城市居民社会网络中的重要性同市场转型之前相比有所下降，并不意味着同事关系在中国城市居民的社会网络中已经下降到无足轻重的地位。这种关系毕竟在城市居民的典型讨论网中还占据着好友、配偶之外的第三重要的位置，仍然是城市居民相当重视的一种社会关系。这是因为中国由计划经济向市场经济的转型是一个漫长的过程，目前充其量可以称之为"混合经济"或"混合结构"阶段（Nee，1989，1991，1992，1996；Nee and Cao，1999；Szelenyi and Kostello，1996；Cao and Nee，2000）。因此，市场对于单位制度和单位组织的冲击只能逐步地侵蚀再分配权力，市场权力增强和再分配权力弱化是一个此消彼长的缓慢历程。由于日常生活消费日趋社会化和市场化，单位组织提供的日常生活服务资源跟过去相比不再占据重要地位，但是不同的单位组织在提供福利住房（或住房补贴）、医疗和养老保险方面依然存在较大的差别。据统计，1996年北京市约有75.6%的住宅被中央部委机关、各大公司、军队单位等团体集体购买。其中，国有和集体企业分别占集团购买的38%和33%，国家机关和社会团体占29%。在团体购买的住宅中，有88%集中在北京城区的最好地段，而个人购买的住宅有73%位于郊外偏僻地区（转引自李路路、李汉林，2000：39）。住房商品化的改革并没有真正停止单位向其雇员提供福利、半福利或低于市场价格的住宅。在今后相当长的一段时期内，单位组织以市场价购买或自筹资金建设住宅，然后以福利性的价格出售给所属雇员，仍然是一些单位招募人才或稳定现有人才增强单位组织凝聚力的一种主要手段。很多人面对体制外的种种利益诱惑，依然选择留在体制内的单位组织内的主要目的就是获得一套低价住房。另外，在医疗和养老保险的单位承担比例和个人受益的标准方面，单位组织内的个人也比其他体制外的人员享有更多的优惠。还有一个令人瞩目的现象，在单位组织的社会福利社会化和市场化的同时，一些非单位组织，如私营企业、民营企业、外资企业也纷纷仿效传统的单位组织，向其雇员提供免费或低于市场价的住宅、免费出国进修和公费脱产/半脱产进修等奖励措施，以作为吸引人才和留住人才的措施。当然，非单位组织的奖励分配并不是平均主义的，主要考虑雇员的工作业绩，但是也不能否认良好的人际关系和社会网络所发挥的作用。所以，只要单位组织有其存在的土壤，那么作为其表现之一的同事关系在社会网络中占据比较重要地位的事实就不会发生根本的改变。

最后谈一下邻居在讨论网构成中的意义。按照平均占比计算，邻居在整个讨论网位居第五，在非亲属关系中位居第三（见表5.7），说明这种以地理邻近为基础的非亲属关系在城市居民的核心社会网络中仍然占有重要的一席之地。在操作化测量中，我们将邻居界定为与被访者认识且居住在同一座楼宇、同一小区或附近步行可及范围内的人员。按照社会交往的机会与限制理论和理性选择理论，居住距离的比邻确实为人们之间的频繁交往和建立密切关系提供了便利条件。与距离遥远的潜在网络成员相比，与近在咫尺的人的交往节省了长途跋涉的交通费用以及电话交流的费用，是一种成本较低、获益较大的交往方式。北京样本显示，在目前的楼宇或小区居住时间在11年以上的占59.1%（更有15.8%的被访者在现住房居住时间在30年以上），在目前住房居住3年以下的仅占10.8%，另有29.9%在现住房居住了4～10年。长期居住在一个邻里为城市居民与邻居建立密切的关系提供了机会。在深入访谈中，笔者发现城市居民与邻居的交往多数是偶遇性质的，而非一种刻意的安排。共同的居住环境使他们有可能在小区散步、健身活动或附近市场的购物以及社区组织的志愿活动中相遇。与邻居的偶遇也成为城市居民讨论重要问题的一种重要环境。

邻居作为城市居民社会网络中一种重要关系的深层原因可能是城市单位制的持续影响。如上所述，单位制度在中国城市社会的作用仅仅是有所削弱，但远远没有消失。在现阶段，单位制度的一个重要功能就是为职工提供低于市场价格的福利住房。北京城市样本中，居住单位住房（包括租赁和购买单位住房）的被访者占52.4%。由于住房是由单位提供的，同事往往也是他们的邻居。对于关系多重性的分析也表明，15.5%的同事、14.8%的同学、9.7%的朋友（包括好友和普通朋友）以及5.7%的远亲与被访者同时又是邻居关系。[1] 邻居与各种关系的重合性质，从一个方面说明了中国城市居民社会网络的复合和冗余特征。在一个以关系密切程度和信任程度为基础的核心讨论网中，邻居与各种角色的重合性质为城市居民建立和维持其牢固的社会支持系统提供了多重保证。

第三节　重要问题的内容

仅仅分析网络规模、网络密度、异质性与趋同性等结构指标及网络的关系构成，并不能全面地把握城市居民社会网的全貌。似乎以往的研究多注重从网络的结构特征和关系构成方面来理解一种社会网络的特质，而关于重要问题的内容则是过去所有以讨论网为主题的社会网络研究所忽视的。社会网络分析在某种程度上招致批评，在一定程度上也与它忽视对网络内容或网络性质的研究有关。某些批评者非难社会网络分析仅仅是一种方法论，缺乏对实质问题的应有重视；另外一些研究者则避开了它的独特术语和技术，仅仅在隐喻的意义上使用社会网络的概念；一些分析者和实践者，将网络分析误解为许多专业术语和技术的一个混合体；一些人把它硬化为一种方法论，而另外一些人则把它软化为一种隐喻；还有一些人嘲笑社会网络分析并没有什么新东西，只不过是"新瓶装旧酒"（Wellman，1988：19－20）。对网络分析的最经常和最激烈的批评，认为它是由"没有理论的方法"构成的（Berkowitz，1988：492）。甚至有学者认为"网络分析，它拥有一套强有力的描述社会结构的技术，尽管前景可观，但是没有多少理论。网络社会学的方法论很精致，但它明显不是理论"（Turner，1986：288）。因此，通过对讨论网内容的分析，可以帮助我们理解北京城市居民

---

[1] 在讨论关系构成的分析中，我们排除了各种关系的重合性。这里将邻居关系与各种关系的重合性列举出来，是为了说明邻居与各种角色关系的交叉性质。

乃至中国城市居民讨论网的实质，有助于我们对于中国城市居民社会网的性质做出初步的判断。

根据第四章第二节的分类标准，笔者将自我与他人所讨论的重要问题分为"工具性问题"、"情感性问题"、"社交性问题"和"混合性问题"，依此对北京城市居民的讨论网究竟是以工具性为主、情感性为主还是社交性为主的网络做出初步的判断。到目前为止，国内外的同类研究还没有做过类似的尝试。

从表5.9的统计结果可以发现，北京城市居民与讨论网成员谈论单纯工具性问题的占26.1%，交流单纯情感性问题的占6.2%，单纯沟通社交性问题的占3.8%，而兼具工具性、情感性和社交性功能的混合性问题则高达63.9%。以前关于朋友网络之活动内容的相关研究发现，共度休闲时光的目的通常是增进参与者的情感或友谊（Goldthorpe，1980/1987）。在此意义上，如果我们可以将社交性问题与情感性问题合并，那么很明显，北京城市居民与其网络成员讨论的问题主要与混合性问题和工具性问题有关。换言之，北京城市居民的讨论网是一种兼具工具性和情感性功能的混合型的社会网络。

从提名顺序与讨论问题的分类统计结果中（见表5.9）还可以发现一个有趣的现象：按照讨论问题的性质来看，前三个成员与自我讨论的问题几乎没有差别，与样本呈现的结果一致，即讨论网是一个以混合性功能为主的社会网络。但是，从第四个成员开始，明显的趋势是讨论情感性问题的比例急剧下降。相反，讨论工具性问题的比例迅速上升。到第五个成员，讨论网演变成一种以工具性支持为主、混合性功能为辅的网络。

表 5.9　重要问题的内容

单位：%

重要问题的内容	样本总体	第一个成员	第二个成员	第三个成员	第四个成员	第五个成员
工具性	26.1	12.2	13.4	13.8	45.0	74.8
情感性	6.2	6.0	6.2	6.5	3.9	1.5
社交性	3.8	2.3	4.9	5.6	3.1	1.1
混合性	63.9	79.4	75.5	74.1	48.1	22.6
N	950	947	872	537	387	456

第四节　讨论网中的差序格局

费孝通的"差序格局"理论提出以后，除李沛良（1993）运用香港的调查资料和边燕杰（边燕杰、李煜，2000；Bian，2001）运用内地城市的调查资料进行了初步的验证之外，其他研究多是在隐喻而非实证的意义上为这一理论发掘现代依据。在以讨论重要问题为主题的社会网络研究中，从未有研究者对"差序格局"所隐含的理论假设进行实证检验。[①] 那么在一个以讨论重要问题为主题的中国城市居民的社会网络中，是否存在费孝通所描述的那种差序格局或李沛良所提出的"工具性差序格局"模式呢？

一　研究假设、研究结果与发现

根据费孝通的原始诠释和李沛良的实证研究，我们提出如下假设。

H 5.1：人们首先会选择那些与自己关系密切的人作为自己讨论网的成员，即与自我关系越密切的人，越可能较早进入自我的提名名单。

H 5.2：与自我的关系持续期越长的人，越可能被自我较早地选作讨论网的成员。

H 5.3：与自我交往频率越高的人，越可能较早地进入自我讨论网的提名名单。

H 5.4：人们提名的顺序有可能沿着家人、近亲、远亲和非亲属的差序由里及外、由近及远推延。

H 5.5：作为一个讨论个人重要问题的社会网络，所讨论问题的情感性内容和混合性内容随着提名次序的延后而逐渐减少，而工具性内容则逐渐增多。

从表5.3可以发现，自我与讨论网中亲属的关系密切比例从第一位的97.2%降低到第五位的74.6%，自我与讨论网中非亲属的关系密切比例也从第一位的93.2%降低到第五位的76.0%。在全部有效样本中，关系密切的比例从第一位的94.7%降低到第五位的77.6%。自我与各种亲属角色和

[①] 造成这种状况的可能原因是，社会网络分析的理论和测量工具源于西方，西方学者多数秉承"西方文明中心论"，除了少数中国问题研究者，鲜有汲取非西方国家学者的学术成果。而"差序格局"理论纯粹是本土化的产物，加上社会网络分析的理论和研究方法被中国本土学者引入的时间较短，从而使得将西方测量工具与本土化的"适切"问题结合起来的研究非常罕见。本节关于社会网络中的差序格局的研究也许可以在这个方面可以有所建树。

非亲属角色的密切关系比例也都随着提名次序的延后而降低。上述的第一个假设得到验证,亦即与自我关系越密切的人,越可能被自我较早地提名为讨论网的成员。

表5.4的第一部分结果表明,与自我认识6年以上的讨论网成员的比例从第一位的86.1%降低到第五位的80.3%,而与自我认识不足3年的比例则基本上显示出随提名次序延后而提高的次序,从第一位的4.1%上升到第四位的7.6%。介于中间的与自我认识3~6年的比例在各提名次序中基本保持不变。这个结果证明了第二个假设:与自我的关系持续期越长的人,越可能被自我较早地选作讨论网的成员。换言之,与自我的关系维持时间较长的人构成了讨论网成员的主体。

从表5.4的第二部分结果可以发现,每天与自我有交往的比例从第一位的63.0%下降到第五位的38.0%。而与自我交往至少每月一次和少于每月一次的比例分别从第一位的8.9%和3.4%上升到第五位的16.9%和9.9%。上述结果说明与自我交往频率越高的人,越可能较早地出现在自我的讨论网提名名单中。相反,与自我交往频率越低的人,被自我较早选作讨论网成员的机会越少。这个结果支持了第三个假设。

表5.8的结果表明,提到亲属的比例从第一位的48.4%下降到第五位的19.3%,提到非亲属的比例则相应地从第一位的51.6%上升到第五位的80.7%。从第一位提名的各种亲属关系的相对比例来看(表5.8第一列数字),比例的大小反映了各种亲属关系在自我心目中的相对重要性,基本上沿着由近及远路线从配偶、父母、子女延伸到兄弟姐妹和其他亲属(远亲)。

非亲属关系的提名次序比较复杂。就非亲属关系占有最重要地位的同事而言,提到这种关系的比例从第一位的25.4%急剧下降到第二位的11.6%,此后则基本维持不变的比例。就好友和普通朋友来说,这两种获致性关系的比例随着提名次序的延后而不断上升。好友和同事在整个讨论网中的比例分别为23.4%和16.5%(见表5.7)的事实说明家庭之外的各种获致性社会关系正在发挥越来越大的社会支持功能。第四个假设也大致上得到证实,不过在非亲属中各种关系的提名次序没有呈现一致的模式,可能与各种关系的性质不同和所发挥的不同支持功能有关。

我们再看表5.9的结果,自我与网络成员所讨论的工具性内容从第一位成员的12.2%上升到第五位的74.8%,混合性内容则从第一位的79.4%下降到第五位的22.6%。情感性内容所占的比例从第三位以后开始下降。社交性内容比例的变化则相对复杂，从第一位到第三位逐步上升（从2.3%到5.6%），然后从第四位开始下降（从3.1%到1.1%）。这个结果与第五个假设的预测结果基本一致，也与第一个假设的预测相关，即人们可能优先与关系密切的成员讨论情感性问题和混合性问题，而与那些关系不太密切的成员讨论工具性问题。

这个发现与前面关于提名顺序与网络密度及关系构成的发现具有某种一致性：最早提到的网络成员，通常是与自我关系特别密切的人，即认识时间较早、关系持续期较长及交往频率较高的人，与这些人所讨论的问题也通常是与自己的个人情感或友谊直接相关的"重要问题"。而那些提名顺序排列在后的成员，相对而言与自我的关系不那么密切，因此讨论的问题并不那么具有隐私性和个人性。由此可以说，关系密切的程度决定了讨论问题的性质甚至一种社会网络的性质。

二 解释与讨论

从上述关于讨论网中的差序格局的分析中可以发现，提名顺序与网络密度、交往频率和所讨论的重要问题的性质相关。与自我关系越密切的人，越会较早进入自我的网络提名名单。与此相关的是，关系持续越长久和交往频率越高的人，越早成为自我的讨论网成员。同时，越早提到的网络成员，与自我讨论的问题越可能是混合性的。工具性内容随着提名的延后而增加，而情感性内容则随着提名的延后而减少。上述研究发现在很大程度上验证了费孝通先生在半个世纪以前提出的用于描述中国传统社会结构的"差序格局"理论。北京城市居民讨论网的提名顺序，在另外的意义上也说明，不仅在工具性行动中存在一种由亲到疏、由近及远的差序格局（如李沛良所证明的那样），而且在包含工具性、情感性和社交性内容的混合性功能的讨论网中也存在大致相同的模式，这也许是差序格局理论的现代扩展。其实，费孝通自己也承认，传统中国社会关系的差序格局是工具性和道德性责任感的统一（费孝通，1949/1998：33）。人们优先提名那些与自我血缘关系密切的家人和近亲，也许是亲属之间有较强的道德性责任感的体现。

但是，请注意，我们在讨论网提名次序中所发现的差序格局跟费孝通先生50多年前的发现又有所不同。在费孝通的中国乡土社会的差序格局中，主轴在父子之间、婆媳之间，是纵向的而非横向的关系，夫妇则是配轴，其次才是兄弟姐妹和其他远亲（费孝通，1949/1998：41）。而在北京城市居民的讨论网中，配偶关系成为主轴，其次才是父母、子女、兄弟姐妹和其他远亲。如果我们按照各种亲属关系在总体讨论网中所占的比例排列先后次序，则是配偶、父母、子女、兄弟姐妹和其他亲属（见表5.8）。各种亲属排列次序的变化实际上反映了中国家庭结构的巨大变迁以及由此引起的家庭重心的转移，这种变化本质上是由中国宏观社会结构变迁所直接导致的。

总结上述关于提名次序与差序格局的研究发现，关系密切程度、关系持续期、交往频率是人们是否与某个社会成员建立和维持核心社会网络关系的关键因素。人们按照配偶、父母、子女、兄弟姐妹、其他亲属的差序形成自我的重要问题讨论网络，在很大程度上也与这些角色和自我有不同密切和信任程度的关系相关。在一个以个人重要问题为重心的讨论网中，人们是否选择某人作为网络的核心成员，在很大程度上考虑的是与该人的关系是否密切、是否可以信任。因为高度密切和可以信赖的关系，可以保证将具有个人隐私性质的信息和问题的传播范围控制在最小的范围之内，从而维护个人的尊严和面子。以家庭伦理为基础的亲、熟、信三位一体的义务交换关系是中国人关系网络的根本特征（梁漱溟，1949/1987）。一般而言，亲属关系比非亲属关系更能体现亲密、熟悉和互信的一体化特征。这就不难理解为什么在北京城市居民的讨论网中亲属关系占有如此重要的地位。

北京讨论网差序格局中重心从纵向的父子关系向横向的夫妻关系的转移，从大家族中的兄弟姐妹关系向小家庭中的亲子关系的转变，并没有改变社会网络以自我为中心的特征，只不过自我的中心从大家族转向核心家庭。实际上上述研究发现证实了李沛良"工具性差序格局"的第一个命题，即社会关系是自我中心式的。李沛良所提出的"工具性差序格局"的其他4个假设没能在北京的调查资料中得到证实，可能与北京讨论网是一个以混合性功能为主，兼具工具性、情感性和社交性的核心网络有关。一个性质有很大差别的社会网络研究项目，自然不能验证在迥异的背景下所提出的理论假设。边燕杰（Bian，1997，1999；Bian and Ang，1997）关于社会网络与职业流动的研究发现，无论是在劳动力市场高度发达的资本主义体制下的新加坡，还是在劳动力市场刚刚处于孕育阶段的社会主义体制下的中国天津，求职者总是通过直接的强关系或通过强关系做中介获得地位较高、报酬优越的工作。天津调查表明，在提供实质性帮助的人中，四成以上是被访者的亲属，接近两成是朋友，七成以上与被访者的关系非常熟悉和比较熟悉。这些研究结果实际上验证了"工具性差序格局"理论中的两个命题，即人们建立关系时主要考虑的是有利可图，所以亲属和非亲属（比如朋友）都被纳入自我的社会网络中；关系越密切，越可能被自我用来达到实利性的目标。一些学者对中国农村的观察发现，关系的亲疏受到血缘远近和互惠原则的双重影响。拟亲缘关系本质上是一种"感情+利益"的关系（杨善华、侯红蕊，2000）。在城市正式组织中也存在亲缘关系泛化，"哥们儿""姐们儿"称谓普遍流行的现象（王思斌，1999）。实际上，这些典型调查为"工具性差序格局"的主要假设提供了新的佐证，只不过是在深入观察或个案研究的意义上。如果将讨论工具性问题的样本单独分析，或未来以工具性行动为主题进行社会网络研究，很可能会为"工具性差序格局"理论的相关假设提供新的论据和实证资料。

第五节 社会网络各指标之间的关系

一 研究结果与发现

笔者在第四章第二节有关社会网络指标的界定和操作化时曾经谈到，社会网络各种指标之间是相互关联的，特别是网络规模和亲属关系比例这两个指标与其他指标之间有着密切的联系。表 5.10 显示了北京城市居民讨论网的网络密度、异质性、趋同性等指标与网络规模和亲属关系比例的相关程度。

从表 5.10 的结果可以发现，网络规模与亲属关系比例、网络密度、密切关系的比例、职业趋同性等指标呈负相关，与互不认识的关系比例、所有的异质性指标及职业趋同性之外的趋同性指标呈正相关。规模较大的网络自然可能包括相互关系不太密切的成员，它的群内选择比例（趋同性）也会较低，而网络成员间的异质性指数则会较高。

亲属关系比例与网络密度、密切关系的比例、职业和阶层之外的异质性指标呈正相关，与所有的趋同性指标、职业和阶层异质性以及互不认识的关系比例呈负相关。前述关于关系种类与关系密度的结果也表明（见表 5.3），亲属之间的关系比非亲属之间的关系更密切，而亲属关系的重要性在人们建立相对密切的人际关系时往往会减少他们对各种社会背景差异或是类似的考虑。北京城市居民的网络规模和亲属关系比例及其他网络特征与其他学者对中国天津和美国的比较研究结果类似（阮丹青等，1990；Ruan，1993a）。

表 5.10　网络规模和亲属关系比例与讨论网其他特征的相关系数

	亲属关系比例	网络规模
亲属关系比例	—	-0.139**
互不认识的关系比例	-0.257**	0.064
密切关系的比例	0.358**	-0.100**
网络密度	0.228**	-0.087**
性别异质性	0.373**	0.086**
年龄异质性	0.526**	0.072*
教育异质性	0.275**	0.137**
职业异质性	-0.024	0.188**
阶层异质性	-0.033	0.154**
性别趋同性	-0.683**	0.130**
年龄趋同性	-0.350**	0.003
教育趋同性	-0.251**	0.012
职业趋同性	-0.212**	-0.008
阶层趋同性	-0.120**	0.020

* $p<0.05$，** $p<0.01$（双侧检验）。

从表 5.10 我们还可以看到，网络规模和亲属关系比例这两个指标对于社会网络的其他特征有着显著的影响。这就提示我们在分析社会网络的其他特征时，必须考虑到这两个因素的作用，这样才能确定不同群体（或本书所关注的不同阶级或阶层）的社会网络特征的差异不是由网络规模或亲属关系比例的不同造成的，而是真实存在的。

以前的研究显示，社会网络特征的差异性受到不同类别的社会关系的显著影响（例如，Feld，1981，1982；Marsden，1990；Ruan，1993b）。那么，在北京城市居民的讨论网中，社会网络的结构特征与角色类别的关系是怎样的？表 5.11 呈现了北京城市社会网络调查与以前研究的一些共同特征。

从表 5.11 可以发现，将角色关系引入回归方程以后，网络规模对于除性别异质性和关系强度以外的各种指标的影响都是正向的，与表 5.10 所揭示的基本趋势相同。但是，在统计学上具有显著影响的仅仅有性别、年龄与职业趋同性及网络密度，即网络规模越大，自我越可能选择在性别、年龄和职业方面与自己类似的人讨论重要问题；网络规模越大，网络成员之间的网络密度越高。但是，网络规模对关系强度的影响是负向的。

亲属关系对于年龄和阶层趋同性、职业之外的各种异质性指标、网络密度和关系强度均具有正向的显著影响；同事和朋友关系对于各种网络指标的影响都是正向的，但是对于年龄和教育异质性的影响并不显著；同学关系对于性别、年龄、教育和阶层趋同性指数及职业和阶层异质性、网络密度具有显著的正向影响；邻居关系提高了自我在性别、年龄、教育趋同性方面的选择，也使网络成员之间的职业和教育异质性指数提高，同时也提高了网络密度和关系强度；其他（非亲属）关系的增加提高了自我在性别、年龄、教育和阶层方面的趋同性指数以及网络成员之间的阶层异质性指数，也使网络密度更高。[1]

二 解释与讨论

下面择要解释一下几种主要的角色关系对社会网络特征影响的方式和强度。亲属关系除了对年龄趋同性和阶层趋同性有显著的正向影响，对于其他趋同性指标（性别、教育、职业趋同性）的影响在统计意义上并不显著，这说明当人们的社会网络中亲属规模增大时，并不会影响其在性别、受教育程度和职业三个方面群内选择的可能性，但是会明显提高在年龄和阶层方面的趋同性程度。如前所述，配偶是北京城市居民讨论网中最重要的一种角色，而配偶的性别必然与己不同。亲属所从事的职业可能与己不同，但是可能属于同一个阶层。这从某种程度上印证了多次被社会分层学者证明的亲属之间特别是近亲之间阶层地位的传承特征（Peng，2001）。当调查对象将亲属选作其讨论网的成员时，首先考虑的是与他们的关系是否密切，而对于与他们在性别、受教育程度和职业地位方面是否属于同一群体则不大关注，从自我与他人之间和网络成员之间的网络密度和关系强度随亲属规模扩大而增加的结果可以发现这一点。同时，随着亲属关系的增加，网络成员的性别、年龄、教育和阶层异质性指数都有不同程度的提高。

---

[1] 各种网络特征指标对网络规模的单独回归分析结果显示（表5.11未报告），网络规模对于各种网络特征的独立解释力为0.4%~24.2%。在将角色关系引入回归方程以后，模型的综合解释力明显提高，为5.9%~60.5%。剔除网络规模的独立解释力，由角色关系所增加的解释力为5.5%~36.3%，从这里我们不难发现角色关系对于社会网络特征的独立影响。

表 5.11 网络特征的回归分析

	性别趋同性	年龄趋同性	教育趋同性	职业趋同性	阶层趋同性	性别异质性	年龄异质性	教育异质性	职业异质性	阶层异质性	网络密度	关系强度
常数项	0.653***	0.708***	0.549	0.097	0.019	0.155***	3.349***	0.724***	0.080***	0.004	−0.903***	0.487***
网络规模	0.144**	0.029**	0.028	0.047**	0.009	−0.009	0.044	0.048	0.00005	0.291	0.129***	−0.006
亲属关系	−0.036	0.069*	0.074	−0.065	0.257***	0.221***	3.920***	0.632***	0.004	0.002***	1.125***	0.145***
同事关系	0.979***	0.870***	0.667***	0.532***	0.602***	0.139***	0.588	0.068	0.118***	0.065***	1.482***	0.068***
朋友关系	0.578***	0.539***	0.373***	0.266***	0.335***	0.046***	0.257	0.120	0.084***	0.077***	0.935***	0.055***
同学关系	0.486***	0.720***	0.685***	0.083	0.292***	0.053	−0.449	−0.126	0.093***	0.076***	0.919***	0.047
邻居关系	0.474***	0.357***	0.122*	−0.030	0.013	0.027	0.608	0.408***	0.096***	0.029	0.777***	0.063***
其他关系	0.553***	0.412***	0.171*	0.090	0.167*	0.043	0.331	0.027	0.029	0.062***	0.502***	0.012
R^2	0.608	0.426	0.217	0.214	0.216	0.251	0.342	0.144	0.094	0.066	0.383	0.144
修正后的 R^2	0.605	0.422	0.211	0.209	0.211	0.246	0.337	0.138	0.087	0.059	0.379	0.138
F-Test	179.14***	100.09***	54.46***	38.71	39.24	47.61	73.21***	23.52***	14.68***	10.03***	88.19***	23.93***
df	7	7	7	7	7	7	7	7	7	7	7	7
N	815	953	815	1003	1003	1003	994	985	1003	1003	1003	1003

* $p < 0.05$，** $p < 0.01$，*** $p < 0.001$（双侧检验）。

注：作为因变项的网络趋同性的各个指标、网络密度以及作为自变项的网络规模和关系内容项使用的绝对测量。表中报告的是非标准化的回归系数。而网络异质性指标使用的是相对测量。例如，亲属关系的规模。

同事关系对于趋同性指标、网络密度和关系强度的影响均是正向的。一个人的社会网络中，同事关系的增加提高了网络在性别、年龄、教育和职业等方面的群内选择及其网络密度和关系强度，这很容易理解。因为类似的教育背景是他们成为从事相同职业的必要前提，而从事相同职业的人也有可能处于生命周期的相同阶段。同事之间的频繁互动是造成较高的网络密度和关系强度的一个重要原因。但是，同事关系的增加同时也增加了网络成员之间的职业异质性指数，这有点令人费解。我们猜想，这可能是由于在对"同事"的操作化界定中，不仅包括现今与自己共事的同僚，也包括自己现在和以前的雇主、雇员、上司和下级，还包括过去和现在的生意伙伴。随着时间的变化，自己或过去的同事和生意伙伴的职业地位可能发生了变化，况且"同事"的类别中还包括自己的上级、下级。即使现在仍然与自己的下级或上级共事，但是有可能从事性质完全不同的工作。从比较宽泛的意义上界定"同事"，也许是同事关系使职业异质性指数微弱提高的原因。如果将过去的同事和雇主、雇员剔除出同事的类别，也许同事关系会降低职业异质性指数。另外，在统计学意义上，同事关系的增加对教育和年龄异质性的正向影响并不显著。

　　朋友关系对所有网络趋同性指数的影响都是正向的，说明人们倾向于与在性别、年龄、受教育程度和职业地位等方面和自己相同或类似的人发展友谊关系，这个发现用中国城市居民讨论网的资料再次验证了由布劳和 Laumann 提出并用美国城市成年劳动人口中的"最好朋友网络"调查资料基本证实了的社会交往的同质性原理。这也许说明社会交往的趋同性选择是人类的一种普遍倾向。虽然朋友关系也会增加网络成员之间的职业异质性，但是其影响强度不像趋同性那样明显。讨论网中的朋友关系主要是提高了网络的趋同性，至于朋友关系对网络密度和关系强度的影响，虽然是正向的，但是其强度也不像亲属关系和同事关系那样显著。[①]

　　社会网络中的同学关系对性别、年龄、教育和阶层趋同性指数有显著的正向影响，对职业和阶层异质性也有显著的正向影响，对于网络密度的影响也是正向的。但是同学关系对职业趋同性和性别、年龄、教育异质性及关系强度的影响则不显著。毋庸赘述，无论是昔日还是当下的同学，必然在生命周期的类似阶段接受相同的教育。特别是 20 世纪 70 年代末期中国

---

① 虽然好友的网络密度与亲属相当，高于同事的网络密度，但是此处的回归分析将好友和普通朋友合并，因此其密度必然大大降低。在单独类别的网络密度分析中，普通朋友的指数是最低的，见表 5.3。

恢复高等学校入学统一考试以后，文凭重新成为社会地位提升和职业地位上升的一个重要条件。相同的教育背景是同学关系在社会阶层结构中占据相同或类似位置的重要结构性因素。但是，在年龄和教育方面同属于一个群体并不意味着他们必然从事类似的工作，虽然受教育程度作为任职的一个最基本的人力资本条件。此外，同学关系包括旧日的同窗，比如幼儿园和小学时代的同学。很明显，一个仅仅完成基础教育的调查对象所提到的同学关系之间的职业异质性指数自然较低，而一个受过高等教育的被访者所提到的同学关系之间的职业异质性指数必然较高。与自我的其他网络成员相比，同学关系的增加可能会提高整个网络的职业和阶层差别。同样，同学关系对于关系密切比例的提高有正向影响，因为历经时间考验而延续下来的为数不多的同学关系一般而言是相当密切的。

邻居关系也对性别、年龄与教育趋同性指数以及职业和教育异质性指数有显著的正向影响。作为地理邻近性的产物，邻居关系的形成在中国城市社会中既是制度安排的结果，又是个人选择的结果。在计划经济时期，中国城市居民的住房多数是政府或单位分配的，而住房分配的一个重要标准是人们的工作年资，生理年龄和工作年龄产生了邻居对年龄趋同性显著的正向影响。相反，至于在一个单位内部从事什么具体的职业或工种则是不太重要的一个参考标准。再分配时代的单位福利住房分配，许多单位都有这样的规定：如果夫妻双方在同一个城市工作，那么只能以一方为主（通常是以丈夫为主）解决福利住房的分配。这可能造成了邻居关系对于性别趋同性的正向影响。在转型经济时期，除了依赖政府或单位的福利住房，人们又多了一个选择，即根据自己的货币支付能力来选择住房，也即选择自己的邻居。居住商品房的邻居不一定在职业上相同，但是在收入水平上一定相当。邻居关系对于网络密度和关系强度有显著的正向影响，说明在一个规模不大的核心讨论网中，不仅网络成员与自我的关系非常密切，而且讨论网成员之间的关系也相当紧密。虽然邻居在居住距离上具有得天独厚的优势，但是人们还是优先考虑那些与其关系密切的潜在成员。

小结：关于北京城市居民讨论网的一般特征可以概述为以下几个方面。北京城市居民倾向于和性别相同、年龄相近、受教育程度类似、职业相同和阶层地位相当的人讨论对他们而言重要的问题。与较高的网络趋同性指标相反，网络成员之间的性别、年龄、教育、职业和阶层异质性指数都较低，说明城市居民的社会网络构成存在一种很明显的群体界限，显示出一种很强烈的自我选择和阶层壁垒的倾向；同时，北京城市居民的讨论网是一个规模较小、关系持续期较长、交往频率颇高、关系密切的核心社会网络，不仅自我与讨论网成员的关系非常密切，而且讨论网成员之间的关系强度也相当高；亲属关系仍然是城市居民核心社会网络的重要组成部分，但是其重要性似乎没有非亲属关系那样显著。在讨论网的亲属构成中，配偶相对于父母、子女相对于兄弟姐妹的重要性更加突出。在讨论网的非亲属关系构成中，好友占据显著的中心位置，同事的重要性虽然与20世纪80年代相比有所下降，但仍然是一种十分重要的角色；北京城市居民讨论网是一个以混合性功能为主，兼具情感性、工具性和社交性功能的"核心"社会网络；讨论网中存在一种与提名顺序相关的差序格局，这种格局主要与网络密度及所讨论的重要问题的性质相关：与自我关系越密切的人，越会较早进入自我的网络提名名单。与此相一致的是，关系持续期越长和交往频率越高的人，越早成为自我的讨论网成员。人们提名的顺序沿着从配偶、父母、子女延伸到兄弟姐妹和远亲的差序由里及外、由近及远推延。从所讨论的问题的内容来看，情感性和混合性内容随着提名次序的延后而逐渐减少，而工具性内容则逐渐增多。这在某种程度上验证了费孝通先生在半个世纪以前提出的"差序格局"理论。

第六章
阶层地位对城市居民社会网络结构的影响

第五章对北京城市居民讨论网在网络结构、关系构成、讨论网的性质等方面的一般特征进行了综合分析，以在总体上把握北京城市居民讨论网的基本属性。那么不同阶层的北京城市居民在网络结构、关系构成、讨论网成员的阶层地位选择以及讨论网的性质等方面是否存在显著的差异？如果存在差异，那么造成这些差异的原因是什么？第六章作为本书的中心部分，将集中探讨阶层地位对中国城市居民社会网络结构特征的可能影响方式，检验根据第二章的文献综述和第四章的研究架构所提出的一系列具体的研究假设。笔者将分别从网络规模、关系种类、网络密度、网络异质性、网络趋同性、网络成员的阶层构成、网络的关系构成、网络成员的理性选择模式、讨论网的性质等方面具体分析阶层地位的实质影响。最后总结本章的主要研究发现，并对第二章评述的社会交往的机会与限制理论、理性选择理论、关系强度理论和社会资本理论对不同阶层的中国城市居民社会网络结构的相对解释效力给出一个初步的评估。

第一节 阶层地位对城市居民讨论网特征的影响

本节将首先提出3个具体的研究假设，然后对阶层地位对城市居民讨论网的规模、关系种类和异质性等网络结构特征影响的有关假设进行实证检验，最后就主要的研究发现展开讨论。

一 研究假设

概述以往关于个人社会网络研究与阶级阶层地位分析的文献以及第四

章提出的综合研究架构，我们的中心假设是，"占据不同阶层位置的人具有不同的社会网络结构特征"。根据目前中国社会阶层结构不充分分化的现状，我们预测阶层地位对城市居民社会网络结构特征的影响主要表现在阶层结构的两极。我们的研究假设如下。

假设 6.1：社会网络资本的差异性假设：根据社会资本理论（Lin，1982，2001），在一个分层的社会结构中，越是位居或接近社会金字塔顶端的成员，其控制和获取社会资源的能力越强。以往的研究揭示，无论是在工具性网络还是情感性网络中，规模越大预示着社会资本越丰富。网络规模的大小取决于人们的交往机会，而交往机会受到人们在社会经济等级结构中所占据的高低不同的阶层位置的限制。处在较高阶层位置的成员，由于其在阶层结构的等级制中位居上层，无论是与同一层级还是下层人员的接触机会均较多，所以占据较高阶层地位的成员同较低阶层地位的成员相比，势必拥有较大的网络规模。处于创业阶段的小雇主，因其不明确的阶层定位，并且受到时间和交往范围的限制，在讨论重要问题时，很可能提到更少的网络成员。一个人在讨论网中所提出的关系种类越多，说明他的社会资本越丰富；相反，如果他的讨论网成员全部由某种单一的角色关系构成（如兄弟姐妹），那么其讨论网的社会资本则相对贫乏。关系种类在很大程度上也取决于人们社会交往机会的多寡。较多的交往机会必然导致讨论网关系种类的分布更广泛。同工人阶层相比，其他阶层（专业行政管理阶层、普通白领阶层）成员的网络关系构成更趋向多元化，即各种关系的重叠性更小。因此，在中国社会阶层结构中位居上层的专业行政管理人员将比位居下层的工人拥有更大的网络规模（及非亲属网络规模）和关系种类（及非亲属关系种类）。位于中间阶层的普通白领和小雇主则与工人的差别不大。

假设 6.2："结构洞"的社会资本及交往频率假设：根据伯特（Burt，1992）的"结构洞"命题，网络规模与交往频率呈现负相关关系，与网络中的"结构洞"社会资本正相关（Burt，2001：10-14）。因此，我们预测：同工人阶层相比，专业行政管理阶层和普通白领阶层的交往频率更低，但是前者网络中陌生成员的规模更小。

假设 6.3：网络异质性假设：与假设 6.1 相联系，社会网络资本相对丰富的阶层，其网络构成也往往表现出多元化的倾向。因此，我们假定，按照性别、年龄、教育和职业等异质性指标来测量，专业行政管理人员的社会网络资本将比工人更丰富。

二 研究结果与发现

1. 网络规模和关系种类

在表 6.1 网络规模对社会人口特征和阶层地位的回归分析中，我们首先将自我的社会人口特征——性别、婚姻状况、年龄[①]和亲属关系比例引入回归方程，然后将阶层地位变项引入回归方程，以期发现阶层地位对网络规模影响的独特解释力。另外，由于有约 1% 的被访者提到了 10~50 个讨论网成员，为了使各自变项与因变项（网络规模）之间的关系更好地拟合线性分布，我们对网络规模变项进行对数转换以后再引入 OLS 回归模型（李沛良，2001：262~263）。

表 6.1 网络规模和关系种类的回归分析

	网络规模（log）	亲属规模	非亲属规模	关系种类	亲属关系种类	非亲属关系种类
	模型 1	模型 2	模型 3	模型 4	模型 5	模型 6
男性	-0.157 (0.093)	-0.133* (0.080)	0.010 (0.107)	-0.070 (0.065)	-0.087! (0.063)	0.026 (0.068)
已婚者[1]	0.220! (0.150)	0.314** (0.128)	-0.169 (0.171)	0.179* (0.104)	0.360*** (0.100)	-0.189* (0.109)
年龄	-0.021 (0.023)	-0.033* (0.020)	0.023 (0.026)	-0.007 (0.016)	-0.013 (0.015)	0.008 (0.017)
阶层[2]						
专业行政管理	0.217* (0.105)	0.068 (0.089)	0.298* (0.120)	0.291*** (0.073)	0.064 (0.070)	0.250*** (0.076)
普通白领	-0.055 (0.134)	0.112 (0.114)	-0.028 (0.153)	0.152! (0.093)	0.077 (0.090)	0.077 (0.098)
小雇主	0.167 (0.243)	-0.101 (0.207)	-0.017 (0.278)	-0.083 (0.168)	-0.014 (0.163)	-0.073 (0.177)
常数项	1.347** (0.531)	1.350** (0.453)	1.617** (0.607)	2.180*** (0.368)	0.797* (0.357)	1.342*** (0.388)

[①] 在原始的分析中，我们还将年龄平方作为控制变项输入回归方程，结果显示年龄平方对于网络构成的各指标的影响基本上不显著，因此在最终的分析中，我们将年龄平方剔除，以使回归模型更简练。

续表

	网络规模（log）	亲属规模	非亲属规模	关系种类	亲属关系种类	非亲属关系种类
	模型1	模型2	模型3	模型4	模型5	模型6
R^2	0.015	0.024	0.019	0.029	0.022	0.035
N	934	935	935	935	935	935

注：系数为非标准化的回归系数，括号内为标准误。
$^\dagger p<0.10$，$^* p<0.05$，$^{**} p<0.01$，$^{***} p<0.001$（单尾检验）。
1. 参考类别为未婚者和离婚/分居者及丧偶者。
2. 参考类别为工人阶层。

从表6.1模型1关于网络规模的回归分析结果中可以发现，在控制了性别、婚姻状况和年龄以后，阶层地位对于讨论网总体规模的影响仍然相当显著。统计结果显示，专业行政管理阶层的讨论网规模是工人阶层的1.24倍（$e^{0.217}=1.24$，$p<0.05$），即前者的平均网络规模比后者大24%。普通白领阶层和小雇主阶层的平均网络规模虽然分别小于和大于工人阶层，但是在统计上并不具有显著的意义。上述结果说明，专业行政管理阶层的平均网络规模显著大于工人阶层。从表6.1模型2的结果可以发现，虽然专业行政管理阶层和普通白领阶层的平均亲属规模大于工人阶层，小雇主阶层的平均亲属规模小于工人阶层，但是这些差异在统计上并不显著。这个结果表明，各阶层之间在讨论网的亲属规模上不存在显著的差异。从表6.1模型3的结果可以看到，专业行政管理阶层讨论网中的非亲属规模比工人阶层多0.298人（$p<0.05$）。普通白领阶层和小雇主阶层的非亲属规模虽然小于工人阶层，但是在统计上不具有显著的意义。

表6.1模型4至模型6关于关系种类回归分析的结果与模型1至模型3类似。从模型4可以看到，在控制了性别、婚姻状况和年龄以后，专业行政管理阶层的关系种类平均比工人阶层多0.291种（$p<0.001$），普通白领阶层平均比工人阶层多0.152种（$p<0.10$）。小雇主阶层平均虽然比工人阶层少0.083种，但是不具有显著的统计学意义。这个结果说明，同工人阶层相比，专业行政管理阶层和普通白领阶层讨论网中的关系种类更多元化。模型5的结果显示，专业行政管理阶层和普通白领阶层的亲属关系种类多于工人阶层，小雇主阶层的亲属关系种类少于工人阶层，但是这些差异并不具有统计学上的显著意义，说明各阶层在讨论网的关系种类上不存在明显的差别。从模型6的结果可以发现，专业行政管理阶层的非亲属关系种类平均比工人阶层多0.250种（$p<0.001$）。普通白领阶层的非亲属关系种类多

于工人阶层，小雇主阶层的非亲属关系种类少于工人阶层，但是后两项结果在统计学意义上不显著。这个结果说明，专业行政管理阶层讨论网中的非亲属关系种类较工人阶层更多元化。表 6.1 的结果验证了假设 6.1 的预测。

2. "结构洞"与交往频率

表 6.2 模型 1 关于讨论网中陌生成员规模对阶层地位的回归分析结果显示，专业行政管理阶层、普通白领阶层和小雇主阶层分别比工人阶层的陌生成员规模多 0.344 人（$p<0.001$）、0.176 人（$p<0.10$）和 0.295 人，即专业行政管理阶层和普通白领阶层讨论网中陌生成员规模显著大于工人阶层。该模型的削减误差比例（R^2）达到 12.8%，颇具解释力。

表 6.2　陌生成员规模和交往频率的回归分析

	陌生成员规模 模型 1	每日交往的比例 模型 2
男性	0.027（0.093）	−0.299（0.087）***
已婚者[1]	−0.025（0.151）	−0.063（0.141）
年龄	0.014（0.023）	0.016（0.021）
网络规模	0.120（0.017）***	−0.081（0.015）***
亲属关系比例	−0.006（0.001）***	0.002（0.000）*
阶层[2]		
专业行政管理	0.344（0.105）***	−0.299（0.098）**
普通白领	0.176（0.134）!	−0.135（0.125）!
小雇主	0.295（0.239）	0.019（0.222）
常数项	0.148（0.530）	0.954（0.494）*
R^2	0.128	0.053
N	905	905

注：系数为非标准化的回归系数，括号内为标准误。
! $p<0.10$, * $p<0.05$, ** $p<0.01$, *** $p<0.001$（单尾检验）。
1. 参考类别为未婚者和离婚/分居者及丧偶者。
2. 参考类别为工人阶层。

从表 6.2 模型 2 的统计结果可以发现，专业行政管理阶层、普通白领阶层与网络成员每日交往的比例分别比工人阶层低 29.9%（$p<0.01$）和 13.5%（$p<0.10$）。小雇主阶层与网络成员每日交往的比例虽然比工人阶层高 1.9%，但是在统计学意义上并不显著。表 6.2 的两项结果支持了假设

6.2 的预测。

3. 网络异质性

表 6.3 模型 1 是阶层地位及社会人口特征对网络成员性别异质性影响的回归分析结果。专业行政管理阶层和普通白领阶层的性别异质性分别比工人阶层高 14.4%（$p<0.001$）和 10.1%（$p<0.01$）。小雇主阶层虽然比工人阶层的性别异质性高出 0.9%，但是不具有统计学上的显著意义。该模型的削减误差比例达到 18.3%，具有相当强的解释力。

表 6.3 网络异质性的回归分析

	性别 模型 1	年龄 模型 2	教育 模型 3	职业 模型 4
男性	−0.035（0.028）	0.042（0.437）	0.005（0.129）*	−0.041（0.029）!
已婚者[1]	0.037（0.046）	0.101（0.710）	0.094（0.207）	−0.014（0.048）
年龄	−0.008（0.007）	0.017（0.108）	0.005（0.031）*	0.004（0.007）
网络规模	0.016（0.005）***	0.280（0.077）***	0.110（0.023）***	0.026（0.005）***
亲属关系比例	0.004（0.000）***	0.097（0.005）***	0.013（0.002）***	0.00012（0.000）
阶层[2]				
专业行政管理	0.144（0.032）***	0.916（0.492）*	−0.247（0.145）*	0.072（0.033）*
普通白领	0.101（0.041）**	0.759（0.631）	0.222（0.185）	0.060（0.042）!
小雇主	0.009（0.073）	−0.449（1.146）	−0.286（0.331）	0.104（0.075）!
常数项	0.347（0.162）*	1.575（2.479）	0.148（0.726）	0.435（0.167）**
R^2	0.183	0.303	0.130	0.059
N	905	896	887	905

注：系数为非标准化的回归系数，括号内为标准误。
! $p<0.10$，* $p<0.05$，** $p<0.01$，*** $p<0.001$（单尾检验）。
1. 参考类别为未婚者和离婚/分居者及丧偶者。
2. 参考类别为工人阶层。

从表 6.3 模型 2 的结果可以发现，专业行政管理阶层比工人阶层的年龄异质性高 0.92 年（$p<0.05$），普通白领阶层比工人阶层的年龄异质性高 0.76 年，小雇主阶层则比工人阶层的年龄异质性低 0.45 年，后两项结果在统计学意义上不显著。该结果显示专业行政管理阶层的年龄异质性高于工人阶层。该模型的削减误差比例达 30.3%，说明该模型的解释力相当强。

表 6.3 模型 3 的结果表明，专业行政管理阶层的教育异质性比工人阶层

低 0.25 年（$p<0.05$），普通白领阶层比工人阶层的教育异质性高 0.22 年，小雇主阶层比工人阶层的教育异质性低 0.29 年，但是后两项结果在统计学意义上并不显著。该模型的削减误差比例达 13.0%，说明具有相当强的解释力。

表 6.3 模型 4 报告的是阶层地位影响职业异质性的回归分析结果。专业行政管理阶层、普通白领阶层和小雇主阶层的职业异质性分别比工人阶层高 7.2%（$p<0.05$）、6.0%（$p<0.10$）和 10.4%（$p<0.10$）。该模型的解释力达到 5.9%。如果按照性别、年龄和职业等指标来测量网络异质性，那么专业行政管理阶层明显比工人阶层拥有更丰富的社会网络资本。除教育异质性以外，专业行政管理阶层的性别、年龄和职业异质性指数均高于工人阶层，这个结果基本上证实了假设 6.3 的预测。

三　解释与讨论

本部分将从理论上对阶层地位影响网络规模、关系种类、陌生成员规模、交往频率和网络异质性等网络结构特征的发现进行总结和讨论。

1. 网络规模和关系种类

通过阶层地位影响城市居民的网络规模和关系种类的实证分析，我们的主要发现和结论可以概括为：(1) 专业行政管理阶层的网络规模和关系种类、社会网络的非亲属规模和非亲属关系种类大于工人阶层；(2) 各阶层之间在社会网络的亲属规模、亲属关系种类方面没有显著的差异。

那么，是什么原因导致了上述结果呢？网络规模在社会网络研究中多次被用作测量人们社会资源或社会资本丰富与否的一个重要指标。以往的研究揭示，无论是在工具性网络还是情感性网络中，规模越大预示着社会资本越丰富（Fischer, 1982; Wellman, 1979; Van der Poel, 1993a）。根据社会交往的机会与限制理论（Blau, 1977a）和社会资本理论（Lin, 1982, 2001），交往机会受到人们在社会经济等级结构中所占据的高低不同的阶层位置的限制。在我们的分析中，处在较高阶层位置的成员即专业行政管理阶层的成员，由于其在阶层结构中位居最上层，无论是与相同阶层地位还是较低阶层地位的成员的接触机会均明显多于其他阶层的成员。同时，处在上层的专业行政管理阶层的成员，由于占据着优势的结构位置，在社会交往中所遇到的障碍或限制相对较少。而处在较低结构位置上的工人阶层，其交往机会少于其他阶层的成员，所受到的限制和约束相对较多。这种交往机会与限制的交互作用，使上层的专业行政管理成员同处在较低阶层的工人阶层相比，拥有较大的网络规模和较多元化的关系种类。

处于中下结构位置的小雇主阶层，是当代中国一个正处于创业和爬升阶段的阶层，他们在当代中国阶层结构中处于一种矛盾的模糊位置，借用赖特（Wright，1978）的说法，他们处在一种"矛盾的阶层位置"上。同工人阶层相比，他们拥有支配生产资料和雇佣他人劳动的权力。同专业行政管理阶层相比，他们控制经济资源、文化资源和其他社会资源的能力又相对较弱。在生产经营活动中，他们只能在占据主导地位的大中型国有企业以及享有种种优惠政策的外资企业的夹缝中寻求生存和发展。中国社会经济转型时期的小雇主的来源比较复杂，既有农民和城市无业、待业者，包括20世纪80年代中后期返城的知青以及劳改、劳教和刑满释放人员，也有改革开放以后下海经商的原国家干部、国有企业负责人和专业技术人员。第四次中国私营企业抽样调查的资料表明，在创办企业前有43.4%的私营企业主是企事业单位干部，17.4%的私营企业主是个体工商户，14.2%的私营企业主是工人和服务业员工，10.5%的私营企业主是专业技术人员，9.3%的私营企业主是农民（张厚义，2002：225）。他们的工作通常是"全天候"的，其用于社会交往的闲暇时间相对较少。他们的交往范围有可能限于与其有商业关系的相对狭小的圈子内。因此，在讨论对他们而言的重要问题时，很可能提到更少的网络成员和较少的关系种类。这个发现与边燕杰用定位法研究中国城市家庭社会网络资本的结论类似（边燕杰、李煜，2000；Bian，2001），但是与熊瑞梅关于台湾地区小资产阶级之社会资源研究的发现正好相反（熊瑞梅、黄毅志，1992）。[1]

网络的总体规模从一个方面测量了一个人所拥有的社会资源或社会资本的丰富程度。传统的社会网络研究还将网络规模分解为非亲属规模和亲属规模两部分，进一步分析个人或群体在这两种子网络规模方面的差异。按照关系的来源划分，非亲属关系是一种获致性关系，是通过自己后天的努力和社会投资（包括时间、金钱和感情的投入）而形成和维持的。亲属

---

[1] 造成这个差异的可能原因有二。第一，资本主义发展的制度化历史的差异。台湾私有企业的发展至少有40年的历史（截至调查进行时），而大陆私营企业的发展仅有20年的历史。第二，测量方法的差异。熊瑞梅的亲密网络是通过"最近半年内您与谁曾经发生过打情（诉苦、告知重大私事）行动"，而北京社会网络调查所使用的提名问题是"在过去半年，您与谁讨论过对您来说重要的问题"。使用不同的提名问题，有可能导致不同甚至完全相反的结果。

关系则是先赋性关系，主要是通过血缘纽带以及婚姻而产生和维持的。阶层地位的差异必然影响人们和不同角色关系的网络成员的交往机会。同工人阶层相比，处于上层的专业行政管理阶层，所接受的正规教育普遍较高、经历过较多的职业升迁，在学校、工作单位和社交等场合与家庭关系之外的各种非亲属打交道的机会较多，因此有更多的机会与各种非亲属讨论对他们而言的重要问题。这有可能使得其讨论网中包括更多的非亲属成员和非亲属关系种类。相对而言，工人阶层的教育获得是四个阶层中最低的，所经历的职业升迁或变动也是四个阶层中最少的，因此他们在学校或不同性质的工作单位等场所建立社会网络的机会较少。与各种非亲属交往机会较多是造成专业行政管理阶层讨论网中的非亲属规模和非亲属关系种类大于工人阶层的主要原因。

普通白领阶层、小雇主阶层与工人阶层在非亲属规模和非亲属关系种类上没有显著的差别，一方面可能是他们面对着基本相同的社会交往的机会与限制条件所致，另一方面可能与中国阶层结构分化的程度不足有关，主要体现在处于上层和下层的专业行政管理人员和工人之间。

为什么各阶层之间在亲属规模上并不存在显著的差别呢？可能的解释是，在一个小规模的核心讨论网中，人们是否选择某人或某种角色关系作为社会网络的成员，取决于自我与该人的关系是否密切，以及对该人的信任问题，因为对自我而言重要问题也许涉及个人隐私。在中国人的传统观念中，家庭和亲属关系一直处在自我社会网络的中心（费孝通，1998）。这个发现也印证了科尔曼（Coleman，1990）所说的亲属社会网络的封闭性，有利于保证规范的维持和信任的巩固，从而使众多的家庭保持持久的团结力。以血缘关系为纽带联结起来的亲属之间，存在一种强制推行的信任，为履行义务与实践期待提供了某种约束和保证。这就不难理解为什么在我们的研究中各阶层之间在讨论网的亲属规模和亲属关系种类方面不存在意义重大的差别了。

关于阶层地位影响讨论网规模与关系种类的基本一致的研究发现，与网络规模与关系种类两个指标之间具有较强的正相关关系有关，[①] 虽然关系种类比网络规模所包含的信息更丰富。专业行政管理阶层在讨论网中所提出的关系种类（包括亲属关系种类和非亲属关系种类）较多，是由他们较多的交往机会和较广的交往范围造成的。相反，工人阶层较少的关系种类，

---

① 网络规模与关系种类的 Pearson 相关系数高达 0.54（$p<0.01$，双尾检验）。

与其交往机会较少和交往范围狭小有关。在一个包括工具性、情感性和社交性功能的混合性讨论网中，前者以关系种类为标志的较丰富的社会资本为他们达成工具性目标提供了积极的条件，后者相对单一和贫乏的社会资本有可能使其在工具性行动中处于不利的境地。

2."结构洞"与交往频率

与此相关的研究发现是：（1）专业行政管理阶层和普通白领阶层讨论网中的陌生成员规模大于工人阶层；（2）专业行政管理阶层和普通白领阶层与网络成员每日交往的比例低于工人阶层。

一方面，交往机会较多、交往限制较少、交往范围较大的人的讨论网成员之间互不认识的比例较高。专业行政管理阶层网络成员中的陌生成员规模大于工人阶层，直接与前者比后者的讨论网规模更大的事实相关。另一方面，由于自我的每个网络成员的社会角色不同，在与自我的沟通中可能发挥不同的作用。专业行政管理人员和普通白领有可能与不同的人讨论不同的问题，而工人阶层则可能仅仅与某一两个"关系密切"的亲友讨论所有的问题。比如对于专业行政管理人员而言，他可能与同事研究与自己利益攸关的事业的发展和壮大，与朋友一起休闲、参加社交活动，与亲属讨论情感问题、家庭事务。换言之，专业行政管理阶层和普通白领阶层讨论网中陌生成员规模大于工人阶层的事实，意味着前者在社会网络中占据着"结构洞"优势，无论对于传递有价值的信息还是施加实质性的影响，无论对于情感性问题的解决抑或工具性行动目标的实现来说，都比工人阶层处于更有利的位置。

至于工人阶层与网络成员的交往频率高于专业行政管理阶层和普通白领阶层，可能与工人阶层讨论网中的亲属关系比例较高有关（专业行政管理阶层、普通白领阶层、小雇主阶层和工人阶层的亲属关系比例分别为40.0%、40.7%、38.0%和42.3%）。较高的亲属关系比例意味着配偶、子女等核心家庭成员最有可能进入一个人的讨论网。在典型的核心家庭中，多数家庭成员是居住在一起的，因此增加了每天见面和交往的机会。

3. 网络异质性

关于网络异质性，我们得出了如下4个发现。（1）专业行政管理阶层和普通白领阶层的性别异质性高于工人阶层。小雇主阶层与工人阶层的性别异质性没有差别。（2）专业行政管理阶层的年龄异质性高于工人阶层。普通白领阶层、小雇主阶层与工人阶层的年龄异质性没有显著的区别。（3）专业行政管理阶层的教育异质性比工人阶层低，普通白领阶层和小雇主阶层的教育异质性与工人阶层相比没有显著差别。(4) 专业行政管理阶层、普通白领阶层和小雇主阶层的职业异质性均高于工人阶层。

作为网络多元化的一个重要指标，某个人的异质性指数越高，表示某个人在一定程度上是属于不同的社会圈子的。同时，异质性指数越高，标志着一个人的社会资源越丰富，特别是实现工具性目标时尤其明显。专业行政管理阶层和普通白领阶层的性别异质性高于工人阶层，说明前者在选择网络成员时，较少受到性别限制，他们对网络成员的选择在性别方面更接近于样本的性别异质性指标。造成上述结果的直接原因与专业行政管理阶层、普通白领阶层具有较多的交往机会和较广的交往圈子有关。一般而言，在一个规模足够大的社会网络中，成员之间的性别分布更接近于随机分布。工人阶层较低的性别异质性，表明他们更可能将其讨论重要问题的对象囿于性别相同的群体之内。

年龄不仅表示人的生命周期的一个特定阶段，在某种程度上也是人力资本的一个重要指标，因为年龄通常与工作年限、工作经验和资历正相关。因此年龄在某种程度上也代表了一个人的社会地位，特别在职业升迁、职业流动中重视资历的当代中国社会更为突出。专业行政管理阶层的年龄异质性较高，表明他们的讨论网成员中包括各种社会地位和社会资历的人，从一个方面说明了该阶层社会交往在年龄方面的相对"开放"性。工人阶层较低的年龄异质性则意味着他们经常在自己的小圈子内讨论重要问题，其社会网络相对"封闭"。

工人阶层的教育异质性高于专业行政管理阶层的结果，可以从两方面来解释。一方面，工人阶层期望与不同教育层次的人交往来提高自己的社会地位，或是达成自己的工具性目标。因为在当代中国社会，拥有较高的正规教育学位是晋升上层阶层（比如专业行政管理阶层）的一个必备条件（Walder, 1995）。另一方面，虽然专业行政管理阶层的交往机会和交往多于工人阶层，但是主要局限在拥有相同或类似受教育水平的圈子内。在我们的样本中，教育获得直接与阶层地位相关（Eta = 0.550, $p < 0.001$），专业行政管理阶层的教育异质性较低，说明他们的交往有可能囿于本阶层的范围内。

同工人阶层相比，其他三个阶层的职业异质性均高于工人阶层。专业行政管理阶层、普通白领阶层较高的职业异质性与他们较大的网络规模相关（二者的讨论网规模分别为 3.52 和 3.05）。在一个规模较大的社会网络中，自然可能包括从事各种职业的人。而较小的网络规模包括各种职业成员的可能性较小。但是平均网络规模小于工人阶层的小雇主阶层（二者的网络规模分别为 2.95 和 2.86），其职业异质性比工人阶层高。可能的原因是：作为一个处在爬升阶段的新兴阶层，小雇主的社会地位、政治地位相对较低，一方面通过结交各种职业地位的人特别是地位较高的政府官员、专业技术人士来提高自己的社会地位；另一方面希望与政治资源和经济资源的控制者建立联系来发展和扩张自己的实业，达到自己的工具性目标。

小结：阶层地位对以讨论网为主题的城市居民的社会网络资本产生了重要的影响，这种影响主要表现在阶层结构的两极：专业行政管理阶层的总体网络规模及非亲属规模大于工人阶层，前者的关系种类及非亲属关系种类比后者更多元化；小雇主阶层的总体网络规模和关系种类与工人阶层相比不存在显著的差别；专业行政管理阶层和普通白领阶层讨论网中"结构洞"数量多于工人阶层，专业行政管理阶层和普通白领阶层与网络成员每日交往的比例低于工人阶层；专业行政管理阶层的性别、年龄和职业异质性高于工人阶层。总之，占据优势地位的专业行政管理阶层比工人阶层拥有更丰富、更有价值的社会网络资本。

我们的实证研究结果表明，社会资本理论和社会交往的机会与限制理论为中国城市居民社会网络的结构特征提供了最好的解释，不同阶层的人们的网络结构差异主要是由其所占据的社会位置所形成的交往机会或限制造成的，我们的结果证明地位较高的阶层拥有更丰富的社会网络资本。

第二节 网络成员的阶层构成

本节将集中分析阶层地位对网络成员阶层构成的影响。我们拟从阶层异质性、阶层趋同性、跨越阶层界限的网络成员选择等方面具体分析阶层地位对网络成员阶层构成的影响，用定量资料对有关的理论假设进行实证检验。

一 研究假设

根据第四章的研究架构和以往的理论模型与研究发现，我们提出的中心假设是：在核心社会网络的建构过程中，同质性原理将作为关键的机制发挥主导作用。同时，在跨越阶层界限选择网络成员时，人们将遵循社会距离原则，选择阶层地位类似的社会成员。关于网络成员的阶层构成，我们提出以下 3 个具体的研究预测。

假设 6.4：根据社会交往的同质性原理和社会交往的机会与限制理论（Laumann，1973；Blau and Schwartz，1984），社会地位结构为人们的社会交往提供了机会或限制，从而使得地位一致的群内交往比群外交往更普遍。因此，在城市居民核心社会网络的建构中，我们预测：所有阶层的成员均具有较强的阶层内选择倾向。换言之，各阶层在讨论网成员的选择过程中均显示出一种很强的自我选择趋势，简称"群内选择假设"。

假设 6.5：按照社会交往的同质性原理和社会交往的机会与限制理论，有着近似社会地位的人们之间的社会交往比其地位差异较大的人们之间的交往更普遍，在跨阶层的讨论网成员的选择中，社会距离较近的邻近阶层的选择将高于跨越几个阶层类别的选择，简称"社会距离假设"。

假设 6.6：按照社会交往的机会与限制理论，处于中间位置的小雇主阶层和普通白领阶层，将比位于阶层结构上层和下层的专业行政管理阶层和工人阶层的阶层异质性更高、阶层趋同性更低。换言之，专业行政管理阶层和工人阶层的群内选择倾向更明显，而小雇主阶层和普通白领阶层的跨阶层选择网络成员的倾向更明显，简称"中间阶层的跨越效应假设"。

二　研究结果与发现

1. "群内选择假设"的有关发现

表 6.4 用交互分类方法对自我和网络成员的阶层地位进行了分析，从中可以发现各阶层之讨论网成员的阶层构成的观察频数及其比例分布与期望频数。观察频数分布即在样本中实际归属于某一阶层的个案数。观察频数的比例即根据表 6.4 第一部分的实际归属于某一阶层的个案数除以行总数得出，比如专业行政管理阶层的观察频数的比例 72.1% = 295/409。期望频数为某一阶层的列频数合计占样本总和的比例，即表 6.4 第二部分下端的比例，比如专业行政管理阶层的期望频数 43.2% = 465/1077。从表 6.4 第一部分观察频数分布和第二部分观察频数的比例分布可以发现，除小雇主阶层外，专业行政管理阶层、普通白领阶层和工人阶层在自己阶层内选择讨论网成员的比例都是各阶层组别中最高的。按照观察频数的比例，分别达到了 72.1%、47.0% 和 57.5%。但是，小雇主阶层的阶层内选择比例仅为 7.0%，他们选择专业行政管理阶层和普通白领阶层的比例则分别高达 58.1% 和 23.3%。

表 6.4　自我与网络成员的阶层地位的交互分类

自我的 阶层地位	网络成员的阶层地位				合计
	专业行 政管理	小雇主	普通白领	工人	
	观察频数分布（人）				
专业行政管理	295	10	42	62	409
小雇主	25	3	10	5	43
普通白领	45	7	86	45	183
工人	100	16	72	254	442
合计	465	36	210	366	1077
	比例分布（%）				
专业行政管理	72.1	2.4	10.3	15.2	
小雇主	58.1	7.0	23.3	11.6	
普通白领	24.6	3.8	47.0	24.6	
工人	22.6	3.6	16.3	57.5	
期望频数	43.2	19.5	3.3	34.0	

注：该结果以自我所提出的网络成员为分析单位。
Pearson $\chi^2 = 359.34$，$df = 9$，$p < 0.000$，Lambda $= 0.319$（网络成员的阶层地位作为因变项）。

仅仅从交互表的频数分布并不能真实地发现阶层地位对网络成员选择的实质影响，因为交互表的横向或纵向比例受制于行列合计的分布，没有可比性，而对数线性模型（Loglinear Model）可以较好地解决这一问题（彭玉生，2001：324~331）。从表 6.5 自我与网络成员阶层地位的对数线性分析的结果可以看到，任何阶层地位的人在建立自己的密切讨论网时，均显示出一种非常明显的阶层内选择趋势。对数优比（log odds ratio）更直观地表明讨论网成员选择的阶层封闭效应。表 6.5 黑体部分的参数（对角线部分）不仅表明各阶层在所属阶层内部选择网络成员的观察频数与期望频数的比率均大于 1，而且该比率也大大高于选择其他阶层的参数值。这个趋势在居于上层地位的专业行政管理阶层和位居下层的工人阶层中更明显。表 6.4 和表 6.5 的结果证实了假设 6.4 的预测，即所有阶层的成员在选择讨论网成员时均具有较强的阶层内聚集倾向或明显的自我选择趋势。这在一定程度上反映了社会交往中的阶层隔离和阶层封闭倾向。

表 6.5　自我与网络成员阶层地位的对数线性分析：饱和模型

自我的阶层地位	网络成员的阶层地位			
	专业行政管理	小雇主	普通白领	工人
专业行政管理	**0.850（2.34）**	-0.235（1.05）	-0.463（0.63）	-0.152（0.86）
小雇主	0.288（1.33）	**0.466（1.59）**	0.008（1.01）	-0.762（0.47）
普通白领	-0.571（0.56）	-0.132（0.88）	**0.714（1.43）**	-0.011（0.99）
工人	-0.567（0.57）	-0.259（1.07）	-0.099（1.00）	**0.925（2.52）**
与独立模型的比较	对数似然比 χ^2	df	BIC	
独立模型	1306.99	9	1261.96	
饱和模型	0	0	0	

注：该分析以自我所提出的讨论网成员为单位，$N=1077$。参数为观察频数与期望频数的对数优比，括号内为转换以后的观察频数与期望频数的比率。

2. 跨越阶层界限的网络成员选择——"社会距离假设"的经验发现

从表 6.5 的结果还可以发现，除了网络成员的阶层内选择这一主要倾向以外，阶层地位邻近的社会成员之间的选择是另一种趋向。从经过对数转换的观察频数与期望频数的比率来看，除了选择自己阶层内的成员以外，专业行政管理人员依次选择小雇主、工人和普通白领（见表 6.5 第 1 行括号内的比率），小雇主依次选择专业行政管理人员、普通白领和工人（见表 6.5 第 2 行括号内的比率），普通白领依次选择工人、小雇主和专业行政管理人员（见表 6.5 第 3 行括号内的比率），工人则依次选择小雇主、普通白领和专业行政管理人员（见表 6.5 第 4 行括号内的比率）。上述结果基本上说明，阶层地位越接近、社会距离越小的成员越可能成为核心社会网络的成员。此外，作为中间阶层和处于地位爬升阶段的小雇主，在对两个邻近阶层的选择中，选择地位较高的专业行政管理人员的概率明显大于选择地位较低的普通白领，选择前者的概率比后者高 32%（1.33-1.01），显示出小雇主在选择核心的密切网络成员时有一种明显的"上攀"效应或声望原则。这组结果基本上验证了假设 6.5 的预测。

3. "中间阶层的跨越效应假设"的相关发现

从表 6.6 模型 2 的结果可以发现阶层地位对网络成员阶层异质性的具体影响。在控制了性别、婚姻状况和年龄等人口特征以后，小雇主和普通白领阶层的阶层异质性指数比工人阶层高 5.5% 和 8.9%。按照阶层异质性指数的高低次序，依次是普通白领、小雇主、专业行政管理人员和工人。尽管小雇主的阶层异质性指数高于工人阶层在统计意义上并不显著，但是上述结果与假设6.6的预测方向一致。这个结果部分支持了假设6.6。模型2比模型1的削减误差比例有所提高，说明阶层地位对于网络异质性产生了独立的影响，但是模型2的削减误差比例并不十分理想（3.1%）。

表6.6　阶层异质性的回归分析

自变项	模型1	模型2
常数项	0.395（0.047）***	0.365（0.049）***
男性	−0.026（0.025）	−0.023（0.026）
已婚者[1]	0.056（0.035）	0.049（0.035）
年龄	−0.004（0.001）***	0.004（0.001）***
阶层[2]		
专业行政管理		0.038（0.029）
小雇主		0.055（0.069）
普通白领		0.089（0.037）*
R^2	0.024	0.031
F-Test	8.33***	5.24***
df	3	6
N	938	938

注：系数为非标准化的回归系数（B），括号内为标准误。
* $p<0.05$, ** $p<0.01$, *** $p<0.001$（单尾检验）。
1. 参考类别为未婚者和离婚/分居者及丧偶者。
2. 参考类别为工人阶层。

表6.7是阶层地位影响网络成员阶层趋同性的回归分析结果。阶层异质性是反映网络成员（不包括自我）之间阶层地位多元化的一个指标，而阶层趋同性则从另外一个角度描述了自我与网络成员在阶层地位方面的一致性程度。从表6.7模型2的结果可以看到，在控制了性别、婚姻状况和年龄等人口特征以后，专业行政管理阶层比工人阶层选择自我阶层的人数多0.68人（$p<0.001$），在一个平均仅为3.1人的小规模讨论网中，上述数字的差异非常明显。相反，小雇主阶层则比工人阶层选择同阶层的人数少0.66人（$p<0.01$）。普通白领阶层虽然比工人阶层选择同阶层的人数少0.003人，但是在统计学意义上并不显著。该方程的削减误差比例达到11.3%，具有相当强的解释力。模型2比模型1的削减误差比例增加了8个百分点，说明阶层地位对网络构成的阶层趋同性选择具有明显的独立影响。

上述结果与假设 6.6 所预测的方向一致，即作为中间阶层的小雇主和普通白领的阶层趋同性指数低于上层的专业行政管理人员和下层的工人阶层。由于普通白领的阶层趋同性指数在统计学上不显著，该结果仅仅部分证实了假设 6.6。

表 6.7　阶层趋同性的回归分析

	模型 1	模型 2
常数项	1.394（0.142）***	0.097（0.346）
男性	-0.019（0.076）	-0.015（0.074）
已婚者[1]	0.322（0.105）*	0.037（0.117）
年龄	-0.014（0.003）***	0.050（0.016）**
阶层[2]		
专业行政管理		0.682（0.084）***
小雇主		-0.659（0.198）**
普通白领		-0.003（0.107）
R^2	0.033	0.113
F-Test	11.46***	21.15***
df	3	6
N	935	935

注：系数为非标准化的回归系数（B），括号内为标准误。
* $p<0.05$，** $p<0.01$，*** $p<0.001$（单尾检验）。
1. 参考类别为未婚者和离婚/分居者及丧偶者。
2. 参考类别为工人阶层。

表 6.8 的多类别对数比率回归分析结果报告了阶层地位及其他社会人口特征对是否选择邻近阶层的成员讨论重要问题的可能影响。表 6.8 的普通白领/工人模型的结果显示，在控制了性别、婚姻状况、年龄、工作地位、职业流动状况、政治身份和单位所有制类别等社会人口特征以后，在选择普通白领而非工人阶层的概率方面，专业行政管理阶层是工人阶层的 2.41 倍（$e^{0.879}=2.41$，$p<0.01$），小雇主做出如此选择的概率是工人阶层的 6.35 倍（$e^{1.848}=6.35$，$p<0.001$）。从小雇主/工人模型的结果可以发现，专业行政管理阶层选择小雇主而非工人阶层是工人阶层的 3.17 倍（$e^{1.153}=3.17$，$p<0.05$），普通白领阶层做同样选择的概率是工人阶层的 2.48 倍（$e^{0.906}=2.48$，$p<0.10$）。该模型的 Pseudo R^2 达到 40.8%，模型的对数似然比（-2Log Likelihood）检验和 χ^2 检验均非常显著，说明阶层地位变项对于网

络成员的阶层构成的影响十分明显。上述结果说明，专业行政管理阶层在选择讨论网成员时倾向于与其地位距离较小的普通白领阶层和小雇主阶层而非地位距离较大的工人阶层，普通白领阶层倾向于与自己阶层地位距离较小的小雇主阶层而非工人阶层。上述多类别对数比率回归的分析结果再次验证了假设6.5，即阶层地位邻近比阶层地位差异较大的人更有可能成为讨论网的成员。

表6.8专业行政管理/工人模型的结果显示，普通白领阶层和小雇主阶层选择专业行政管理阶层而非工人阶层的概率分别是工人阶层做此选择的2.9倍（$e^{1.071} = 2.9$，$p < 0.001$）和11.4倍（$e^{2.435} = 11.4$，$p < 0.001$）。表6.8的普通白领/工人模型的结果也表明，小雇主阶层选择普通白领阶层而不是工人阶层的概率是工人阶层的6.35倍。虽然普通白领和工人的阶层地位都低于小雇主，但是他们倾向于选择地位较高和社会距离较近的普通白领阶层而非工人阶层。表6.8的专业行政管理/普通白领模型的结果也指出，普通白领阶层选择专业行政管理阶层而非普通白领阶层的概率仅仅是工人阶层做相同选择的44.3%（$e^{-0.814} = 0.443$，$p < 0.01$）。换言之，工人阶层比普通白领阶层更可能选择专业行政管理阶层而非普通白领阶层作为讨论网的成员。上述结果大致上验证了假设6.6，即除了遵循同质性原则以外，人们又倾向于选择比自己阶层层次稍高的人作为网络成员。同工人阶层相比，普通白领阶层和小雇主阶层均选择专业行政管理阶层而非工人阶层、选择普通白领阶层而非工人阶层、选择小雇主阶层而非工人阶层作为自己的讨论网成员。

另外，从表6.8的统计结果中还可以发现，专业行政管理阶层、普通白领阶层和小雇主阶层选择自己阶层而非工人阶层的概率分别是工人阶层的11.6倍（专业行政管理/工人模型，$e^{2.451} = 11.6$，$p < 0.001$）、6.6倍（普通白领/工人模型，$e^{1.885} = 6.6$，$p < 0.001$）和8.8倍（小雇主/工人模型，$e^{2.171} = 8.8$，$p < 0.05$）。表6.8的专业行政管理/小雇主模型的结果也揭示，专业行政管理阶层选择自己阶层而非小雇主阶层是工人阶层做此选择的3.6倍（$e^{1.297} = 3.6$，$p < 0.01$），普通白领阶层选择自己阶层而非小雇主阶层是工人阶层做此选择的2.7倍（$e^{0.979} = 2.7$，$p < 0.10$）。从专业行政管理/普通白领模型的结果也可以发现，专业行政管理阶层选择自己阶层而非普通白领阶层是工人阶层的4.8倍（$e^{1.571} = 4.8$，$p < 0.001$）。上述数据再次说明专业行政管理阶层、普通白领阶层和小雇主阶层的阶层内选择倾向都比工人阶层强烈。这个结果用不同的统计模型再次强化和验证了假设6.4的预测。

表 6.8　网络成员的阶层地位的多类别对数比率回归分析

阶层	专业行政管理/工人	普通白领/工人	小雇主/工人
截距	1.035 (0.856)	2.640 ** (0.911)	-21.684 *** (1.444)
男性	-0.028 (0.204)	-0.089 (0.226)	0.665 [1] (0.477)
已婚者[1]	-0.330 (0.344)	-0.095 (0.363)	1.156 (0.957)
年龄组[2]： 18~29 岁	0.125 (0.462)	1.237 * (0.549)	1.291 (1.155)
30~49 岁	-0.212 (0.291)	0.428 (0.423)	0.477 (0.830)
目前在业者[3]	0.391 (0.713)	0.841 (0.680)	—
职业流动者[4]	-0.215 (0.271)	0.142 (0.273)	0.668 [1] (0.506)
中共党员[5]	0.788 *** (0.227)	-0.0011 (0.272)	-0.045 (0.558)
单位所有制[6]： 国家机关/事业单位	0.352 (0.283)	0.064 (0.321)	0.670 (0.719)
国有企业	-0.648 ** (0.269)	-0.099 (0.279)	0.485 (0.650)
阶层地位[7] 专业行政管理	2.451 *** (0.241)	0.879 ** (0.308)	1.153 * (0.564)
普通白领	1.071 *** (0.296)	1.885 *** (0.274)	0.906 [1] (0.651)
小雇主	2.435 *** (0.591)	1.848 *** (0.664)	2.171 * (0.987)
Pseudo R^2 (Nagelkerke)	0.408	0.408	0.408
-2Log Likelihood	733.662	733.662	733.662
χ^2	363.929	363.929	363.929
df	36	36	36
N	794	794	794
阶层	专业行政管理/小雇主	普通白领/小雇主	专业行政管理/普通白领
截距	18.649 *** (1.606)	17.044 *** (1.629)	1.605 * (1.028)

续表

阶层	专业行政 管理/小雇主	普通白领/小雇主	专业行政 管理/普通白领
男性	-0.693[!] (0.478)	-0.755[!] (0.490)	0.062 (0.233)
已婚者[1]	-1.485[!] (0.962)	-1.060 (0.963)	-0.425 (0.375)
年龄组[2]： 18~29岁	-1.166 (1.147)	-0.054 (1.189)	-1.112* (0.545)
30~49岁	-0.689 (0.815)	-0.049 (0.879)	-0.640[!] (0.405)
目前在业者[3]	-13.804*** (0.713)	-13.384*** (0.680)	-0.450 (0.832)
职业流动者[4]	-0.883* (0.512)	-0.526 (0.519)	-0.357 (0.286)
中共党员[5]	0.832[!] (0.549)	0.044 (0.572)	0.789*** (0.258)
单位所有制[6]： 国家机关/事业单位	0.318 (0.717)	-0.606 (0.734)	0.288 (0.317)
国有企业	-1.133* (0.659)	-0.584 (0.664)	-0.549* (0.299)
阶层地位[7] 专业行政管理	1.297** (0.559)	-0.274 (0.589)	1.571*** (0.296)
普通白领	0.166 (0.661)	0.979[!] (0.649)	-0.814** (0.299)
小雇主	0.264 (0.896)	-0.323 (0.939)	0.587 (0.518)
Pseudo R^2 (Nagelkerke)	0.408	0.408	0.408
-2Log Likelihood	733.662	733.662	733.662
χ^2	363.929	363.929	363.929
df	36	36	36
N	794	794	794

注：该结果以自我所提出的网络成员为分析单位。系数为非标准化的回归系数（B），括号内为标准误。

[!] $p<0.10$, * $p<0.05$, ** $p<0.01$, *** $p<0.001$（单尾检验）。

1. 参考类别为未婚者和离婚/分居者及丧偶者。
2. 参考类别为50岁及以上者。
3. 参考类别为非在业者，包括退休者、失业下岗者及家务工作者和学生等。
4. 参考类别为非职业流动者。
5. 参考类别为非中共党员。
6. 参考类别为集体企事业和个体、私营及民营、外资企业单位。
7. 参考类别为工人阶层。

三　解释与讨论

关于阶层结构影响网络成员阶层地位构成的主要发现如下所示。

（1）各阶层在选择讨论网成员时的群内选择或自我选择倾向非常明显。

（2）阶层地位邻近、社会距离较小的人们成为讨论网成员的可能性较大。

（3）处于阶层结构上层和下层的专业行政管理人员和工人的阶层异质性指数较低，位于中间阶层的小雇主和普通白领的阶层异质性指数较高，普通白领的阶层异质性指数明显高于工人。同工人相比，专业行政管理人员的群内选择倾向更明显，小雇主的阶层趋同性指数最低。

我们的上述发现再次验证了西方社会学家提出的"同质性原理"（Laumann，1966，1973；Blau，1977a），即群体内的交往比群体外的交往要普遍得多。各阶层在建立和发展密度和信任度较高的社会网络时，选择与自己阶层地位相同或类似的成员，并不是人们具有一种"自恋"的心理倾向，而是由于人们在宏观社会结构中占据着相同或类似的社会、经济和政治地位，而阶层地位是社会、经济和政治地位的综合反映。这说明在人们的内心深处或隐或现地存在一条"阶层界限"。在建立和维持社会网络的过程中，各阶层中普遍存在的自我选择倾向实际上也反映了阶层藩篱的客观存在，这种藩篱在某种程度上造成了阶层之间的相互隔离和自我封闭。当然，在一定意义上可以说，群体内部成员的相互选择在某种程度上有助于阶层的内聚与整合，有助于人们形成自觉的阶层意识。

阶层地位邻近的人更有可能成为讨论网成员的发现，实际上是社会交往同质性原理的扩展。任何人都不太可能仅仅在自己阶层内选择讨论网成员，当人们一定要跳出自己的小圈子建立社会网络时，那些与自己阶层地位邻近的潜在成员成为他们的首选。在我们的分析模型中，如果按照权威、职业声望、教育获得和收入等指标来测量，阶层地位大致上是按照专业行政管理阶层、小雇主阶层、普通白领阶层和工人阶层的顺序自上而下排列的。因此，也就不难理解为什么会产生"专业行政管理阶层在选择讨论网成员时倾向于与其地位距离较小的小雇主阶层和普通白领阶层，而非地位距离较大的工人阶层，普通白领阶层倾向于与自己阶层地位距离较小的小雇主阶层而非工人阶层"这种现象了。

我们的结果也再次验证了 Laumann 30 多年以前的发现，即"阶层内选择的趋势在中间阶层特别是文员和小业主中比较微弱"（Laumann，1966；

30)。无论按照什么标准来界定中国当代社会的中间阶层,小雇主阶层和普通白领阶层都属于广义的中间阶层。两个阶层的阶层异质性较高,其实也反映了这两个阶层的自我隔离倾向不像专业行政管理阶层那样明显。同工人阶层相比,普通白领阶层的阶层异质性较高,小雇主阶层的阶层趋同性指数较低,从两个不同的侧面说明,这两个处在中间地位的阶层,试图通过与各阶层的交往来扩展自己的社会网络,为将来有机会提升自己的阶层地位打好社会关系的基础,这种需要对于阶层地位相对不稳定的小雇主阶层而言尤其迫切。一方面,小雇主阶层作为一个正在崛起的新兴阶层,虽然拥有生产资料的所有权和雇佣劳动的支配权,但是它并不像专业行政管理阶层那样拥有中国当代社会的综合地位优势,后者控制着社会的大部分行政组织资源、政治组织资源和文化资源(陆学艺,2002)。小雇主阶层的复杂社会来源也使这个阶层长期处于边缘的游离状态。最近几年中国经济和社会结构的剧烈变迁,虽然使小雇主阶层的社会和政治地位有了一定的提高,但是并没有改变其社会声望较低、在社会结构中仍然处于边缘状态的现实。小雇主阶层希望通过与占据社会上层位置的专业行政管理阶层的交往,扩展自己的社会网络,提高自己的声望,进而达到调动社会资源、实现自己的工具性或情感性行动的目标[①]。另一方面,小雇主阶层的规模相对较小。在我们的样本中,小雇主阶层仅占 3.7%。布劳(Blau,1977)曾经指出,在一个地区的阶层结构中,如果各阶层的规模存在很大的差异,那么人们同其所属阶层的成员交往的机会将随着阶层规模的不同而产生差异。小雇主阶层相对较小的阶层规模也促使该阶层的成员跳出自己的小圈子来建立社会网络,这是阶层规模效应的表现。

同时,专业行政管理阶层比工人阶层的群内选择倾向更明显。专业行政管理阶层当中存在类似韦伯所说的"社会封闭"。在韦伯看来,社会封闭是现代资本主义社会某些社会集团惯用的一种手段,他们试图通过把奖酬和机会限制在适当人选范围内的手段,最终达到使自身奖酬最大化的目标。帕金则进一步发挥了韦伯的社会封闭概念。在帕金看来,统治阶层通过排他来维持和增强自身的特权,而那些被排挤的阶层因不能采取"排他"策略转而采取"内固"手段,这两种机制的共同作用促成了社会封闭现象(Parkin,1974)。吉登斯(1973)也认为,社会封闭是阶层形成的基本条件。作为中国当代社会精英阶层的专业行政管理阶层,控制着中国社会的

[①] 根据我们的分类研究,北京城市居民的讨论网兼具工具性、情感性、社交性的功能。

多数经济、政治和文化资源，他们在与其他阶层的社会交往中，往往坚守着明确的界限。占据上层的专业行政管理阶层在社会交往中也往往表现出主导性的角色。各阶层在选择讨论网成员时所具有的非常明显的自我选择倾向，证明了西方学者在友谊关系和一般社会交往中得出的同质性原理（Laumann，1966，1973；Blau，1956：290-295，1977）在不同文化和制度背景下具有某种普遍意义。

概言之，在中国城市居民社会网络成员的选择过程中，发挥核心作用的机制主要是同质性原理，声望原则或"上攀"效应仅仅表现在小雇主阶层中。与此相一致，阶层内部的选择是中国城市居民构建和维持社会网络的主要倾向。社会网络成员选择过程中的阶层界限在某种程度上成为人们社会交往的障碍，小雇主阶层与其他阶层的社会渗透性较强。中国城市居民社会网络成员选择的阶层模式与中国宏观社会结构的现状一致。

第三节　阶层地位对社会网络关系构成的影响和社会网络构成的理性选择模型

本节将首先对阶层地位影响社会网络关系构成及社会网络构成的理性选择模型的有关理论预测进行实证检验，然后就研究结果与发现展开讨论。

一　研究假设

1. 关于网络关系构成的研究假设

阶层位置也会影响社会网络的关系构成。但是以往的相关研究并没有发现阶层地位对社会网络构成中各种具体角色（特别是各种亲属角色）的一致影响。因此，关于阶层地位对各种亲属关系的影响，笔者不打算提出明确的研究预测。这种不建立具体假设的地毯式分析策略，对于具有探索性质的课题来说，也许是一种更合适的方法。在总体趋势上，我们预测，上层和中上层更可能与非亲属形成密切的核心社会网络。关于阶层地位对各种非亲属关系的影响，笔者提出的具体假设如下。

假设6.7：亲属关系比例从综合的角度反映了社会网络的关系构成。工人阶层的职业地位和教育获得偏低，其社会交往受到很大的限制，其社会网络有可能局限在亲属关系的范围内，因此，工人阶层和小雇主阶层讨论网中的亲属关系比例将高于专业行政管理阶层和普通白领阶层。

假设6.8：同工人阶层相比，专业行政管理阶层更可能选择同事作为讨论网成员。

假设 6.9：同工人阶层相比，专业行政管理阶层更可能与同学讨论重要问题。

假设 6.10：同工人阶层相比，专业行政管理阶层更可能与好友建立密切的讨论网。

假设 6.11：同工人阶层相比，专业行政管理阶层更可能选择普通朋友作为讨论网成员。

假设 6.12：工人阶层比专业行政管理阶层更可能与邻居讨论重要的个人问题。

假设 6.13：同工人阶层相比，专业行政管理阶层更可能选择其他非亲属作为讨论网成员。

2. 社会网络构成的理性选择模型

根据第二章第二节讨论的社会网络构成的理性选择模型①，与某种角色的接触机会越少，与某人的居住距离越远，个人网络中角色关系的多元性越弱，发展和维持该种个人关系的成本越高，因而增加了中止该种个人关系的可能性，从而发展和维持个人关系的收益越低（成本模型）；一个人现存的社会关系网络的规模越大，从另外的角色关系中获得支持的可能性越小，因此与新的角色发展和维持个人关系的机会越少（收益模型）。将这种模型运用于中国城市居民讨论网中的各种子网络（subnetworks），将会导出如下具体假设。

假设 6.14：配偶以外的网络规模越大，在讨论网中提到配偶的可能性越小。

假设 6.15a：父母以外的网络规模越大，在讨论网中提到父母的可能性越小。

假设 6.15b：与父母的居住距离越近、交往频率越高，越可能在讨论网中提到父母。

假设 6.16a：子女以外的网络规模越大，成年子女越多，在讨论网中提到子女的可能性越小。

假设 6.16b：与子女的居住距离越近、交往频率越高，越可能在讨论网中提到子女。

---

① 笔者在此提出的 19 个具体假设，主要是根据理性选择理论的"限制－成本－收益"模型推导出的，意在重复西方社会学家同类研究的有关假设，以期证实（或证伪）社会交往的"限制－成本－收益"模型在社会经济制度、文化传统不同的中国城市居民讨论网中的效力。

假设 6.17a：兄弟姐妹以外的网络规模越大，在讨论网中提到兄弟姐妹的可能性越小。成年兄弟姐妹越多，在讨论网中提到兄弟姐妹的可能性越大。

假设 6.17b：与兄弟姐妹的居住距离越近，与兄弟姐妹的交往频率越高，越可能在讨论网中提到兄弟姐妹。

假设 6.18a：其他亲属以外的网络规模越大，在讨论网中提到其他亲属的可能性越小。

假设 6.18b：与其他亲属的交往频率越高，越可能在讨论网中提到其他亲属。

假设 6.19a：同事以外的网络规模越大，在讨论网中提到同事的可能性越小。

假设 6.19b：一般社会交往中所认识的同事规模及同事中好友的规模越大，越可能在讨论网中提到同事。

假设 6.20：同学以外的网络规模越大，在讨论网中提到同学的可能性越小。

假设 6.21a：好友以外的网络规模越大，在讨论网中提到好友的可能性越小。一般社会交往中所认识的好友规模越大，在讨论网中提到好友的可能性越大。

假设 6.21b：与好友的居住距离越近、联系越频繁，越可能在讨论网中提到好友。

假设 6.22：普通朋友以外的网络规模越大，在讨论网中提到普通朋友的可能性越小。

假设 6.23a：邻居以外的网络规模越大，在讨论网中提到邻居的可能性越小。一般社会交往中所认识的邻居越多，越可能在讨论网中提到邻居。

假设 6.23b：在本邻里居住的时间越长，越可能在讨论网中提到邻居。

假设 6.24a：其他非亲属以外的网络规模越大，在讨论网中提到其他非亲属的可能性越小。

假设 6.24b：一般社会交往中所认识的社团朋友规模越大，越可能在讨论网中提到其他非亲属。

二 研究结果与发现

1. 亲属关系比例

表 6.9 阶层地位对亲属关系比例影响的回归结果显示，在控制了性别、

婚姻状况、年龄及年龄平方等人口特征和网络规模与网络密度等网络结构特征以后，专业行政管理阶层、普通白领阶层和小雇主阶层分别比工人阶层的亲属关系比例低3.6%、0.3%和3.6%。这个结果与假设所预测的方向一致，但是在统计学意义上并不显著，因此，假设6.7并不能获得北京城市社会网络调查资料的支持。相反，我们的发现是，在北京城市居民的重要问题讨论网中，专业行政管理阶层、普通白领阶层和小雇主阶层的亲属关系比例与工人阶层相比不存在显著的差别。

其他有意义的发现是，已婚者比未婚者、离婚/分居者和丧偶者的亲属关系比例高10.9% ($p<0.05$)。年龄和年龄平方对亲属关系比例的影响表现在，处于工作年龄阶段（或中青年阶段）的人更可能与非亲属讨论重要问题，退休人士更可能依赖亲属关系讨论和解决个人生活中的重大问题。① 网络规模增加1人，亲属关系比例下降2.1% ($p<0.001$)，即网络规模与亲属关系比例之间呈负相关。网络密度增加10%，亲属关系比例增加25.7% ($p<0.001$)，即网络密度与亲属关系比例之间呈正相关。

表6.9 讨论网中亲属关系比例的OLS回归分析

	模型1	模型2	模型3
常数项	48.633（12.781）***	36.802（12.684）**	36.839（12.765）**
男性	-3.163（2.687）	-2.224（2.602）	-1.799（2.659）
已婚者[1]	9.588（4.394）*	10.619（4.252）**	10.906（4.271）*
年龄	-1.089（0.609）*	-1.021（0.589）*	-1.010（0.590）*
年龄平方	0.015（0.006）**	0.013（0.006）*	0.013（0.006）*
网络规模		-2.177（0.478）***	-2.126（0.481）***
网络密度		25.819（3.678）***	25.658（3.683）***
阶层[2]			
专业行政管理			-3.638（3.032）
普通白领			-0.312（3.856）
小雇主			-3.552（7.013）
R^2	0.032	0.097	0.098

---

① 运用同样的回归方程，在把年龄分为18~29岁、30~49岁、50岁及以上（作为参照组）的统计结果中，50岁及以上的人的讨论网中的亲属关系比例随年龄增长而增加。由此可以推断，年龄与亲属关系比例的负相关关系和年龄平方与亲属关系比例的正相关关系可能是人们在50岁及以后时与更多的亲属交往和讨论重要问题而造成的。

续表

	模型 1	模型 2	模型 3
F-Test	8.08 ***	17.17 ***	11.61 ***
df	4	6	9
N		938	

注：系数为非标准化的回归系数（B），括号内为标准误。
$^*p<0.05$，$^{**}p<0.01$，$^{***}p<0.001$（单尾检验）。
1. 参考类别为未婚者和离婚/分居者及丧偶者。
2. 参考类别为工人阶层。

2. 配偶

表 6.10 是阶层地位和社会人口特征影响讨论网中是否提到配偶的简单对数比率回归分析的结果。该结果表明，在控制人口特征和网络结构特征以后，专业行政管理阶层和普通白领阶层比工人阶层提及配偶的概率分别大 1.3 倍（$e^{0.280}=1.3$，$p<0.10$）和 1.6 倍（$e^{0.480}=1.6$，$p<0.05$）。虽然小雇主阶层比工人阶层提到配偶的概率也大 1.3 倍，但是在统计学意义上并不显著。说明专业行政管理阶层和普通白领阶层比工人阶层更可能选择配偶作为讨论网的成员。该模型的 Pseudo R^2 达到 39.9%，对数似然比检验总和 χ^2 检验均非常显著，说明该模型的拟合度较高。

同时，配偶以外的网络规模增加 1 人，在讨论网中提及配偶的概率下降 46.5%（$e^{-0.766}=0.465$，$p<0.001$），亦即配偶以外的讨论网规模越大，越不可能选择配偶作为讨论网的成员。该结果验证了假设 6.14。

表 6.10　讨论网中配偶规模的对数比率回归分析

	模型 1	模型 2	模型 3
常数项	-4.360 (0.739) ***	-0.2.666 (0.739) ***	-0.2.733 (0.741)
男性	-0.088 (0.138)	-0.193 (0.154)	-0.181 (0.158)
29 岁及以下	-0.048 (0.421)	-0.045 (0.451)	-0.084 (0.461)
30~49 岁	0.085 (0.141)	0.067 (0.156)	0.058 (0.162)
已婚者[1]	4.275 (0.135) ***	4.302 (0.728) ***	4.280 (0.729)
网络规模（配偶除外）		-0.753 (0.065) ***	-0.766 (0.067) ***
阶层[2] 专业行政管理			0.280 (0.180) !
普通白领			0.480 (0.227) *

续表

	模型 1	模型 2	模型 3
小雇主			0.221（0.400）
Pseudo R^2（Nagelkerke）	0.214	0.394	0.399
-2Log Likelihood	1179.60	1006.86	1001.14
χ^2	172.86***	345.68***	351.40***
df	4	5	8
N		938	

注：系数为非标准化的回归系数（B），括号内为标准误。
$^!p<0.10$，$^*p<0.05$，$^{**}p<0.01$，$^{***}p<0.001$（单尾检验）。
1. 参考类别为未婚者和离婚/分居者及丧偶者。
2. 参考类别为工人阶层。

3. 父母

表6.11的回归结果显示，在控制了人口变项和社会交往的机会与限制变项以后，小雇主阶层的讨论网中父母规模比工人阶层少0.32人（$p<0.05$），亦即工人阶层比小雇主阶层在讨论网中更可能提到父母。虽然专业行政管理阶层和普通白领阶层显示比工人阶层更可能提及父母，但是在统计上并不具有显著意义。该模型的削减误差比例达到17.6%，表明该模型的解释力相当强。

社会交往的机会与限制变项对讨论网中父母规模的影响是，父母以外的网络规模增加1人，讨论网中的父母人数减少0.11人（$p<0.001$）。与母亲的联络频率越高，越可能在讨论网中提到父母。与父亲的联络频率越高，越不可能与父亲讨论重要问题，后一个发现有点出乎意料。但是，与母亲和父亲的居住距离对于是否选择父母作为讨论网成员没有显著的影响。上述结果证实了假设6.15a，即父母以外的网络规模越大，在讨论网中提到父母的可能性越小。假设6.15b仅仅获得了部分支持，即与母亲的联络频率越高，越可能在讨论网中提到母亲。与父母的居住距离远近对于是否提及父母作为讨论网成员没有影响。

表6.11 讨论网中父母规模的OLS回归分析

	模型 1	模型 2	模型 3
常数项	0.188（0.215）	0.757（0.237）**	0.730（0.236）**
男性	0.136（0.078）$^!$	0.109（0.074）$^!$	0.147（0.075）*

续表

	模型1	模型2	模型3
29岁及以下[1]	0.224（0.200）	0.233（0.194）	0.255（0.195）
30~49岁[1]	-0.077（0.143）	-0.071（0.139）	-0.082（0.139）
已婚者[2]	0.044（0.165）	-0.020（0.160）	-0.031（0.159）
网络规模（父母除外）		-0.109（0.029）***	-0.112（0.029）***
与母亲家距离		0.116（0.190）	0.123（0.189）
与母亲联络频率		0.119（0.090）[1]	0.153（0.090）[1]
与父亲家距离		-0.149（0.189）	-0.151（0.188）
与父亲联络频率		-0.172（0.090）*	-0.211（0.090）*
阶层地位[2]			
专业行政管理			0.118（0.088）
普通白领			0.112（0.194）
小雇主			-0.322（0.168）*
R^2	0.033	0.147	0.176
F-Test值	1.97[1]	4.34***	3.98***
df	4	9	12
N		236	

注：系数为非标准化的回归系数（B），括号内为标准误。
[1] $p<0.10$，* $p<0.05$，** $p<0.01$，*** $p<0.001$（单尾检验）。
1. 参考类别为50岁及以上。
2. 参考类别为未婚者和离婚/分居者及丧偶者。
3. 参考类别为工人阶层。

4. 子女

从表6.12关于阶层地位和人口特征及社会交往的机会与限制变项影响子女规模的统计结果可以发现，普通白领阶层比工人阶层讨论网中的子女规模多0.5人（$p<0.10$），在一个小规模的核心网络中，这一数值的差异相当明显，说明普通白领阶层比工人阶层更可能与子女讨论重要问题。专业行政管理阶层和小雇主阶层比工人阶层讨论网中子女规模分别多0.02人和少0.04人，但是在统计上并不显著，说明专业行政管理阶层和小雇主阶层与工人阶层在是否选择子女作为讨论网成员上不存在显著的差异。该模型的解释力达到19.9%。

从表6.12模型3的结果还可以看到，子女以外的网络规模增加1人，讨论网中的子女规模增加0.14人（$p<0.05$）。18岁以上的儿子和女儿增加

1 人，讨论网中的子女规模分别增加 0.19 人（$p < 0.01$）和 0.24 人（$p < 0.01$）。与子女家的距离越远，越不可能提名子女作为讨论网成员。与子女的联络频率越高，越可能与子女讨论重要问题，但是后两项结果在统计上不具有显著意义。假设 6.16a 获得部分支持，即成年子女越多，越可能在讨论网中提到子女。但是假设 6.16b 在本研究中并没有获得北京调查资料的支持，即与子女的居住距离和联络频率并不对讨论网中的子女规模产生显著的影响。

表 6.12　讨论网中子女规模的 OLS 回归分析

	模型 1	模型 2	模型 3
常数项	0.413（0.374）	-0.309（0.418）	0.434（0.435）
男性	-0.429（0.153）**	-0.360（0.152）*	-0.335（0.158）*
50 岁及以上[1]	0.536（0.349）	0.188（0.344）	0.260（0.359）
已婚者[2]	-0.075（0.218）	-0.084（0.213）	-0.077（0.213）
网络规模（子女除外）		0.147（0.058）*	0.142（0.059）*
18 岁以上儿子数目		0.183（0.066）**	0.190（0.067）**
18 岁以上女儿数目		0.230（0.074）***	0.239（0.075）**
与子女家距离		-0.006（0.047）	-0.005（0.048）
与子女联络频率		0.041（0.073）	0.038（0.073）
阶层地位[2]			
专业行政管理			0.017（0.161）
普通白领			0.510（0.312）!
小雇主			-0.039（0.335）
R^2	0.060	0.185	0.199
F-Test 值	3.49	4.51***	3.53***
df	3	8	11
N		168	

注：系数为非标准化的回归系数（B）括号内为标准误。
! $p < 0.10$，* $p < 0.05$，** $p < 0.01$，*** $p < 0.001$（单尾检验）。
1. 参考类别为 50 岁以下。
2. 参考类别为未婚者和离婚/分居者及丧偶者。
3. 参考类别为工人阶层。

5. 兄弟姐妹

表 6.13 报告了讨论网中兄弟姐妹规模的回归分析结果。该结果显示，专业行政管理阶层比工人阶层讨论网中的兄弟姐妹规模多 0.06 人（$p < $

0.10）。普通白领阶层和小雇主阶层虽然比工人阶层讨论网中的兄弟姐妹规模分别少 0.03 人和 0.08 人，但是在统计上不具有显著的意义。简言之，仅仅专业行政管理阶层比工人阶层更可能与兄弟姐妹讨论重要问题。

兄弟姐妹以外的讨论网规模增加 1 人，讨论网中的兄弟姐妹规模减少 0.07 人（$p<0.001$）。成年兄弟和姐妹数目增加 1 人，讨论网中的兄弟姐妹规模分别增加 0.02 人（$p<0.10$）和 0.03 人（$p<0.05$）。与兄弟姐妹家的居住距离和与兄弟姐妹的交往频率对是否选择兄弟姐妹作为讨论网成员不产生显著的影响。该结果证实了假设 6.17a，即兄弟姐妹以外的网络规模与讨论网中的兄弟姐妹规模负相关，成年兄弟姐妹数目与讨论网中的兄弟姐妹规模正相关。假设 6.17b 并没有通过该资料的验证。

表 6.13 讨论网中兄弟姐妹规模的 OLS 回归分析

	模型 1	模型 2	模型 3
常数项	0.146（0.058）*	0.306（0.093）***	0.297（0.094）**
男性	-0.043（0.033）	-0.045（0.032）	-0.049（0.033）!
29 岁及以下[1]	0.089（0.092）	0.085（0.093）	0.116（0.094）
30~49 岁[1]	0.078（0.034）*	0.055（0.038）!	0.070（0.038）*
已婚者[2]	-0.054（0.059）	-0.051（0.058）	-0.053（0.054）
网络规模（兄弟姐妹除外）		-0.062（0.013）***	-0.065（0.014）***
18 岁以上兄弟数目		0.019（0.013）!	0.020（0.013）!
18 岁以上姐妹数目		0.028（0.013）*	0.029（0.013）*
与兄弟姐妹家距离		-0.004（0.008）	-0.005（0.008）
与兄弟姐妹联络频率		-0.014（0.014）	-0.014（0.014）
阶层地位[2] 专业行政管理			0.061（0.038）!
普通白领			-0.026（0.048）
小雇主			-0.079（0.086）
R^2	0.011	0.051	0.057
F-Test 值	2.13*	4.49***	3.79***
df	4	9	12
N		769	

注：系数为非标准化的回归系数，括号内为标准误。
! $p<0.10$, * $p<0.05$, ** $p<0.01$, *** $p<0.001$（单尾检验）。
1. 参考类别为 50 岁以下。
2. 参考类别为未婚者和离婚/分居者及丧偶者。
3. 参考类别为工人阶层。

6. 其他亲属

从表 6.14 模型 3 的结果可以发现，专业行政管理阶层比工人阶层的其他亲属多 0.04 人（$p<0.10$），普通白领阶层比工人阶层的其他亲属少 0.05 人（$p<0.10$）。小雇主阶层虽比工人阶层的其他亲属少 0.04 人，但是在统计上不显著。

其他亲属以外的网络规模增加 1 人，讨论网中其他亲属规模减少 0.05 人（$p<0.001$）。与其他亲属的联系越频繁，越可能在讨论网中提到其他亲属。这个结果与假设 6.18a 和假设 6.18b 的预测完全一致。

表 6.14　讨论网中其他亲属规模的 OLS 回归分析

	模型 1	模型 2	模型 3
常数项	0.148（0.034）***	0.235（0.040）***	0.231（0.040）***
男性	-0.012（0.021）	-0.019（0.020）	-0.025（0.021）
29 岁及以下[1]	-0.077（0.042）!	-0.083（0.042）!	-0.065（0.043）!
30～49 岁[1]	-0.047（0.022）*	-0.058（0.022）*	-0.043（0.022）*
已婚者[2]	-0.036（0.034）	-0.043（0.034）*	-0.043（0.034）
网络规模（不含其他亲属）		-0.044（0.088）***	-0.046（0.008）***
与其他亲属的联络		0.027（0.009）*	0.027（0.009）**
阶层地位[2]			
专业行政管理			0.036（0.024）!
普通白领			-0.051（0.030）!
小雇主			-0.043（0.055）
R^2	0.007	0.041	0.049
F-Test 值	1.86!	7.17***	5.68***
df	4	6	9
N		938	

注：系数为非标准化的回归系数，括号内为标准误。
! $p<0.10$，* $p<0.05$，** $p<0.01$，*** $p<0.001$（单尾检验）。
1. 参考类别为 50 岁以下。
2. 参考类别为未婚者和离婚/分居者及丧偶者。
3. 参考类别为工人阶层。

7. 同事

表 6.15 对讨论网中的同事规模与阶层地位和人口变项及社会交往的机会与限制变项的关系进行了回归分析。模型 3 的结果表明，在控制了人口变项和社会交往的机会与限制变项以后，专业行政管理阶层比工人阶层讨论网中的同事规模多 0.3 人（$p<0.05$），说明专业行政管理阶层比工人阶层更可能选择同事作为讨论网的成员。普通白领阶层虽然也比工人阶层提到更多的同事，但是不具有显著的统计意义。小雇主阶层的同事规模稍微小于工人阶层，但是在统计上也不显著。该模型的削减误差比例达 30.4%，解释力颇强。该结果验证了假设 6.8，专业行政管理阶层比工人阶层更可能与同事讨论重要问题。

同事以外的网络规模增加 1 人，讨论网中的同事规模减少 0.4 人（$p<0.001$）。一般社会交往中所认识的同事规模和同事中好友的规模两个变项对讨论网中的同事规模没有显著的影响。这个结果证实了假设 6.19a，即同事以外的网络规模越大，越不可能将同事选作重要问题的讨论网成员。此外，笔者还对一般社会交往中的同事规模进行了回归分析。表 6.16 的结果显示，在一般社会交往中，专业行政管理阶层的同事规模是工人阶层的 1.15 倍（$e^{0.14}=1.15$，$p<0.001$），小雇主阶层的同事规模仅仅是工人阶层的 81.7%（$e^{-0.202}=0.817$，$p<0.05$）。另外，对同事中的朋友规模回归分析结果表明（见表 6.16），专业行政管理阶层、普通白领阶层在同事中的朋友规模分别是工人阶层 81.4%（$e^{-0.206}=0.814$，$p<0.05$）和 51.4%（$e^{-0.245}=0.514$，$p<0.05$）。小雇主阶层同事中的朋友规模也仅仅是工人阶层的 91.9%（$e^{-0.084}=0.919$，统计上不显著）。这组结果说明工人阶层比专业行政管理阶层更可能从同事中发展友谊关系。结合表 6.16 的结果，可以得出这样的初步结论：虽然各阶层一般交往中的同事规模有显著的差异，但是这种差异与是否选择同事讨论重要问题没有必然的关系。该结果并不支持假设 6.19b 的预测。另外，我们发现，男性讨论网中的同事规模比女性少 0.2 人（$p<0.05$），这个结果多少有点令人意外。

表 6.15　讨论网中同事规模的 OLS 回归分析

	模型 1	模型 2	模型 3
常数项	0.944（0.269）***	1.680（0.253）***	1.593（0.258）***
男性	-0.251（0.125）*	-0.220（0.108）*	-0.227（0.110）*
29 岁及以下[1]	-0.451（0.287）	-0.226（0.251）	-0.161（0.252）

续表

	模型1	模型2	模型3
30~49岁[1]	-0.241（0.168）	-0.170（0.146）	-0.108（0.148）
已婚者[2]	0.174（0.223）	0.175（0.197）	0.168（0.196）
网络规模（同事规模除外）		-0.364（0.037）***	-0.370（0.037）***
所认识的同事规模（log）		0.115（0.178）	-0.017（0.185）
同事中好友的规模		0.010（0.065）	0.031（0.065）
阶层地位[2] 专业行政管理			0.290（0.126）*
普通白领			0.005（0.053）
小雇主			-0.009（0.326）
R^2	0.034	0.288	0.304
F-Test 值	2.40*	15.51***	11.59***
df	4	7	10
N		276	

注：系数为非标准化的回归系数，括号内为标准误。
*$p<0.05$，**$p<0.01$，***$p<0.001$（单尾检验）。
1. 参考类别为50岁以下。
2. 参考类别为未婚者和离婚/分居者及丧偶者。
3. 参考类别为工人阶层。

8. 同学

从表6.17可以发现，在控制了性别、年龄和婚姻状况等社会人口特征及社会交往的机会与限制变项以后，专业行政管理阶层讨论网中的同学规模比工人阶层多0.08人（$p<0.05$）。普通白领阶层和小雇主阶层的同学规模分别比工人阶层多0.04人和少0.08人，但是后两项结果在统计上并不显著。上述结果支持了假设6.9，即专业行政管理阶层比工人阶层更可能选择同学作为讨论网的成员。

同学以外的网络规模增加1人，讨论网中的同学规模减少0.09人（$p<0.001$），即同学以外的网络规模越大，在讨论网中提到同学的可能性越小。该结果验证了假设6.20。此外，我们还发现，29岁及以下的人同50岁及以上的人相比，更可能与同学讨论重要问题。

表 6.16 一般社会交往中各种关系规模的回归分析

	朋友规模（log）		同事规模（log）		同事中的朋友规模（log）	
	模型 1	模型 2	模型 1	模型 2	模型 1	模型 2
常数项	2.189（0.282）***	2.135（0.281）***	-0.091（0.250）	-0.123（0.250）	-1.108（0.656）!	-0.845（0.660）!
男性	0.222（0.059）***	0.229（0.060）***	0.079（0.039）*	0.079（0.040）*	-0.115（0.102）	-0.134（0.104）
已婚者[1]	-0.157（0.099）!	-0.171（0.098）*	0.089（0.065）	0.081（0.064）	0.233（0.173）	0.249（0.173）
年龄	-0.015（0.014）	-0.015（0.014）	0.011（0.013）	0.012（0.013）	0.009（0.033）	0.007（0.033）
年龄平方	0.0002（0.000）	0.00016（0.000）	-0.00015（0.000）	-0.00018（0.000）	-0.00013（0.000）	-0.00011（0.000）
阶层[2]						
专业行政管理		0.251（0.068）***		0.140（0.044）***		-0.206（0.114）*
普通白领		0.165（0.086）*		-0.033（0.054）		-0.245（0.146）!
小雇主		-0.176（0.160）		-0.202（0.099）*		-0.084（0.311）
R^2	0.025	0.045	0.019	0.058	0.016	0.032
F-Test 值	5.70***	5.88***	2.20	4.09***	1.08	1.27
df	4	7	4	7	4	7
N	809		297		208	

	邻居规模（log）		邻居中的朋友规模（log）		志愿团体中的朋友规模（log）	
	模型 1	模型 2	模型 1	模型 2	模型 1	模型 2
常数项	-0.799（0.230）***	-0.792（0.232）***	-1.506（0.530）**	-1.524（0.533）**	-1.260（0.558）*	-1.194（0.561）*
男性	0.056（0.048）	0.059（0.049）	-0.034（0.106）	-0.025（0.109）	0.064（0.135）	0.073（0.139）

续表

	邻居规模（log）		邻居中的朋友规模（log）		志愿团体中的朋友规模（log）	
	模型 1	模型 2	模型 1	模型 2	模型 1	模型 2
已婚者[1]	-0.075（0.078）	-0.071（0.078）	-0.069（0.170）	-0.073（0.170）	-0.046（0.212）	-0.010（0.214）
年龄	0.024（0.011）*	0.024（0.011）	0.033（0.024）!	0.035（0.024）!	0.019（0.028）	0.015（0.028）
年龄平方	-0.00018（0.000）*	-0.00018（0.000）	-0.0003（0.000）!	-00034（0.000）!	-0.00017（0.000）	-0.00012（0.000）
专业行政管理阶层[2]		-0.059（0.056）		-0.173（0.121）!		-0.130（0.151）
普通白领		-0.027（0.073）		-0.068（0.161）		0.120（0.201）
小雇主		0.004（0.144）		0.211（0.409）		0.518（0.495）
R^2	0.020	0.022	0.008	0.016	0.005	0.020
F-Test 值	4.13**	2.52*	0.556	0.675	0.260	0.570
df	4	7	4	7	4	7
N	809		297		208	

注：系数为非标准化的回归系数，括号内为标准误。
! $p<0.10$，* $p<0.05$，** $p<0.01$，*** $p<0.001$。
1. 参考类别为未婚者和离婚/分居者及丧偶者。
2. 参考类别为工人阶层。

表 6.17　讨论网中同学规模的 OLS 回归分析

	模型 1	模型 2	模型 3
常数项	0.136 (0.047)**	0.345 (0.053)***	0.320 (0.054)
男性	0.017 (0.028)	0.008 (0.027)	0.007 (0.028)
29 岁及以下[1]	0.290 (0.057)***	0.299 (0.056)***	0.315 (0.056)***
30~49 岁[1]	0.007 (0.030)	0.005 (0.029)	0.018 (0.030)
已婚者[2]	-0.068 (0.046)	-0.045 (0.045)	-0.050 (0.045)
网络规模（不含同学）		-0.083 (0.011)***	-0.086 (0.011)***
阶层地位[3]			
专业行政管理			0.084 (0.032)*
普通白领			0.040 (0.040)
小雇主			-0.075 (0.055)
R^2	0.053	0.106	0.114
F-Test 值	13.95***	23.77***	15.99***
df	4	5	8
N		938	

注：系数为非标准化的回归系数，括号内为标准误。

* $p<0.05$，** $p<0.01$，*** $p<0.001$（单尾检验）。

1. 参考类别为 50 岁以下。
2. 参考类别为未婚者和离婚/分居者及丧偶者。
3. 参考类别为工人阶层。

9. 好友

表 6.18 模型 3 的结果显示，在控制了社会人口特征和社会交往的机会与限制变项以后，专业行政管理阶层讨论网中的好友规模比工人阶层多 0.2 人（$p<0.05$），即专业行政管理阶层比工人阶层更可能选择好友讨论重要问题。普通白领阶层和小雇主阶层讨论网中的好友规模虽然分别比工人阶层少 0.05 和 0.1 人，但是在统计上并不具有显著意义，这意味着普通白领阶层和小雇主阶层在是否选择好友讨论重要问题时与工人阶层相比不存在显著的差别。上述结果验证了假设 6.10。模型 3 的削减误差比例高达 34.4%，说明其解释力非常强。

好友以外的网络规模增加 1 人，讨论网中的好友规模减少 0.5 人（$p<0.001$）。一般社会交往中所认识的好友规模增加 1 人，讨论网中的好友规模增加 0.2 人（$p<0.001$）。与好友的居住距离和联络频率虽然都与讨论网中的好友规模呈现一种负相关关系，但是在统计上并不显著。该结果支持了

假设 6.21a，但是并没有验证假设 6.21b。另外，29 岁及以下的青年人、30～49 岁的中年人同 50 岁及以上的人相比，更可能与好友讨论重要问题。

表 6.18　讨论网中好友规模的 OLS 回归分析

	模型 1	模型 2	模型 3
常数项	0.589（0.142）***	1.465（0.165）***	1.452（0.165）***
男性	0.077（0.081）	−0.056（0.069）	−0.066（0.070）
29 岁及以下[1]	0.658（0.165）***	0.305（0.139）**	0.365（0.141）*
30～49 岁[1]	0.278（0.087）***	0.063（0.073）	0.107（0.107）!
已婚者[2]	−0.004（0.038）	0.030（0.115）	0.032（0.115）
网络规模（好友除外）		−0.521（0.027）***	−0.525（0.027）***
所认识的好友规模		0.240（0.039）	0.227（0.040）***
与好友的居住距离		−0.011（0.023）	−0.017（0.023）
与好友的联络频率		−0.009（0.025）	−0.015（0.025）
阶层地位[2]			
专业行政管理			0.188（0.080）*
普通白领			−0.047（0.100）
小雇主			−0.109（0.183）
R^2	0.030	0.339	0.344
F-Test 值	6.83***	55.60***	41.33***
df	4	8	11
N		878	

注：系数为非标准化的回归系数，括号内为标准误。
! $p<0.10$，* $p<0.05$，** $p<0.01$，*** $p<0.001$（单尾检验）。
1. 参考类别为 50 岁以下。
2. 参考类别为未婚者和离婚/分居者及丧偶者。
3. 参考类别为工人阶层。

10. 普通朋友

表 6.19 的回归分析结果表明，在控制了社会人口变项和社会交往的机会与限制变项以后，专业行政管理阶层讨论网中的普通朋友规模比工人阶层多 0.07 人（$p<0.10$），即同工人阶层相比，专业行政管理阶层更可能与普通朋友讨论重要问题。普通白领阶层和小雇主阶层在是否选择普通朋友作为讨论网的成员时不存在显著的差异。这个结果证实了假设 6.11 的预测。

普通朋友以外的网络规模增加 1 人，讨论网中的普通朋友规模减少

0.1 人（$p<0.001$），亦即普通朋友以外的网络规模越大，越不可能选择普通朋友作为讨论网的成员。上述结果验证了假设 6.22 的预测。另外，30~49 岁的中年人比 50 岁及以上的人更可能以普通朋友作为重要问题的讨论对象。

表 6.19 讨论网中普通朋友规模的 OLS 回归分析

	模型 1	模型 2	模型 3
常数项	0.090（0.055）[!]	0.339（0.063）***	0.323（0.064）***
男性	0.044（0.033）	0.030（0.032）	0.028（0.033）
29 岁及以下[1]	-0.039（0.067）	0.003（0.066）	0.023（0.067）
30~49 岁[1]	0.044（0.035）	0.039（0.034）	0.054（0.035）[!]
已婚者[2]	-0.022（0.054）	-0.0001（0.053）	-0.002（0.053）
网络规模（普通朋友除外）		-0.097（0.013）***	-0.099（0.013）***
阶层地位[2] 专业行政管理			0.065（0.038）[!]
普通白领			-0.004（0.048）
小雇主			-0.072（0.088）
R^2	0.004	0.058	0.062
F-Test 值	1.00	12.22***	8.19***
df	4	5	8
N		967	

注：系数为非标准化的回归系数，括号内为标准误。
[!] $p<0.10$，* $p<0.05$，** $p<0.01$，*** $p<0.001$（单尾检验）。
1. 参考类别为 50 岁以下。
2. 参考类别为未婚者和离婚/分居者及丧偶者。
3. 参考类别为工人阶层。

11. 邻居

表 6.20 是阶层地位、社会人口特征和社会交往的机会与限制变项影响讨论网中邻居规模的回归分析结果。从模型 3 可以发现，专业行政管理阶层讨论网中的邻居规模比工人阶层少 0.2 人（$p<0.01$），亦即工人阶层比专业行政管理阶层更可能在讨论网中提及邻居。普通白领阶层和小雇主阶层讨论网中的邻居规模虽然也小于工人阶层，但是并不具有显著意义，这意味着普通白领阶层和小雇主阶层在是否选择邻居作为讨论网成员时与工人阶层相比不存在显著的差别。该模型的削减误差比例达到 18.9%，说明该

模型具有较好的拟合度。该结果证实了假设 6.12，即工人阶层比专业行政管理阶层更可能将邻居选为重要问题的讨论网成员。

对邻居中的朋友规模的回归分析结果显示（见表 6.16），专业行政管理阶层邻居中的朋友规模是工人阶层的 84.1%（$e^{-0.173} = 0.841$，$p < 0.10$）。普通白领阶层邻居中的朋友规模与工人阶层相当（$e^{-0.068} = 1.005$），小雇主阶层邻居中的朋友规模是工人阶层的 1.25 倍（$e^{0.211} = 1.25$），后两项结果在统计上均不显著。这组结果说明，与专业行政管理阶层相比，工人阶层更可能从邻居中发展友谊关系。

邻居以外的网络规模增加 1 人，讨论网中的邻居规模减少 0.2 人（$p < 0.001$）。生活中所认识的邻居规模与讨论网中的邻居规模呈正相关关系。具体来说，生活中所认识的邻居规模增加 1 人，讨论网中的邻居规模相应增加 0.1 人（$p < 0.01$）。在本邻里居住时间越长，越不可能选择邻居作为讨论网成员，这个发现有点令人费解。这个结果验证了假设 6.23a 但没有验证假设 6.23b。

另外的有意义的发现是，男性讨论网中的邻居规模平均比女性少 0.09 人（$p < 0.05$），29 岁及以下的青年人和 30~49 岁的中年人比 50 岁及以上的人的邻居规模分别少 0.3 人（$p < 0.05$）和 0.2 人（$p < 0.001$）。

表 6.20　讨论网中邻居规模的 OLS 回归分析

	模型 1	模型 2	模型 3
常数项	0.452（0.078）***	1.018（0.094）***	1.072（0.096）***
男性	-0.090（0.048）¹	-0.096（0.044）*	-0.085（0.045）*
29 岁及以下[1]	-0.346（0.099）***	-0.218（0.094）*	-0.265（0.096）*
30~49 岁[1]	-0.165（0.050）***	-0.143（0.047）**	-0.170（0.050）***
已婚者[2]	-0.081（0.078）	-0.056（0.073）	-0.053（0.073）
网络规模（邻居除外）		-0.196（0.017）***	-0.187（0.017）***
所认识的邻居规模		0.099（0.032）***	0.096（0.032）**
在本邻里居住时间		-0.004（0.002）*	-0.004（0.002）*
阶层地位[3]			
专业行政管理			-0.153（0.052）**
普通白领			-0.063（0.066）
小雇主			-0.090（0.131）
R^2	0.028	0.180	0.189

续表

	模型 1	模型 2	模型 3
F-Test 值	5.73***	25.14***	18.59***
df	4	7	10
N		807	

注：系数为非标准化的回归系数，括号内为标准误。
$^1 p<0.10$，$^* p<0.05$，$^{**} p<0.01$，$^{***} p<0.001$（单尾检验）。
1. 参考类别为 50 岁以下。
2. 参考类别为未婚者和离婚/分居者及丧偶者。
3. 参考类别为工人阶层。

12. 其他非亲属

表 6.21 报告了讨论网中的其他非亲属规模对阶层地位、社会人口特征和社会交往的机会与限制变项的回归分析结果。从模型 3 的结果可以发现，虽然专业行政管理阶层和普通白领阶层讨论网中的其他非亲属规模分别比工人阶层少 0.01 人和 0.15 人，小雇主阶层的非亲属规模比工人阶层多 0.13 人，但是这些结果在统计上并不具有显著的意义，这意味着各阶层之间在是否选择其他非亲属作为讨论网成员时不存在意义重大的差别。这个结果并不支持假设 6.13 的预测。

其他非亲属以外的网络规模增加 1 人，讨论网中的其他非亲属规模相应地减少 0.3 人（$p<0.001$），说明其他亲属以外的非亲属规模越大，越不可能选择其他非亲属作为讨论网的成员。同时，在一般社会交往中所认识的社会团体中的朋友规模增加 1 人，讨论网中的其他非亲属规模相应地增加 0.12 人（$p<0.05$），这意味着所结识的社会团体的朋友越多，越可能把其他非亲属作为讨论网的成员。上述结果证实了假设 6.24a 和 6.24b。

此外，我们发现，30~49 岁的中年人同 50 岁及以上的人相比，其讨论网中的其他非亲属规模平均少 0.3 人（$p<0.05$），说明中年人比老年人更可能选择其他非亲属作为讨论网成员。

表 6.21　讨论网中其他非亲属规模的 OLS 回归分析

	模型 1	模型 2	模型 3
常数项	0.608 (0.203)*	1.395 (0.215)***	1.413 (0.219)***
男性	0.104 (0.124)	0.032 (0.112)	0.012 (0.117)
29 岁及以下[1]	-0.300 (0.237)	-0.059 (0.217)	-0.052 (0.219)

续表

	模型 1	模型 2	模型 3
30~49 岁[1]	0.608（0.134）*	-0.300（0.121）*	-0.268（0.127）*
已婚者[2]	0.104（0.200）	-0.102（0.183）	-0.101（0.184）
网络规模（其他非亲属除外）		-0.271（0.040）***	-0.270（0.040）***
所认识的社团朋友规模		0.118（0.059）*	0.119（0.059）*
阶层地位[3] 专业行政管理			-0.014（0.127）
普通白领			-0.152（0.171）
小雇主			0.129（0.418）
R^2	0.040	0.228	0.232
F-Test 值	2.13*	9.92***	6.65***
df	4	6	9
N		938	

注：系数为非标准化的回归系数，括号内为标准误。
* $p<0.05$，** $p<0.01$，*** $p<0.001$（单尾检验）。
1. 参考类别为 50 岁以下。
2. 参考类别为未婚者和离婚/分居者及丧偶者。
3. 参考类别为工人阶层。

三 解释与讨论

1. 阶层地位对网络关系构成的影响

在本节关于阶层地位影响网络关系构成的分析中，我们的主要发现如下：专业行政管理阶层和普通白领阶层比工人阶层更可能提到配偶；工人阶层比小雇主阶层更可能提到父母；普通白领阶层更可能提到子女；专业行政管理阶层比工人阶层更可能提到兄弟姐妹和其他亲属；专业行政管理阶层比工人阶层更可能提及同事、同学、好友、普通朋友；工人阶层比专业行政管理阶层更可能提到邻居；各阶层之间在是否选择其他非亲属作为讨论网成员方面不存在显著的差别。

上述阶层地位影响网络关系构成的结果不能简单地用社会交往的机会与限制理论来解释，特别是对不同阶层具有不同的亲属关系构成之结果的解释。是否选择某种亲属角色作为讨论网成员，在一定程度上也取决于该角色是否与自我的关系更趋于平等。专业行政管理阶层和普通白领阶层比工人阶层更可能与配偶讨论重要问题，不能说前者比后者与配偶的交往机会更多。在一般意义上，任何阶层地位的已婚者与其配偶的见面和沟通机会大致相同。根据以往的研究发现，上层阶层和普通白领阶层的夫妻关系更平等，具体表现为夫妻更可能共同参加某些社交活动或共度闲暇时光（Bott，1957/1971）。可能的原因是专业行政管理阶层和普通白领阶层的夫妻关系与小雇主阶层和工人阶层相比更趋于平等。更趋于平等的夫妻关系也有可能使二者的密切关系程度更高。如第五章所分析的，人们在是否选择某种关系作为讨论网的成员时，很可能考虑到自我与该人的关系密切程度，那些与自己关系更密切的人有可能较早地进入自我的提名名单。

工人阶层比小雇主阶层更可能提到父母，可能与前者更重视传统家庭的价值有关。在儒家的家庭系统中，父子关系不仅占据着核心的重要位置，而且本质上体现了一种不对称的权威结构（金耀基，1993）。在这种不平等的权威结构之下，更重视传统家庭价值观念的工人阶层在遇到重要问题需要听取他人的意见时，作为服从一方的工人阶层往往会首先向处于支配地位的父母咨询，特别是当生活、工作及其情感方面发生重大变动需要做出意义重大的抉择时，父母的意见往往是决定性的。

普通白领阶层比工人阶层更可能与子女讨论重要问题，可能是前者与子女具有一种更平等的亲子关系的反映。由于在正式的科层制组织中，普通白领阶层既不像专业行政管理阶层那样占据着优势的权威位置，也不像小雇主阶层那样拥有对家族企业或私人企业的绝对控制权。一些研究表明，人们在正式组织中的位置影响他们在组织之外的社会交往中的态度和行为，而且其在正式组织中的行为方式也会或明或暗地影响他们在家庭事务中的表现（丁国辉，2000）。在中国社会结构中处于中间位置的普通白领阶层，希望以一种平等的方式处理与子女的关系，试图与子女建立一种平等的朋友式的关系。因此，他们在讨论重要问题时，不是以享有绝对权威的"专制"家长的角色出现，而是以子女的朋友或至少是与子女平等沟通和交流的"民主"家长的面目出现。

专业行政管理阶层比工人阶层更可能提到兄弟姐妹和其他亲属，可能与前者传统家庭价值观的变化有关。在传统家庭中，父母具有至高无上的地位，相对平等的兄弟姐妹关系则处于从属的地位（在中国传统社会，兄弟姐妹的重要性起码位居向上的父母关系和向下的子女关系之后），而在血缘关系中处在边缘的远亲（其他亲属）位居传统差序格局的最外围（费孝通，1949/1998）。在专业行政管理阶层看来，是否提名某人作为讨论网的成员，与某人能否提供某个特定方面的支持有关。他们从社会交往的理性选择理论出发，选择那些最能够提供社会支持的人员建立社会网络。一般而言，作为同辈人的兄弟姐妹所接受的教育和所获得的经济收入普遍高于父辈，其接收信息、提供专业咨询和实质性帮助的能力也高于父辈。另外，与兄弟姐妹的关系和与父母的关系相比更趋平等。而远亲在社会网络的年龄、职业和教育等方面的异质性指数一般也高于近亲。专业行政管理阶层比工人阶层接受了更多的正规教育和培训，经历了更多的职业升迁和地理迁移，因此也更多地接受了现代工业社会的价值观，有可能在选择讨论网成员时不囿于传统的差序格局，而选择在传统差序格局中居于不太重要位置的兄弟姐妹和处在边缘位置的远亲。

同工人阶层相比，专业行政管理阶层更可能在讨论网中提到同事、同学、好友、普通朋友。本章第一节曾经解释了专业行政管理阶层比工人阶层具有更大的讨论网规模和更多元化的关系种类（尤其是非亲属规模和非亲属关系种类）的原因和意义。换言之，人们在网络规模和关系种类方面的差别，主要表现在非亲属规模和非亲属关系种类方面，造成该差别的重要原因是人们社会交往机会的多寡和所受交往限制的强弱。同工人阶层相比，社会交往机会较多和限制较少的专业行政管理阶层更可能提到较多的非亲属，这是后者比前者在讨论网中更多提及同事、同学、好友和普通朋友的一般原因。

那么如何具体地解释专业行政管理阶层比工人阶层在讨论网中更多地提到同事、同学、好友和普通朋友这种现象呢？我们在第五章讨论同事关系在中国城市社会中的一般重要性时曾经指出，中国城市单位制的持续存在，是同事关系依然在城市居民社会网络中占据相当重要地位的根本原因。但是，为什么专业行政管理阶层比工人阶层的讨论网中的同事规模更大呢？要解释这一差别，必须分析二者在中国城市阶层结构中所占据的不同位置。在中国城市阶层结构中位居上层的专业行政管理阶层，无论是在与地位相当的同僚交往中，还是在与作为广义同事的下属的联系中，均具有位居下层的工人阶层所缺乏的地位优势。布劳的宏观社会结构理论指出，占据上层社会地位的人在社会交往中扮演着主导性的角色（Blau，1977a）。林南的社会资本理论也阐明，在等级制结构中高层地位占据者与低层地位占据者之间的交往是不平等的，前者具有较强的社会资本控制能力（Lin，2001：167）。因此，占据上层地位的专业行政管理阶层在与同事的交往中，凭借其控制着社会中大多数政治、经济和文化技术资源的优势，更经常地充当讨论网的发起者以及社会交换中的施惠者角色。相反，工人阶层由于位居低层，大多只能同有限的同级同事打交道，在与上层阶层的交往中大多处于从属和被动的地位。这个发现也与戈德索普及其同事的英国研究的结论相同（Goldthorpe，1980/1987）。

专业行政管理阶层的讨论网中，比工人阶层提到同学的概率更高，该结果是由这两个阶层拥有不同的与同学交往的机会造成的。众所周知，一个受过大学教育的人和另一个仅仅小学毕业的人在现实生活中与各自旧日同学交往的机会是有很大差别的。接受正规教育年限越长的人，在求学期间结识同学的机会越多，这些旧日的同学成为好友的机会也会越多。如第三章所分析的，专业行政管理阶层的平均受教育年限显著地高于工人阶层，其中二者受过大学专科及以上教育的比例分别为 57.7% 和 4.3%（见表 3.1）。专业行政管理阶层和工人阶层在教育获得方面的显著差异，为二者与目前和昔日的同学交往提供了不同的机会结构，前者相对后者有较多的与同学交往的机会，是前者比后者更多地与同学讨论重要问题的结构性根源。

专业行政管理阶层比工人阶层在讨论网中提到更多的好友和普通朋友，同样也是前者比后者在社会交往中有较多的机会和受到较少限制的直接结果。表 6.16 阶层地位影响社会交往中朋友规模的分析也表明，专业行政管理阶层的平均朋友规模是工人阶层的 1.28 倍（$e^{0.251} = 1.28$）。处在较高阶层位置的专业行政管理阶层，比工人阶层具有结交家庭成员、同事和同学以外的普通朋友及好友的更有利的结构条件。

工人阶层比专业行政管理阶层更可能提到邻居，可能与前者更遵循地理上的邻近原则有关。地理上的邻近降低了社会交往中的成本。在经济收入较低的工人阶层看来，选择与邻居讨论重要问题也许是最理性的选择，起码不用支付因社会交往而产生的额外费用，因为邻居多居住在同一住宅楼、同一小区或附近步行可达的距离之内，为茶余饭后的非刻意交往提供了极大的方便。① 另外，该结果也许与工人阶层更信奉"远亲不如近邻"的传统价值观有关。工人阶层在地理上的传统社区范围内与邻居建立密切关系网络的事实，有力地驳斥了"社区丧失论"的预测。但是该结果与戈德索普等人的研究发现正好相反：（高级）专业行政管理人员比工人阶层更可能与邻居建立密切的关系（Goldthorpe，1980/1987）。

问卷原始设计中的其他非亲属关系是一种"剩余"类别，包括了除同

---

① 戈德索普及其合作者对英国各阶层社交方式的研究发现，专业行政管理阶层的社交活动是刻意安排的，而工人阶层的社交则多属偶然，比如相遇在公共场所（Goldthorpe，1980/1987）。

事、同学、好友、普通朋友、邻居之外的所有非亲属关系,意在考察各阶层之间在各种志愿性团体(比如宗教团体、健身团体以及各种专业性、嗜好性组织)中发展和建立社会网络时的差别。按照我们原来的假设,在阶层结构中居于上层的专业行政管理阶层讨论网中的其他非亲属(各种团体关系)规模将大于居于下层的工人阶层,因为前者参与各种非官方组织、非政府组织之外的社会团体的机会更多、受到的限制更少。但是,统计结果发现各阶层之间在是否选择其他非亲属作为讨论网成员方面不存在显著的差别。这个结果可能与社会团体的成立、发展及其活动受到多种管控有关。据民政部门统计,截至1999年底,全国社会团体共13841个。省级及跨地(市)活动的社会团体有19759个,地市级及县以上活动的社会团体50322个,涉外社会团体77个(廖鸿,2000)。不仅中国的扶贫、环保、教育、慈善、文化等合法注册的社会团体带有很强的官方背景和政府色彩,就是一些纯粹专业性、志趣性的社会团体往往也推举现任或离任的政府官员担任领导。社会团体的发展现状,是各个阶层的人员在社会团体中建立密切关系网络方面不存在有意义差别的根本原因所在。甚至在阶层地位对志愿团体中的朋友规模的回归分析中,专业行政管理阶层的志愿团体中的朋友规模仅仅是工人阶层的87.8%($e^{-0.130}=0.878$,见表6.16)。

2. 社会网络构成的理性选择模型

在我们的上述分析中,除了与母亲和其他亲属的联络频率以外,社会交往的成本模型在讨论网中的11种角色关系中基本上没有获得支持。成本模型曾经假设,与某人的居住距离越近,联络频率越高,越可能与某人发展比较密切的个人关系。但是,上述成本模型并没有在北京城市居民讨论网的调查资料中得到验证。换言之,自我是否将某个人选作讨论网的成员,和他与某个人的居住距离和联络频率无关。在一般意义上人们的居住距离越近,越有利于频繁的互动,后者又促进了密切关系的建立和维持。北京调查资料不能证实社会交往的成本模型,也许说明居住距离和联络频率与密切网络的形成没有必然的关系。在所属邻里居住时间与讨论网中的邻居规模呈负相关的结果为成本模型提供了反证(见表6.20模型3)。

城市家庭固定电话的普及、各种移动通信工具从身份标志变为大众沟通工具、个人计算机走入普通家庭以及互联网技术突飞猛进的发展,[①]确实

[①] 2003年6月北京城区固定电话用户为535.5万户,移动电话用户(包括农村用户)为1011.8万户,互联网用户为187.41万户(China Finance Online,2003年7月25日)。

改变了城市居民交流、获得信息、娱乐、经商和工作的方式，在很大程度上改变了人们社会交往的模式。过去需要面对面交流的问题，今天完全可以通过电话和互联网来替代。讨论重要问题的方式有多种，既可以面谈，也可以电话交谈，甚至还可以通过互联网来交流。人们社交观念和社交方式的巨大变化是潜在网络成员的居住距离和联络频率与现实的讨论网规模没有直接关系的重要原因。

我们的发现与荷兰社会支持网的结果也不尽相同：在1985~1986年的荷兰调查中，在除配偶以外的所有亲属关系中，居住距离越近，越可能从亲属角色中寻求社会支持；与配偶和朋友的居住距离越远，越可能从他们那里寻求支持（Van der Poel，1993b：95-143）。上述两项调查的结果迥然有异，可能与两项调查的提名问题的设计方面的差别有关。荷兰社会支持调查包括了一些必须见面才能提供帮助的提名问题，如家务琐事求助、患病照料或帮助购物、一同外出和互访等，能否提供这些方面的支持确实与居住距离相关。而北京城市调查的提名问题是"与某个人讨论重要问题"。提名问题的不同设计可能是导致不同研究发现的一个原因。

社会交往收益模型的假设在除子女以外的10个子模型的分析中得到验证。正如这个模型所预测的那样，一个人所拥有的个人关系的数量越多，越可能对建立另外的新关系产生否定的影响。基于边际回报递减的原理，从另外的个人关系中的收益随着现存个人网络规模的扩大而减少。当一个人所拥有的现存关系网络规模较大时，从潜在的任何一种新的另外的角色中建立密切关系的概率将逐渐减小。因为人们发展和维持现存的密切关系，需要时间、情感甚至金钱的投入，比如与关系密切的网络成员共度闲暇时光、沟通和交流、参与社交活动等。因此，发展新的密切关系往往以放弃现存的某些密切关系为代价，人们不可能无限制地扩大密切关系网络的圈子。

至于子女以外的网络规模越大，越可能在讨论网中提到子女的研究发现，也许与子女所发挥的特殊功能有关。在核心家庭中，成年子女既可以发挥情感支持的功能，又可以提供实质性的工具性支持，其功能是其他任何角色所不能替代的。在北京调查中，核心家庭占64.4%，主干家庭占25.6%，这两种占主导地位的家庭模式为子女在讨论网中发挥重要作用提供了条件。一般而言，子女一代的受教育程度高于父辈，其工资收入也大多高于父母，这也是子女关系出现于讨论网中的概率随网络规模扩大而增加的一个原因。

第四节 阶层地位对重要问题内容的影响

本节拟就阶层地位对重要问题内容的影响进行分析和讨论。以往关于重要问题讨论网的研究，从未涉及重要问题的内容，因此也就无从对讨论网的性质做出基本的判断。通过第五章对调查资料的实证分析，我们把北京城市居民的讨论网概括为兼具工具性和情感性功能的混合性社会网络。那么，不同阶层地位的城市居民是否在所讨论的重要问题的内容方面存在本质的差别？如果存在明显的差别，那么造成其差别的主要原因又是什么呢？本节通过对北京城市调查资料的分析来回答上述问题。

一 研究结果与发现

关于阶层地位对重要问题内容的影响，由于是一种探索性的实证研究，我们不准备提出具体的假设，在研究策略上采用地毯式的搜索方式，以免有挂一漏万之憾，因此拟将所有可能的影响因素引入回归方程。这些影响因素不仅包括性别、婚姻状况、年龄等社会人口特征，还包括就业身份、职业流动状况、政治身份和单位的所有制类别等变项。

表6.22是阶层地位及社会人口特征影响重要问题内容的多类别对数比率回归的统计结果。情感性/混合性模型1的结果显示，阶层地位对重要问题内容的独立影响表现在专业行政管理阶层、普通白领阶层和工人阶层在讨论情感性还是混合性问题的选择上有一定的差别。专业行政管理阶层和普通白领阶层讨论纯粹的情感性问题而非混合性问题的概率分别是工人阶层的52.3%（$e^{-0.648} = 0.523$，$p < 0.01$）和49.5%（$e^{-0.703} = 0.495$，$p < 0.05$）。换言之，专业行政管理阶层和普通白领阶层比工人阶层更可能与网络成员讨论包括情感性问题、工具性问题在内的混合性问题而非单纯的情感性问题。小雇主阶层与工人阶层在讨论纯粹的情感性还是混合性问题的选择上则不存在显著的差别。

从情感性/混合性模型2的结果可以发现，在控制了性别、婚姻状况、年龄、就业状况、职业流动状态、政治身份和单位所有制类别等社会人口特征以后，模型1所揭示的趋势依然存在。具体来说，专业行政管理阶层和普通白领阶层与网络成员讨论情感性而非混合性问题的概率分别是工人阶层的47.6%（$e^{-0.742} = 0.476$，$p < 0.01$）和46.9%（$e^{-0.756} = 0.469$，$p < $

0.05），即专业行政管理阶层和普通白领阶层与其网络成员更可能讨论混合性问题而非情感性问题，而工人阶层与其网络成员更可能讨论情感性问题而非混合性问题。小雇主阶层与网络成员讨论情感性而非混合性问题的概率是工人阶层的1.05倍（$e^{0.052}=1.05$），但是在统计上不显著，说明小雇主阶层和工人阶层相比，在与网络成员讨论情感性还是混合性问题方面，不存在显著的差别。

此外，男性同女性相比更可能与网络成员讨论混合性问题而非情感性问题［男性与网络成员讨论情感性而非混合性问题仅仅是女性的48.9%（$e^{-0.716}=0.489, p<0.01$）］。

从表6.22工具性/混合性模型2的统计结果可以发现，专业行政管理阶层、普通白领阶层和小雇主阶层在与网络成员讨论工具性还是混合性的问题方面，与工人阶层相比不存在显著的差异。但是，男性与网络成员讨论工具性而非混合性问题的概率是女性的1.65倍（$e^{0.501}=1.65, p<0.05$）。换言之，男性更可能与网络成员讨论单纯的工具性问题，而女性更可能讨论混合性问题。18~29岁的青年人和30~49岁的中年人与网络成员讨论工具性而非混合性问题的概率仅仅是50岁及以上被访者的26.9%（$e^{-1.314}=0.269, p<0.05$）和52.8%（$e^{-0.638}=0.528, p<0.05$），即中青年人更可能与网络成员讨论混合性问题，50岁及以上的准老年人和老年人更可能讨论工具性问题。中共党员与网络成员讨论工具性而非混合性问题的概率是非中共党员的63.7%（$e^{-0.451}=0.637, p<0.05$），即中共党员更可能与网络成员讨论工具性问题，非中共党员更可能讨论混合性问题。另外，在国家机关/事业单位和国有企业工作的人与网络成员讨论工具性而非混合性问题的概率分别是在其他单位工作的被访者的49.1%（$e^{-0.711}=0.491, p<0.05$）和59.9%（$e^{-0.512}=0.599, p<0.05$），即在国家机关和企事业单位工作的人更可能讨论混合性问题，在集体或非公有制单位工作的人更可能讨论工具性问题。

表6.22社交性/混合性模型2的结果显示，专业行政管理阶层、普通白领阶层和小雇主阶层在讨论社交性还是混合性问题的选择上仅仅是工人阶层的79.6%（$e^{-0.228}=0.796$）、86.7%（$e^{-0.143}=0.867$）和52.9%（$e^{-0.636}=0.529$），但是在统计学意义上并不显著，这意味着专业行政管理阶层、普通白领阶层和小雇主阶层在讨论社交性还是混合性问题上同工人阶层相比不存在显著的差异。

表 6.22 本人阶层地位及社会人口特征与重要问题内容的
多类别对数比率回归分析

	工具性/混合性		情感性/混合性		社交性/混合性	
	模型 1	模型 2	模型 1	模型 2	模型 1	模型 2
截距	-1.073***	0.773*	-1.484***	-1.336**	-1.261***	-1.205**
	(0.162)	(0.470)	(0.148)	(0.499)	(0.135)	(0.404)
男性		0.501*		-0.716**		0.061
		(0.255)		(0.250)		(0.193)
已婚者[1]		-0.272		0.083		-0.208
		(0.401)		(0.408)		(0.307)
年龄组[2]:		-1.314*		-0.868		-0.051
18~29 岁		(0.746)		(0.764)		(0.453)
30~49 岁		-0.638*		-0.036		-0.168
		(0.326)		(0.303)		(0.260)
目前在业者[3]		-0.361		-0.078		0.216
		(0.388)		(0.296)		(0.246)
职业流动者[4]		0.185		0.111		0.182
		(0.399)		(0.362)		(0.281)
中共党员[5]		-0.451*		-0.057		0.148
		(0.309)		(0.286)		(0.255)
单位所有制[6]:		-0.711*		0.331		0.066
国家机关/		(0.382)		(0.370)		(0.300)
事业单位						
国有企业		-0.512*		0.151		0.048
		(0.382)		(0.322)		(0.264)
阶层地位[7]	-0.307	-0.089	-0.648**	-0.742**	-0.115	-0.228
专业行政管理	(0.264)	(0.320)	(0.266)	(0.313)	(0.210)	(0.243)
普通白领	-0.803*	-0.399	-0.703*	-0.756*	-0.105	-0.143
	(0.402)	(0.419)	(0.351)	(0.362)	(0.262)	(0.273)
小雇主	-0.089	-0.173	-0.308	0.052	-0.531	-0.636
	(0.564)	(0.600)	(0.560)	(0.589)	(0.557)	(0.274)
Pseudo R^2 (Nagelkerke)	0.017	0.068	0.017	0.068	0.017	0.068
-2Log Likelihood	54.761	916.252	54.761	916.252	54.761	916.252
χ^2	13.031!	53.881*	13.031!	53.881*	13.031!	53.881*
df	9	36	9	36	9	36
N	888	881	888	881	888	881

续表

	工具性/混合性		情感性/混合性		社交性/混合性	
	模型 1	模型 2	模型 1	模型 2	模型 1	模型 2
截距	-0.219 (0.200)	0.562 (0.625)	-0.442 * (0.191)	0.432 (0.558)	0.223 (0.179)	0.131 (0.582)
男性		1.217 *** (0.334)		0.440 ! (0.294)		0.777 ** (0.290)
已婚者[1]		-0.335 (0.529)		-0.064 (0.440)		-0.291 (0.466)
年龄组[2]: 18~29 岁		-0.446 (0.993)		-1.263 ! (0.817)		0.817 (0.797)
30~49 岁		-0.602 (0.413)		-0.470 (0.383)		-0.131 (0.363)
目前在业者[3]		-0.283 (0.405)		-0.578 ! (0.369)		0.294 (0.351)
职业流动者[4]		0.074 (0.503)		0.004 (0.449)		0.070 (0.416)
中共党员[5]		-0.394 (0.395)		-0.559 * (0.353)		0.204 (0.333)
单位所有制[6]: 国家机关/ 事业单位		-1.042 (0.495)		-0.778 * (0.447)		-0.264 (0.436)
国有企业		-0.663 (0.413)		-0.560 ! (0.372)		-0.103 (0.381)
阶层地位[7] 专业行政管理	0.341 (0.349)	0.653 ! (0.420)	-0.192 (0.309)	0.139 (0.370)	0.533 * (0.310)	0.513 ! (0.363)
普通白领	-0.100 (0.506)	0.357 (0.526)	-0.698 ! (0.449)	-0.256 (0.469)	0.598 ! (0.404)	0.613 ! (0.419)
小雇主	0.219 (0.735)	-0.225 (0.783)	0.442 (0.732)	0.463 (0.769)	-0.223 (0.760)	-0.688 (0.761)
Pseudo R^2 (Nagelkerke)	0.017	0.068	0.017	0.068	0.017	0.068
-2Log Likelihood	54.761	916.252	54.761	916.252	54.761	916.252
χ^2	13.031 !	53.881 *	13.031 !	53.881 *	13.031 !	53.881 *

续表

	工具性/混合性		情感性/混合性		社交性/混合性	
	模型1	模型2	模型1	模型2	模型1	模型2
df	9	36	9	36	9	36
N	888	881	888	881	888	881

注：系数为非标准化的回归系数，括号内为标准误。
$^{!}p<0.10$，$^{*}p<0.05$，$^{**}p<0.01$，$^{***}p<0.001$（单尾检验）。
1. 参考类别为未婚者和离婚/分居者及丧偶者。
2. 参考类别为50岁及以上者。
3. 参考类别为非在业者，包括退休者、失业下岗者及家务工作者和学生等。
4. 参考类别为非职业流动者。
5. 参考类别为非中共党员。
6. 参考类别为集体企事业和个体、私营及民营、外资企业单位。
7. 参考类别为工人阶层。

表6.22工具性/情感性模型2的结果表明，专业行政管理阶层与网络成员讨论工具性而非情感性问题的概率是工人阶层做此选择的1.92倍（$e^{0.653}=1.92$，$p<0.10$），这意味着专业行政管理阶层更可能与网络成员讨论工具性问题，工人阶层更可能与网络成员讨论情感性问题。普通白领阶层和小雇主阶层做上述选择的概率分别是工人阶层的1.43倍（$e^{0.357}=1.43$）和79.8%（$e^{-0.225}=0.798$），但是不具有统计学上的显著意义，说明在选择工具性或情感性问题方面，普通白领阶层和小雇主阶层与工人阶层相比不存在显著的差别。

男性与网络成员讨论工具性问题而非情感性问题的概率是女性做此选择的3.38倍（$e^{1.217}=3.38$，$p<0.001$），说明男性更可能与网络成员讨论工具性问题，女性更可能讨论情感性问题。

表6.22社交性/情感性模型1的结果显示，专业行政管理阶层、普通白领阶层与工人阶层在与网络成员讨论社交性还是情感性问题方面存在差别，小雇主阶层则与工人阶层在讨论情感性还是社交性问题上不存在意义重大的差异。从社交性/情感性模型2的结果可以看到，在将性别、婚姻状况、年龄、就业状况、职业流动状态、政治身份和单位所有制类别等社会人口特征引入回归方程以后，上述差异依然存在。具体来说，专业行政管理阶层和普通白领阶层与网络成员讨论情感性而非混合性问题的概率分别是工人阶层的1.67倍（$e^{0.513}=1.67$，$p<0.10$）和1.85倍（$e^{0.613}=1.85$，$p<0.10$），即专业行政管理阶层和普通白领阶层与其网络成员更可能讨论社交性问题而非情感性问题，而工人阶层与其网络成员更可能讨论情感性问题

而非社交性问题。小雇主阶层与网络成员讨论社交性而非混合性问题的概率是工人阶层的 50.3%（$e^{-0.688}=0.503$），但是在统计上不显著，说明小雇主阶层和工人阶层相比，在与网络成员讨论社交性还是情感性问题方面，不存在显著的差别。

此外，我们发现，男性与网络成员讨论社交性而非情感性问题的概率是女性的 2.18 倍（$e^{0.777}=2.18$，$p<0.01$），亦即男性与网络成员更可能讨论社交性问题，而女性与网络成员更可能讨论情感性问题。

表 6.22 工具性/社交性模型 2 的结果显示，各阶层之间在选择工具性还是社交性问题作为重要问题的讨论主题方面不存在显著的差别。男性与网络成员讨论工具性而非社交性问题的概率是女性的 1.55 倍（$e^{0.440}=1.55$，$p<0.10$），亦即男性与网络成员更可能讨论工具性问题，而女性与网络成员更可能讨论社交性问题。30 岁以下的青年人与网络成员讨论工具性而非社交性问题的概率是 50 岁及以上被访者的 28.3%（$e^{-1.263}=0.283$，$p<0.10$），说明青年人更可能讨论社交性问题，50 岁及以上的准老年人和老年人更可能讨论工具性问题。目前在业者与网络成员讨论工具性问题而非社交性问题的概率是非在业者的 56.1%（$e^{-0.578}=0.561$，$p<0.10$），说明在业者更可能讨论社交性问题，而非在业者更可能讨论工具性问题。中共党员与网络成员讨论工具性问题而非社交性问题的概率是非中共党员的 57.2%（$e^{-0.559}=0.572$，$p<0.10$），意味着中共党员更可能讨论社交性问题，非中共党员更可能讨论工具性问题。在国家机关/事业单位和国有企业工作者选择工具性问题而非社交性问题作为讨论主题的概率分别是集体和其他非公有制单位员工的 45.9%（$e^{-0.778}=0.459$，$p<0.05$）和 57.1%（$e^{-0.560}=0.571$，$p<0.10$），说明国家机关/事业单位和国有企业的员工更可能讨论社交性问题，集体和非公有制单位员工更可能讨论工具性问题。

二 解释与讨论

关于阶层地位对讨论网重要问题的内容的影响，我们得到如下 3 个结论。

（1）同工人阶层相比，专业行政管理阶层和普通白领阶层与其网络成员更可能讨论混合性问题而非单纯的情感性问题。

（2）专业行政管理阶层与网络成员更可能讨论工具性问题，工人阶层更可能讨论单纯的情感性问题。

（3）专业行政管理阶层、普通白领阶层和小雇主阶层在与网络成员讨论工具性还是混合性问题、工具性还是社交性问题、社交性还是混合性问题三个方面，与工人阶层相比不存在显著的差异。

对于在阶层结构中位居上层和中层的专业行政管理阶层和普通白领阶层而言，包括情感性、工具性和社交性问题在内的混合性问题比单纯的情感性问题在其重要问题的序列中占据着更核心的位置。换言之，专业行政管理阶层和普通白领阶层的讨论网是混合性质的，他们很少与网络成员单纯地讨论情感性问题。如前所述，由于占据着优势的阶层位置，专业行政管理阶层的交往机会较多，拥有较大的社会网络规模和多元化的角色关系。以往的研究表明，不同的角色关系提供不同的社会支持角色。这种相对较大的网络规模和多元化的角色关系为专业行政管理阶层获得情感支持、工具性帮助和社交陪伴等提供了保证。工人阶层讨论网中多数是与自己阶层地位相当的成员，他们所占据的类似位置使得其所拥有的社会资源、经济资源和政治资源基本相同，即使他们希望通过与网络成员的交流和讨论而解决实质性的工具问题，但是就其网络成员所控制的各种资源而言，这个目标也很难实现。对于工人阶层来说，他们与网络成员更偏重于讨论情感性问题，也许是这个阶层较注重人际交往的情感特征的表现，是他们受到传统价值观念的影响更深刻的反映；也许是他们所属的密切小圈子无法为其混合性问题提供实质帮助退而求其次的无奈选择。

同样，专业行政管理阶层的讨论网中互不相识的成员规模多于工人阶层，亦即前者占据着将网络成员隔离开来的"结构洞"位置。这种有利的战略位置为其获得非冗余的有价值信息，向互不认识、互不来往的网络成员施加不同的影响，或是为了自身的利益在两个陌生的网络成员之间的交易中讨价还价提供了便利（Burt，1992）。专业行政管理阶层拥有较大的网络规模，拥有较多的非剩余的角色关系、有利的"结构洞"位置和相对较低的网络密度，为其社会资本的积累创造了条件，从而也为其在工具性行动中取得成功奠定了基础。

有意思的发现是，在不以情感性问题作为多类别回归分析的参照指标的所有统计结果中，专业行政管理阶层、普通白领阶层和小雇主阶层在讨论工具性还是混合性问题、工具性还是社交性问题、社交性还是混合性问题三个方面，与工人阶层相比都不存在明显的差别，这说明各阶层之间在讨论重要问题的内容方面，主要的差别在于是否同网络成员讨论与情感相关的问题。正如第五章所讨论的，中国北京城市居民的讨论网主要是一个包含工具性、情感性、社交性等功能的综合性的混合网络。工具性和社交性问题包含在混合性内容之中,是混合性内容的题中应有之意。从社会交往的理性选择理论来看,与网络成员的交往可能只是达到其工具性行动目标或增强情感密度的一种手段,并不是目的本身。对于讲究关系运作和网络建构"艺术"的中国城市居民而言,在特殊主义的人际交往中,特别是在与家庭成员之外的人的互动中,往往运用深思熟虑的策略来达到其真正的行动目标。从北京城市居民的讨论网来看,与人交往的工具性目的通常掩盖在社交性或情感性功能的外表之下,或是工具性目的融合在混合性功能之中,从而使得人们在对其讨论网的性质做出判断时,很难在工具性还是混合性、工具性还是社交性及社交性还是混合性的两难之中做出准确的取舍。其他学者关于中国城市市民求职过程的研究表明,当人们没有直接的强关系可以寻求实质性帮助时,求职者通常会通过与帮助者和求助者双方关系都密切的中间人获得最终的帮助(Bian,1997)。上述研究结果实际上暗含着人们在运用社会网络实现其明确的工具性目标时,往往以人情、信任为基础建立新的关系,工具性的目标掩藏在人情、情感和信任背后。人类学家对中国城市社会关系建构艺术的深刻观察也表明,直接的赤裸裸的功利性、工具性行动目标并不比混合性行动或隐藏在情感性或社交性面具之后的工具性行动目标更能成功地实现(Yang,1994)。

第五节 总结

一 研究假设的检验结果

本章运用北京城市居民社会网络调查的资料对32个具体的研究假设进行了定量检验。在阶层地位影响城市居民网络结构特征、阶层构成、关系构成和选择模式的32个研究假设中,有20个(占62.5%)获得了资料的充分支持,获得部分支持的有5个(占15.6%);有7个(占21.9%)假设不能被现有资料证实(见表6.23)。上述统计结果比较充分地说明,阶层结构确实对中国城市居民的社会网络结构产生了明显的影响。

阶层结构对城市居民社会网络结构的影响主要表现在,在阶层结构中位居上层位置的专业行政管理阶层比位居下层的工人阶层拥有较大的讨论网规模和较多元化的关系种类,前者比后者讨论网中的非亲属规模和非亲属关系种类更多。与此相适应,专业行政管理阶层、普通白领阶层和小雇主阶层与网络成员的交往频率低于工人阶层,但是前者讨论网中陌生成员规模比例较大;在网络异质性方面,专业行政管理阶层、普通白领阶层和

表6.23　第六章所涉及的假设的验证

假设	验证结果
网络结构	
H6.1：社会网络资本的阶层差异性假设：在中国社会阶层结构中位居上层的专业行政管理人员将比位居下层的工人拥有较大的网络规模（及非亲属网络规模）和关系种类（及非亲属关系种类）。位于中间阶层的普通白领和小雇主则与工人的差别不大	＋＋
H6.2："结构洞"的社会资本及交往频率假设：同工人阶层相比，专业行政管理阶层和普通白领阶层的交往频率更低，但是前者网络中陌生成员规模更小	＋＋
H6.3：网络异质性假设：按照性别、年龄、教育和职业等异质性指标来测量，专业行政管理阶层的社会网络资本将比工人阶层更丰富	＋
阶层构成	
H6.4：根据社会交往的同质性原理和社会交往的机会与限制理论，社会地位结构为人们的社会交往提供了机会或限制，从而使得地位一致的群内交往比群外交往更普遍。因此，在城市居民核心社会网络的建构中，我们预测：所有阶层的成员均具有较强的阶层内选择倾向。换言之，各阶层在讨论网成员的选择过程中均显示出一种很强的自我选择趋势，简称"群内选择假设"	＋＋
H6.5：按照社会交往的同质性原理和社会交往的机会与限制理论，有着近似社会地位的人们之间的社会交往比其地位差异较大的人们之间的交往更普遍，在跨阶层的讨论网成员的选择中，社会距离较近的邻近阶层的选择将高于跨越几个阶层类别的选择，简称"社会距离假设"	＋
H6.6：按照社会交往的机会与限制理论，处于中间位置的小雇主阶层和普通白领阶层，将比位于阶层结构上层和下层的专业行政管理阶层和工人阶层的阶层异质性更高、阶层趋同性更低。换言之，专业行政管理阶层和工人阶层的群内选择倾向更明显，而小雇主阶层和普通白领阶层的跨阶层选择网络成员的倾向更明显，简称"中间阶层的跨越效应假设"。同工人阶层相比，专业行政管理阶层、普通白领阶层的关系类别次数更多，小雇主阶层的关系类别次数更少	＋
关系构成	
H6.7：工人阶层和小雇主阶层讨论网中的亲属关系比例将高于专业行政管理阶层和普通白领阶层	0
H6.8：同工人阶层相比，专业行政管理阶层更可能选择同事作为讨论网成员	＋＋
H6.9：同工人阶层相比，专业行政管理阶层更可能与同学讨论重要问题	＋＋
H6.10：同工人阶层相比，专业行政管理阶层更可能与好友建立密切的讨论网	＋＋
H6.11：同工人阶层相比，专业行政管理阶层更可能选择普通朋友作为讨论网成员	＋＋
H6.12：工人阶层比专业行政管理阶层更可能与邻居讨论重要的个人问题	＋＋
H6.13：同工人阶层相比，专业行政管理阶层更可能选择其他非亲属作为讨论网成员	0
理性选择模型	
H6.14：配偶以外的网络规模越大，在讨论网中提到配偶的可能性越小	＋＋
H6.15a：父母以外的网络规模越大，在讨论网中提到父母的可能性越小	＋＋
H6.15b：与父母的居住距离越近、交往频率越高，越可能在讨论网中提到父母	＋

续表

假设	验证结果
H6.16a：子女以外的网络规模越大，成年子女越多，在讨论网中提到子女的可能性越小	+
H6.16b：与子女的居住距离越近、交往频率越高，越可能在讨论网中提到子女	0
H6.17a：兄弟姐妹以外的网络规模越大，在讨论网中提到兄弟姐妹的可能性越小。成年兄弟姐妹越多，在讨论网中提到兄弟姐妹的可能性越大	++
H6.17b：与兄弟姐妹的居住距离越近、交往频率越高，越可能在讨论网中提到兄弟姐妹	0
H6.18a：其他亲属以外的网络规模越大，在讨论网中提到其他亲属的可能性越小	++
H6.18b：与其他亲属的交往频率越高，越可能在讨论网中提到其他亲属	++
H6.19a：同事以外的网络规模越大，在讨论网中提到同事的可能性越小	++
H6.19b：一般社会交往中所认识的同事规模及同事中好友的规模越大，越可能在讨论网中提到同事	0
H6.20：同学以外的网络规模越大，在讨论网中提到同学的可能性越小	++
H6.21a：好友以外的网络规模越大，在讨论网中提到好友的可能性越小。一般交往中所认识的好友规模越大，在讨论网中提到好友的可能性越大	++
H6.21b：与好友的居住距离越近、联系越频繁，越可能在讨论网中提到好友	0
H6.22：普通朋友以外的网络规模越大，在讨论网中提到普通朋友的可能性越小	++
H6.23a：邻居以外的网络规模越大，在讨论网中提到邻居的可能性越小。一般社会交往中所认识的邻居越多，越可能在讨论网中提到邻居	++
H6.23b：在本邻里居住的时间越长，越可能在讨论网中提到邻居	0
H6.24a：其他非亲属以外的网络规模越大，在讨论网中提到其他非亲属的可能性越小	++
H6.24b：一般社会交往中所认识的社团朋友规模越大，越可能在讨论网中提到其他非亲属	++

注："++"表示与预测完全一致，"+"表示与预测部分一致，"0"表示不支持假设。

小雇主阶层的性别和职业异质性指数均高于工人阶层，专业行政管理阶层的年龄异质性高于工人阶层，但是前者的教育异质性低于后者；专业行政管理阶层比工人阶层更可能与年龄相同、受教育程度类似和职业相似的人讨论重要问题，换言之，前者的网络趋同性指数普遍高于后者。总之，以讨论网为主题的北京城市居民社会网络研究，至少可以得出这样的结论：按照讨论网的规模和关系种类来测量，居于阶层结构上层的专业行政管理阶层比位于下层的工人阶层拥有更丰富的社会资本。

作为中间阶层的小雇主阶层和普通白领阶层，在讨论网的总体规模、非亲属规模、关系种类和非亲属关系种类等方面与工人阶层相比没有什么显著的差别，可能与他们的来源比较复杂有关，其地位分化不像位居上层的专业行政管理阶层和位居下层的工人阶层那样明显。小雇主阶层同工人阶层相比，拥有对生产资料和劳动力的支配权。同工人阶层相比，普通白领阶层拥有较丰富的人力资本和文化资本。但是，这两个阶层不像专业行政管理阶层那样占据综合的地位优势，后者拥有体制内的正式行政组织资源和政治组织资源，虽然他们不一定拥有对生产资料的所有权，但是拥有对生产资料的使用权和经营权，以及拥有较丰富的文化资源。虽然小雇主阶层的社会地位有所提高，但是总体上仍然处于边缘状态。普通白领阶层的工作条件虽然比工人阶层优越，但本质上也没有摆脱无权无势的受支配地位。普通白领阶层和小雇主阶层在社会交往中面临着与工人阶层类似的机会与限制条件，在以网络规模和关系种类为标准的社会网络资本测量中，并没有显示出比工人阶层更优越的特征。

在网络成员的阶层构成方面，各阶层在选择讨论网成员时的自我封闭倾向非常明显。同工人阶层相比，专业行政管理阶层的群内选择倾向更明显，阶层地位邻近的人最有可能成为讨论网的成员。专业行政管理阶层和普通白领阶层比工人阶层更可能在低于自己阶层地位的人员中选择讨论网成员。小雇主阶层比工人阶层更可能在高于自己阶层地位的成员中选择讨论网成员。但是，应该引起注意的发现是，小雇主阶层的网络成员选择的阶层趋同性指数较低。普通白领阶层的阶层异质性指数明显高于工人阶层。阶层结构对网络成员之阶层构成的影响可以概括为：各阶层的自我选择倾向是主要趋势，高层地位占据者的群内选择或自我封闭倾向更突出。跨越阶层界限的网络成员选择以地位邻近为基础，但是作为新兴阶层的小雇主阶层比工人阶层更可能跨越较多的阶层壁垒选择网络成员。

关于网络成员的关系构成，上层和中上层比下层更可能提到配偶，工人阶层比小雇主阶层更可能提到父母，普通白领阶层更可能提到子女，专业行政管理阶层比工人阶层更可能提到兄弟姐妹和其他亲属，专业行政管理阶层比工人阶层更可能提及同事、同学、好友、普通朋友等获致性关系。但是，小雇主阶层的同学规模小于工人阶层，工人阶层比专业行政管理阶层更可能提到邻居。专业行政管理阶层在讨论网中比工人阶层提到更多的邻居以外的非亲属关系的结果，与前述专业行政管理阶层比工人阶层拥有更丰富、多元化的网络资源的发现一致；在重要问题的内容方面，同工人阶层相比，专业行政管理阶层及普通白领阶层与其网络成员更可能讨论混合性问题和工具性问题而非单纯的情感性问题。

关于阶层地位影响网络结构、网络成员的阶层构成、关系构成及重要问题的内容等方面的研究发现，主要发生在专业行政管理阶层和工人阶层之间，可能是中国社会阶层分化状况的现实反映，这个发现既与 Laumann 在 20 世纪 60 年代的研究结果一致（Laumann，1966），也和边燕杰运用定位法研究中国城市家庭社会网络资本的结论类似（边燕杰，2003）。同 1949 年以前的中国、苏联等社会主义国家相比，计划经济时期的中国是一个机会比较均等、社会分化程度较低、不平等程度较小的社会（Whyte，1975；Parish，1984）。截至本调查进行时，中国城市的经济体制改革和政治体制改革仅有 15 年。虽然不可否认，中国社会在过去的 15 年发生了深刻的变化。高等教育招生考试的重新恢复，不仅改变了许多青年学子的命运，也从国家政策的宏观角度发出了重视人力资本和文化资本的信号；城市就业制度的逐步改革，促进了各阶层的分化和组合；劳动人事制度的不断完善，为人们在空间、职业、单位和行业之间的流动创造了有利的条件。所有上述变化在某种程度上促进了城市社会结构的解组、分化和重新整合。中国社会是否分化成界限明显的几个阶层（如本研究所界定的 4 个阶层），至少就我们的资料而言，这种分化还不十分明显。从社会网络研究的角度来看，中国城市社会阶层结构的分化主要体现为专业行政管理阶层和工人阶层这两极。

在阶层地位影响社会网络关系构成的研究假设中，虽然多数获得了北京调查资料的充分验证，但仍然有 2 个原始假设得不到资料的支持。这 2 个研究假设是：(1) 工人阶层和小雇主阶层讨论网中的亲属关系比例将高于专业行政管理阶层和普通白领阶层（H6.7）；(2) 同工人阶层相比，专业行政管理阶层更可能选择其他非亲属作为讨论网成员（H6.13）。

上述 2 个未获资料支持的研究假设，均与讨论网中的亲属规模（或亲属关系比例）有关。关于阶层地位与社会网络中亲属角色的关系，以前的相关研究也没有得出一致的结论。一些研究者认为阶层地位较低的人更重视亲属关系，阶层地位较高的人则更多地与非亲属来往（Adams，1970；Fischer，1982；Fischer and Phillips，1982；Hurlbert and Acoke，1990）；另一些学者则认为，阶层地位较低的人与中间阶层和上层相比，并不一定更积极地与亲属交往。阶层地位较高的人与亲属的联系更普遍（Loventhal and Robinson，1976；Marsden，1987）。有关阶层地位较低的人比阶层地位较高的人拥有较大规模的亲属网络、较多种类的亲属关系、较高的亲属关系比例以及较少的其他非亲属网络成员的预测没有从北京城市居民社会网络的调查资料中得到证实，并不能说明原来的假设有误，因为目前的资料并没有否定原来的假设，至少是没有得出完全相反的结果。因为在一个规模不大的核心讨论网中，涉及对自己来说的重要问题，任何阶层的成员都力图与自己关系密切、值得信赖的人交流。中国人一直认为家庭成员和亲属是最值得信任的、与自己关系密切的人，由此造成了阶层之间在讨论网的亲属规模、亲属关系比例、亲属关系种类等方面没有意义重大的区别。

我们的资料不能证实上述2个假设，或者说我们的某些结果与相关研究的结论不一致，可能与不同的研究设计，特别是不同的提名问题的设计有关。比如用来验证社会交往的机会与限制理论的资料来自底特律的男性被访者，研究者所使用的提名问题是询问被访者家庭成员之外的3个最好朋友（Laumann，1973）；Fischer（1982：36）的北加州调查则通过照看居所、讨论工作决定、家务帮忙、社交、讨论一般休闲兴趣、情人或最好朋友、讨论个人烦恼、讨论重要决定、在本邻里居住15年以上的人来测量被访者的社会网络；荷兰社会支持调查则用假想的与配偶发生严重问题与谁讨论、感觉压抑时与谁交谈、生活重大变化的咨询、家务琐事帮忙、患病照料或帮忙购物、赊借大笔金钱、借用小工具或食糖、帮助填报税单、外出购物、散步就餐或观看影剧、互访聊天、喝咖啡、饮酒或打牌等十余个提名问题来界定被访者的社会支持网络（Van der Poel，1993b：55）；其他学者则用定位法（Position Generator）来测量调查对象的社会资源或社会资本（Lin and Dumin，1986；边燕杰、李煜，2000；Lin，2001；Lin，Fu，and Hsung，1998，2001；林南，2001；Lin，2001）。不同的测量技术往往会导致完全相异的结论。所以不加鉴别地与使用不同测量技术的分析结果进行对比，并不符合严谨的科学研究的逻辑。

二　相关理论模型的效力

第二章我们评述了与本书研究主题相关的几种理论模型，即社会交往的机会与限制理论、理性选择理论、关系强度理论、社会资本理论。在此结合本章的经验发现对上述4种理论模型的解释力进行概要的总结和评论。

根据社会交往的机会与限制理论所推导出的关于阶层地位影响网络结构的假设有接近80%在北京城市居民讨论网的调查资料中得到充分验证或部分验证，由此说明社会交往的机会与限制理论对于北京城市居民以讨论网为主题的社会网络具有较强的解释力。我们的实证分析结果表明，阶层地位对社会网络结构的影响基本上不受人口特征的影响（参见第六章的具体统计结果)。这些获得充分支持或部分支持的命题或假说包括:由于社区或社会中人口的成分组成和分布状态产生的结构性限制和结构性机会对人们社会网络的形成和维持发挥着关键性的作用,人们的社会交往程度取决于他们的社会接触机会,人们群内交往的倾向总是比群外交往更普遍,有着近似社会位置的人们之间的社会交往比其位置差异较大的人们的交往更普遍一些(同质性原理),交往的普遍性随着地位差异的增加而减少,但是同时人们又倾向于在职业或社会声望稍高于自己的阶层中建立网络关系(声望原则或"上攀"效应)。占据上层地位的人在社会交往中表现出主导性的角色,对许多雇员拥有权威的位置是当代社会多数权威的来源。朋友中的职业同质性在高地位群体中将发挥更重要的作用,社会经济地位最低类别的人特别集中于阶层结构的较低层次上,他们有最多的机会选择在职业、教育和年龄等方面与自己类似的人作为网络成员。

除了受到结构性机会和结构性限制的影响,人们社会网络的形成和维持也受到交往成本和收益的制约。社会交往的成本模型——与某人的居住距离越近,联系的频率越高,越可能与某人发展比较密切的个人关系——并没有被北京城市居民讨论网的调查资料证实。相反,收益模型除子女规模一项获得部分支持以外,其他具体假设都获得了充分验证。相对于社会交往的机会与限制模型,理性选择模型对中国城市居民讨论网的解释力不够强,特别是社会交往成本模型的假设几乎不能在本资料中证实。其实,在西方社会学家的同类研究中,理性选择模型也并未获得充分的支持。比如,荷兰社会学者 Van der Poel 根据理性选择模型推论出的 62 个假设仅有 30 个获得了实证资料的充分支持(Van der Poel,1993b:146)。关于与某种角色关系居住距离越近,越可能从某种角色那里获得社会支持的假设,也仅仅在父母、子女、兄弟姐妹、姻亲和其他亲属等几种亲属关系中得到验证,而在朋友关系中被拒绝(Van der Poel,1993b:136)。社会交往的成本模型在荷兰社会网络调查中获得部分实证资料的支持,而在北京城市居民的"重要问题的讨论网"中几乎不能得到验证,可能与不同的研究设计有关。荷兰社会网络调查包括了一些必须见面才能提供帮助的提名问题,如家庭琐事的求助、患病照料、帮忙购物、一同外出和互访等(Van der Poel,1993b:55),而北京城市调查的提名问题是"与某人讨论对自己而言的重要问题"。讨论重要问题并不一定需要和讨论网的成员见面,其他交流手段例如电话、通信(包括电子邮件)、互联网在线聊天等完全可以替代面对面的交往。总之,一方面,社会交往的成本模型在北京调查中基本不能获得实证资料的支持,并不能充分说明这个模型是错误的。它在其他性质的社会网络(比如纯粹的工具性网络或情感性网络以及社会交往网络)中的适用性如何,需要未来经验研究的验证。另一方面,上述结果也许说明人们在采取某种社会行动时,并不一定进行严格的"成本-收益"核算。换言之,社会行动不同于经济行动的一个重要方面在于,社会行动经常是无理性或非理性的,往往受到文化传统、习惯和社会规范的影响。根据理性选择理论推导出的成本假设在北京城市居民的讨论网资料中不能获得支持,并不能从根本上否定理性选择理论的基本假设,因为作为一个被经济学家和社会学家广泛引用的理论模型,由此可以导出无数的具体假设,在这个意义上可以说理性选择理论在很大程度上是不能被证实或证伪的。我们的实证分析结果只是说明理性选择理论不能像社会交往的机会与限制理论那样更充分地解释北京城市居民讨论网的有关发现。

笔者在此讨论关系强度命题无意同格兰诺维特对话,因为格兰诺维特的"弱关系的强度"命题主要是针对一种特殊的工具性行动——求职过程——中的信息收集和传递功能而提出,其后的"强关系命题"也是在相同的基础上提出反证(Watanabe, 1987; Bian, 1997, 1999)。在第五章第三节关于讨论网性质的分析中,我们得出北京城市居民的讨论网是一个包含工具性、情感性和社交性内容的综合性或混合性内容的核心社会网络。当然,工具性和情感性的讨论内容不一定必然导致工具性和情感性的行动,但是二者之间有着较强的因果联系,通常讨论某种问题是解决该问题的前提。我们在此重提关系强度命题的主旨在于考察在兼具工具性、情感性和社交性内容的讨论网中,发挥主要作用的是强关系还是弱关系。我们意欲扩展关系强度命题,但是无意重复验证关系强度命题的两个竞争性假说。

按照格兰诺维特的经典测量方法,从互动频率、情感密度、熟识或信任程度等指标来看,北京城市居民的讨论网成员无疑主要是由强关系构成的。北京城市居民讨论网的趋同性指数较高、异质性指数较低、关系密度较高、关系持续期较长等特征印证了上述判断。由于我们的资料没有专门涉及网络成员信息提供的情况,所以也就无从验证格兰诺维特曾假定的强关系提供重复信息、弱关系提供多元化信息并且是否充当信息中转站的命题。但是,我们的资料间接证明,那些阶层地位较高的专业行政管理人员比处于下层的工人拥有更多的弱关系(前者比后者讨论网中的陌生成员人数多),与讨论网成员更多地讨论工具性问题和混合性问题而非单纯的情感性问题。

边燕杰及其同事关于中国城市及其他华人谋职和职业流动的一系列研究为验证"强关系命题"提供了强有力的支持（Bian, 1997, 1999; Bian and Ang, 1997; 边燕杰、张文宏, 2001）。在边燕杰看来, 基于信任和义务的强关系在提供不易从市场获得的内部信息、提供实质性帮助和施加关键性影响等方面发挥着弱关系所不可比拟的作用。无论是在再分配体制下还是在双轨制和转型经济时代，无论是在社会主义的中国还是在资本主义的新加坡，强关系在谋职或职业流动这类工具性行动中的作用主要是提供人情和影响，提供信息则是人情和影响的副产品。在北京城市居民的讨论网中，自我与网络成员的关系密切的比例高达92.1%，自我与网络成员认识6年以上的占85.4%，至少每周联系一次的比例达77.4%，网络成员之间的平均密度也达到0.77（见表5.1至表5.4）。这些数字说明一个具有情感支持、工具帮助和社交陪伴等综合内容的讨论网，主要是由强关系构成的。虽然我们的原始设计没有直接询问讨论网成员为被访者提供具体支持的情况，但是透过所讨论的重要问题的内容，我们可以推断：起码在中国城市中，强关系在提供情感支持、工具性帮助和实质性影响以及社交陪伴方面比弱关系的作用更强。我们的研究结果表明，"强关系命题"不仅在中国和其他华人社会及东亚国家的工具性行动中有效，也可以将其扩展到包含情感性、工具性和社交性等综合功能的混合性行动中。[①]

按照第二章的评述，社会资本理论有不同的版本。如果给社会资本下一个最简单的定义，那么我们可以将其界定为"嵌入个人或群体的社会网络中的财富、权力和声望"。按照开放论的社会资本观点（Lin, 1982, 2001; Burt, 1992; Flap, 1991），接近或延伸网络中的中介桥梁或结构洞，将有助于在工具性行动中寻找和获得目前并不拥有的资源。根据封闭论的社会资本理论（Bourdieu, 1986; Coleman, 1988, 1990; Putnam, 1993），拥有一个关系密切或封闭的网络，有助于保护或维持现存的资源，在情感性行动中取得优势。笔者的研究虽然没有直接检验以讨论网为中心的社会资本的存量（如网络规模、网络密度、关系多元化以及关系构成等指标）对工具性行动和情感性行动的直接影响，但是上述两派的观点都能够在前述的研究发现中找到佐证。比如，北京城市居民的讨论网所具有的规模不大、关系紧密、趋同性较高和异质性较低以及在提名顺序上存在的由近及

[①] 强关系在纯粹的情感性行动中的重要作用已经被社会支持和心理健康的多项研究证明（Wellman, 1979）。

远、由亲到疏的差序格局等特点，说明讨论网是一个相对封闭的核心网络，这种相对封闭的社会网络是城市市民社会资本的重要组成部分，在民间社团或市民社会相对不发达的中国城市社会，关系紧密的社会网络发挥着缓解社会冲突、协调社会矛盾、充当社会安全阀、维持社会秩序稳定的功能。虽然1949年以后的中国社会发生了几次大的事件，但是封闭性网络能够动员拥有共同利益和资源的其他人以保护现存资源，具有维持和强化信任、规范、权威和制裁的作用，从而提高了家庭和社区的团结力与凝聚力，没有导致剧烈的社会动荡。

开放论的"地位强度命题"和"结构洞"论点在我们的资料中获得了一定程度的支持。笔者发现，位居阶层结构上层的专业行政管理人员比体力工人拥有更大的讨论网规模、更多元化的关系类别以及非亲属关系，前者在性别、年龄和职业方面的异质性高于后者，前者的讨论网中的陌生成员比例高于后者，这些结果表明阶层地位较高的人比阶层地位较低的人拥有更丰富的社会资本。①

---

① 林南的原始"地位强度命题"预测，社会资源受到个人的初始地位（父母地位或自己以前的地位）的影响。人们的初始地位越高，获取社会资源的机会越多（Lin, 1992）。北京城市居民社会网的地位是指被访者当前的阶层归属，而非林南所界定的父母地位或自己以前的地位。

第七章
结论、贡献与局限

本章将首先对第五章和第六章的实证分析所得出的研究发现进行概括,然后总结本课题对社会网络研究和阶级阶层分析的贡献,最后对本项目存在的一些局限及未来研究中的可能问题进行初步的反思。

第一节 结论

本书的主要结论可以概括为以下几个方面。

(1) 北京城市居民的讨论网是一个小规模的、高密度的"核心"社会网络,人们讨论的问题以混合性内容为主,兼具工具性、情感性和社交性问题。人们在性别、年龄、教育、职业和阶层等方面的趋同性指数较高、异质性指数较低,人们倾向于与自己所属群体的成员讨论重要问题。血缘关系在人们核心社会网络中的地位同儒家经典中的理想模式有所不同。配偶超过了父母成为讨论网中最重要的亲属关系。好友在讨论网中扮演着最重要的角色。与20世纪80年代相比,同事关系在城市居民核心社会网络的中心作用有所减弱,但仍然是一种相当重要的角色。此外,子女、邻居关系也在人们的核心讨论网中发挥着重要作用。

(2) 北京城市居民的讨论网中明显存在一种"差序格局",主要表现在:与自我关系越密切的人、与自我的关系持续期越长和交往频率越高的人,越会较早进入自我的核心网络提名名单。在亲属关系的构成方面,讨论网的提名顺序基本上沿着配偶、父母、子女、兄弟姐妹和远亲的由近及远的外推路线。但是该差序格局与费孝通的经验观察——父子是主轴、夫妇是配轴——有较大的差异。与此相关的是,越早提到的网络成员,与自我讨论的问题越可能是混合性的。情感性内容则随着提名的延后而减少，工具性内容随着提名的延后而增加。

（3）阶层地位对以讨论网为主题的人们的社会网络资源产生了重要的影响，这种影响主要表现在阶层结构的两极。专业行政管理阶层的总体网络规模及非亲属网络规模大于工人阶层，与此相一致，前者的关系种类及非亲属关系种类比后者更多元化。小雇主阶层的总体网络规模小于工人阶层，普通白领阶层与工人阶层在总体网络规模上不存在显著的差别。专业行政管理阶层、普通白领阶层和小雇主阶层讨论网中陌生成员的规模大于工人阶层，前三个阶层与网络成员每日交往的比例低于后者。专业行政管理阶层的性别、年龄、职业异质性及年龄、教育和职业趋同性均高于工人阶层，但是前者的教育异质性低于后者。总之，占据较高阶层位置的专业行政管理人员比工人阶层拥有更丰富的社会网络资本。

（4）在网络成员的阶层选择方面存在同质性和声望性两种倾向：各阶层在选择讨论网成员时的自我选择倾向非常明显，专业行政管理阶层比工人阶层的群内选择倾向更突出，阶层地位邻近的人最有可能成为讨论网的成员。小雇主阶层的网络选择的阶层趋同性指数较低，该阶层更可能比工人阶层在高于自己阶层地位的成员中选择讨论网成员。

（5）阶层地位对网络关系构成的影响主要体现为，专业行政管理阶层比工人阶层更可能提到配偶、兄弟姐妹、其他亲属、同事、同学、好友和普通朋友；工人阶层比小雇主阶层更可能提到父母；普通白领阶层更可能提到子女；工人阶层比专业行政管理阶层更可能提到邻居。

（6）自我是否将某个潜在的角色关系选作讨论网的成员，基本上与二者之间的居住距离和联络频率无关。一个人所拥有的个人关系的数量越多，越可能对建立另外的新关系产生否定的影响。基于边际回报递减的原理，从另外的个人关系中的收益随着现存个人网络规模的扩大而减少。

（7）同工人阶层相比，专业行政管理阶层及普通白领阶层与其网络成员更可能讨论混合性问题和工具性问题而非单纯的情感性问题。但是，工人阶层在与网络成员讨论工具性还是混合性问题、工具性还是社交性问题、社交性还是混合性问题三个方面，与其他三个阶层相比不存在显著的差异。

第二节　贡献

通过对当前中国城市阶层结构与网络结构关系的探讨，本研究在以下几个方面完成了本书企划阶段提出的目标。

一 为阶级阶层分析和网络分析提供了融合的视角，开辟了新的研究领域

在社会学学术发展史上，网络分析一直以旗帜鲜明地反对类别分析来昭示其不同于传统的阶级阶层分析的独特立场。相反，倒是一些以阶级和社会分层著称的大师级学者（如赖特和戈德索普）等自觉地汲取社会网络分析的最新技术和研究成果。学科发展的分工日益精细和学科之间的不断融合是学术发展的两条迥异甚至冲突的规律。单独地遵循其中任何一条规律都有可能走向阻碍学科发展的死胡同。我们的分析结果表明，将阶级阶层分析和网络分析的理论与技术结合起来对于这两个重要的社会学领域的发展大有裨益，为研究一直被两个领域的学者所共同忽视的一些重要问题开辟了新的场域。一方面，阶级阶层分析的概念、理论和测量工具在社会网络研究领域具有相当强的适用性；另一方面，社会网络分析的范式也可以引入社会分层领域，完全可以按照各阶级阶层拥有或获取社会资本的状况及其特征来研究社会分层和社会资本不平等分布的可能性。我们在第五章和第六章对于研究结果的讨论，表明西方社会学家在朋友网络或一般社会支持网络研究中提出的社会交往的机会与限制理论、理性选择理论、关系强度理论和社会资本理论对中国城市居民讨论网特征的解释具有相当的效力。

二 用北京城市居民讨论网的大型调查资料验证了"差序格局"理论

费孝通的"差序格局"概念自提出以后，成为海内外中国研究学者认识中国（特别是传统中国）基层社会结构的一个重要的参考架构，但是除了李沛良用香港调查资料和边燕杰用内地调查资料进行了初步的实证验证以外，还没有其他学者用社会网络的大型调查资料进行过定量检验。其他运用这一参考架构的学者多是在隐喻的意义上阐释差序格局理论的现代内涵。本研究通过对讨论网中提名次序的分析，证明了讨论网中存在关系方面的由近及远和密度方面的由亲至疏的差序格局。对于"差序格局"理论的检验，作为一种与"依附性"研究相对的"适切"研究（李沛良，1993），不仅为人们理解当代中国城市居民的社会网络提供了全新的资料，而且为作为一门国际性学科的社会学（特别是社会网络分析）的发展与繁

荣贡献了一份中国学者的智能。

三 对于重要问题内容的分析形成了"中国城市居民的讨论网是一个以混合性为主,兼具工具性、情感性和社交性功能的核心网络"的判断

这个重要判断为将来讨论网和其他类型的社会网络的进一步研究提供了设计和分析方面的参考依据。比如,作为混合性行动的讨论网与纯粹的工具性行动或情感性行动在网络结构方面具有哪些普遍性特征?各种不同功能的社会网络的独特性表现在哪些方面?此外,通过不同阶层在讨论网内容方面的共性和特性的分析,加深了对不同阶层成员讨论网性质的认识,在一定程度上为未来按照社会网络资本研究社会分层奠定了理论和实证两方面的基础。

四 使用了新的社会网络指标

本研究也提出了新的社会网络的量化指标。第一,关系种类。我们的实证分析结果表明,关系种类虽然与网络规模相关,但是比网络规模更能代表一个人的社会资源或社会资本总量。关系种类实际上反映了人们社会网络中各种角色关系的重复或多元化的程度。一个规模较大但是全部由某一种角色构成的社会网络,在社会资本拥有或获取方面肯定不如一个规模较小但是由各种不重复关系构成的社会网络丰富。

第二,阶层趋同性和异质性。以前的社会网络研究,在测量网络趋同性和异质性时仅仅使用了性别、年龄、教育、职业或行业等指标,从来没有对阶级或阶层趋同性和异质性进行直接操作化。本研究对阶层趋同性和异质性指标的直接和方便的测量,与其他类似研究相比能够更直观地考察社会网络成员的阶层选择模式。另外,阶层地位作为反映自我和网络成员的社会经济地位的一个综合指标,比其他独立的指标如教育、职业、行业等能够更有效、更综合地检验社会交往的机会与限制理论、理性选择理论、关系强度理论和社会资本理论等相关理论的解释力。

第三,以讨论网的资料测量了伯特的"结构洞"概念。本书以网络成员中互不相识的成员规模测量了讨论网中的"结构洞",对于这个指标的操作化界定可以考察讨论网中的自我社会资本丰富与否的状况。与角色关系种类相比,网络成员中互不相识的成员规模能够更直接地测量讨论网中的关系剩余与否的程度。因为在网络规模一定的情况下,自我的社会网络中

的非剩余关系（"结构洞"）越多，预示着其社会资本越丰富。

第三节　本研究的局限和未来研究中的问题

作为目前中国城市的阶层结构与社会网络的一项探索性研究，本项目不可避免地存在一些局限。正确地认识到一个研究项目所存在的问题，有助于未来同类研究的改进和完善。

一　局限

1. 地区性样本

虽然第四章对于调查样本代表性的分析使我们并不怀疑本项研究的结论对北京城市居民的代表性，但是不可否认本研究所使用的毕竟是一个地区性样本。北京调查资料所得出的结论在多大程度上能够推论到中国的其他大城市或大部分城市，恐怕超出了本研究的范围。北京作为中国的政治和文化中心，市民的平均受教育水平、经济收入水平和生活质量在中国大中城市中都名列前茅。教育获得、经济收入以及职业结构都是影响一个地区的阶层结构分化和人们的社会交往机会的重要结构条件。也许未来以全国性社会网络调查资料来重新检验本书的理论假设和研究发现，才能总结出哪些网络特征是城市居民共有的，哪些网络特性是受到当地宏观社会条件的制约而造成的。

2. 测量技术

在社会网络研究中，普遍被使用的提名技术包括两种，一种是提名法，另一种是定位法（position generator）。北京城市居民社会网络研究中使用的是提名法。虽然提名法在社会网络分析中被多次使用并被证明为一种有效的测量技术，但是也存在特定的局限：（1）缺乏一个被普遍认可的抽样提名项目的架构；（2）偏向于包含较强的关系（Lin, 1999a, 2001）；（3）容易遗漏一些重要的信息。无论是要求被访者提出 3 个（Laumann, 1973）、5 个（Burt, 1984）、6 个（Wellman, 1979）还是 8 个（Fischer, 1982）或是 10 个（Van der Poel, 1993b）与提名项目有关的网络成员，必然都会遗漏网络边界以外的关系人的资料。① 人为设计的网络边界不可避免地要损失处

---

① 虽然在 5 个被提名人之外，我们还追问了与被访者在过去半年讨论重要问题的总人数，但是受调查时间和比较研究的限制，我们没有了解这些被提名人详细的社会人口资料，因此遗漏了 5 个讨论网成员以外的其他人的信息。

于网络边缘状态的某些成员的信息。

二 未来研究中的一些问题

1. 社会地位与社会网络的关系问题

关于社会地位与社会网络的关系问题,一直存在两种迥异的研究视角。第一种视角强调应该优先研究人们的社会网络模式,然后再根据人们的社会网络模式进行社会地位分层和分化的研究。该视角隐含着这样的假设:人们的社会网络模式大致可以决定他们在正式社会组织中的角色及社会经济结构中的地位。第二种范式主张应该首先研究人们的社会属性和地位的差别,然后再分析不同社会属性和地位的人们的社会网络模式的差异。该范式假定属性和地位的差异是造成人们社会网络模式差别的主要原因(Blau, 1982)。本书采用第二种范式的初衷,是期望借此研究引起学者对这一长期受到忽视的范式的关注,但并不意味着笔者完全赞同第二种范式和否定第一种范式的合理性。其实,笔者认为社会地位与社会网络的关系是双向的,是互为因果的。本书和其他同类研究的结果证明了社会地位(本书中的阶层地位)对社会网络模式的重要影响。其他一些研究显示,人们的社会网络模式对于社会地位获得发挥着关键性的作用(Lin, Ensel, and Vaughn, 1981; Lin and Dumin, 1986; Lin, 1982, 1990, 1999b, 2001; Burt, 1992, 1998b, 2001; De Graaf, Dirk, and Flap, 1988; Marsden and Hurlbert, 1988; Wegener, 1991; Barbieri, 1996; Bian, 1997; Bian and Ang, 1997)。在未来的研究中,如果能够将两种视角在一个项目中有机地结合起来,也许会获得意想不到的发现。

2. 依附性研究与适切性研究的关系

李沛良(1993)曾经将实证研究分为依附性研究和适切性研究。所谓依附性研究是收集非西方社会的资料来验证西方社会学者已经多次验证的假设,此类研究强调在非西方社会中验证西方的概念和命题,在重复性研究中传播了普遍性的社会学知识。但是由于依赖于西方工业化社会的概念和命题,不可避免受到西方观念的先入为主的影响,很难对社会学做出独特的贡献。而适切性研究指非西方社会立足于理解和改善当地社会生活的研究。此类研究依据研究者对当地社会生活的深入细致的观察,发掘具有文化特质的概念与命题,建构能用当地社会的客观、定量资料检验的假设,然后将研究结果概念化,提炼出具有普遍意义的超越地域范围的社会学命题。

从本研究所使用的提名法和基本的理论模型来看，本研究属于依附性研究。从对差序格局理论的验证及其研究结果的解释，又可以发现浓厚的适切性研究色彩。阮丹青博士在1993年的中国天津调查中，同时采用了GSS的标准问题和荷兰社会支持调查的10个交换问题。在中国城市社会，GSS问题和10个交换问题揭示了不同类型的关系，但是，总体上说GSS的单一问题在一定程度上还是能够替代10个交换问题的（Ruan，1998）。从另外的角度来讲，依附性研究和适切性研究的关系其实也是重复性研究和创新性研究的关系。重复性研究有利于进行跨文化的比较研究，而创新性研究更可能突破已有研究的限制。顾及比较研究的需要，就要在问卷设计中尽量使用相关研究中已被证明有效的问题；出于创造性的考虑，就要求在调查项目上有所突破。这也许是社会学研究中将永远面对的一个两难困境。如何在一项具体的研究中把重复性和创新性的题目结合起来，是未来社会学研究项目应该努力探索的课题。

一些学者在社会学实证研究的本土化或适切化方面做出了积极的探索。比如李沛良（1993）关于香港市民"工具性差序格局"的研究，边燕杰用"拜年网"（边燕杰、李煜，2000）和"吃喝网"（Bian，2001）来测量内地城市市民的家庭社会资本。但是，到目前为止，关于中国社会网络研究的领域，还没有发明出类似于GSS的"重要问题的讨论网"那样被普遍认可和多次运用的提名问题。要设计这样的提名问题，既需要对中国社会生活和文化背景的深入观察和理解，也需要熟悉把握在西方已经发展的社会网络分析的概念和技术。在未来研究中，能否用"重大问题的帮助网"来测量中国人的基本社会网络？"婚宴网"（林南，2004）或"葬礼网"在多大程度上能够像"重要问题的讨论网"那样来测量中国人的社会网络？要回答上述问题，需要未来经验研究的支持。

如上所述，本研究没有使用定位法测量人们的社会网络特征。已有研究显示，定位法能够收集提名法所忽视的一些信息。林南指出，提名法的优势表现在：第一，它可以建立在一个既定社会中有意义的代表性地位样本的基础上；第二，它可以直接或间接地识别与这些资源位置的联系；第三，它可以以多种资源标准为基础（例如职业、权威和产业）。这种抽样技术被应用于北美（Erickson，1996）、欧洲（例如，Boxman, De Graaf, and Flap，1991，在荷兰；Volker and Flap，1996，在东德；Tardos，1996）和亚洲［如林南、熊瑞梅和傅仰止（Lin, Fu, and Hsung，1998，2001；林南，2001）在台湾；边燕杰（边燕杰、李煜，2000；Bian，2001）在中国大陆］

的社会网络和社会资本研究中。这种带有理论导向的方法论优势已经在社会网络、社会资本的脉络和工具性行动的调查中得到证实（Lin，2001）。在未来的研究中，如果把提名法和定位法在同一研究项目中结合起来，不仅可以在方法论上直接比较两种方法的优劣，而且也将在社会网络的理论建构方面有所创新。

3. 社会网络资本的后果

作为阶层地位影响城市居民社会网络结构的一项探索性实证研究，本专著没有涉及以讨论网的结构特征所测量的社会网络资本的直接后果。比如，社会网络资本比较丰富的专业行政管理阶层在工具性行动（比如职业流动或商业运作）中是否比工人阶层更具有优势？网络密度和交往频率更高的工人阶层是否更能够从其网络成员中获得更多的情感性支持，以至于其烦恼更少、心理更健康？地位处于社会结构上层还是下层的成员更感到孤立无援？以讨论网测量的社会资本是否也具有某些消极的后果？也许未来的进一步研究可以回答或解决上述问题。

参考文献

北京市统计局编，2001，《2001北京统计年鉴》，北京：中国统计出版社。

北京市人口普查办公室、北京市统计局编，2002，《北京市2000年人口普查资料》，北京：中国统计出版社。

国家统计局人口和社会科技统计司编，2001，《中国人口统计年鉴2001》，北京：中国统计出版社。

边燕杰，1999，《社会网络与求职过程》，载涂肇庆、林益民编《改革开放与中国社会——西方社会学文献述评》第1101~1138页，香港：牛津大学出版社。

边燕杰，2002，《美国社会学界的中国社会分层研究》，载边燕杰主编《市场转型与社会分层——美国社会学者分析中国》第1~40页，北京：三联书店。

边燕杰，2003，《城市居民社会资本的来源及作用：网络观点与调查发现》，《中国社会科学》第3期。

边燕杰、李煜，2000，《中国城市家庭的社会网络资本》，《清华社会学评论》第2期。

边燕杰、张文宏，2001，《经济体制、社会网络与职业流动》，《中国社会科学》第2期。

陈东升、陈端容，2001，《台湾跨社会群体结构性社会资本的比较分析》，载刘兆佳、尹宝珊、李明堃、黄绍伦编《社会转型与文化变貌：华人社会的比较》第459~512页，香港：香港中文大学香港亚太研究所。

陈颐，1988，《论社会主义初级阶段的社会分化和阶级阶层制度》，《社会科学》（上海）第10期。

陈膺强、李沛良，2002，《个人社会网络在晚年生活中的重要性》，《香港社会学学报》第3期，香港中文大学出版社。

丁国辉，2000，《从阶级分析看香港的家庭分工》，载刘兆佳、尹宝珊、李明堃、黄绍伦编《市场、阶级与政治：变迁中的华人社会》第 231 ~ 250 页，香港：香港中文大学香港亚太研究所。
段柄仁、张明义主编，2001，《北京年鉴 2001》，北京：北京年鉴社。
何建章，1988，《我国现阶段的阶级结构》，《社会学研究》第 5 期。
黄光国，1985，《人情与面子：中国人的权力游戏》，载杨国枢主编《中国人的心理》第 289 ~ 318 页，台北：巨流图书公司。
黄毅志，1999，《社会阶层、社会网络与主观意识：台湾地区不公平的社会阶层体系之延续》，台北：巨流图书公司。
郭枢俭，1988，《河北省沧州地区农村各阶层状况调查》，《社会学研究》第 5 期。
顾杰善、刘纪兴、刘世奎、许德琦主编，1995，《当代中国社会利益群体分析》，哈尔滨：黑龙江教育出版社。
费正清，1987，《美国与中国》，北京：商务印书馆。
费孝通，1981，《生育制度》，天津：天津人民出版社。
费孝通，(1949) 1998，《乡土中国生育制度》，北京：北京大学出版社。
金耀基，1981，《人际关系中人情之分析》；1985，《儒家学说中的个体和群体》；1989《"面"、"耻"与中国人行为之分析》，再版收入金耀基《中国社会与文化》1993 年第二版，香港：中文大学出版社。
李汉林，1993，《中国单位现象与城市社区的整合机制》，《社会学研究》第 5 期。
李路路，1993，《中国的单位现象与体制改革》，《中国社会科学季刊》（香港）第 5 期。
李路路、李汉林，2000，《中国的单位组织：资源、权力与交换》，杭州：浙江人民出版社。
李猛、周飞舟、李康，1996，《单位：制度化组织的内部机制》，《中国社会科学季刊》（香港）第 1 期。
李沛良，1993，《论中国式社会学研究的关联概念与命题》，载北京大学社会学人类学研究所编《东亚社会研究》第 65 ~ 76 页，北京：北京大学出版社。
李沛良，2001，《社会研究的统计应用》，北京：社会科学文献出版社。
李强，2001，《市场转型与中间阶层的代际更替》，载边燕杰、涂肇庆、苏耀昌编《华人社会的调查研究：方法与发现》第 141 ~ 163 页，香港：牛津大学（中国）出版有限公司。

李强，2002，《转型时期的中国社会分层结构》，哈尔滨：黑龙江人民出版社。

廖鸿，2000，《1999年民政事业发展报告》，《中国社会福利与进步报告》，北京：社会科学文献出版社。

林南，2001，《社会资本：争鸣的范式和实证的检验》，《香港社会科学学报》第2期。

林南，2004，《中国研究如何为社会学理论做贡献》，载周晓虹主编《中国社会与中国研究》第48~92页，北京：社会科学文献出版社。

林耀华，（1944）1989，《金翼：中国家族制的社会学研究》，北京：三联书店。

梁漱溟，（1949）1987，《中国文化要义》，北京：三联书店。

路风，1989，《单位：一种特殊的社会组织形式》，《中国社会科学》第1期。

陆学艺主编，2002，《当代中国社会阶层研究报告》，北京：社会科学文献出版社。

陆益龙，2003，《户籍制度：控制与社会差别》，北京：商务印书馆。

马克思，1976，《剩余价值理论》（第二、三册），北京：人民出版社。

马克思、恩格斯，1995，《共产党宣言》，载《马克思恩格斯选集》（第一卷），北京：人民出版社。

潘允康、张文宏，1995，《经济改革的社会观》，天津：天津人民出版社。

庞树奇、仇立平，1989，《我国现阶段阶级阶层结构研究初探》，《社会学研究》第3期。

彭玉生，2001，《定序或定类依变项回归分析》，载李沛良《社会研究的统计应用》，北京：社会科学文献出版社，第306~331页。

阮丹青、周路、布劳、魏昂德，1990，《天津城市居民社会网初析》，《中国社会科学》第2期。

孙立平等，1994，《改革以来中国社会结构的变迁》，《中国社会科学》第2期。

孙立平，1996，《"关系"、社会关系与社会结构》，《社会学研究》第5期。

孙清山、黄毅志，1997，《台湾阶级结构：流动表与网络表的分析》，载《九零年代的台湾社会：社会变迁基本调查研究系列二》第57~101页，台北：中研院社会学研究所。

谭深，1991，《城市"单位保障"的形成与特点》，《社会学研究》第5期。

王思斌，1999，《中国人际关系初级化与社会变迁》，《管理世界》第3期。

王训礼，1988，《我国社会主义初级阶段的阶级结构新变化》，《社会学研究》第5期。

韦伯，1997，《经济与社会》，林荣远译，北京：商务印书馆。

肖鸿，1999，《试析当代社会网研究的若干进展》，《社会学研究》第3期。

熊瑞梅，2001，《性别、个人网络与社会资本》，载边燕杰、涂肇庆、苏耀昌编《华人社会的调查研究：方法与发现》第141~163页，香港：牛津大学（中国）出版有限公司。

熊瑞梅、黄毅志，1992，《社会资源与小资本阶级》，《中国社会学刊》第16期。

许欣欣，2001，《从职业评价与择业取向看中国社会结构变迁》，载刘兆佳、尹宝珊、李明堃、黄绍伦编《社会转型与文化变貌：华人社会的比较》第121~146页，香港：香港中文大学香港亚太研究所。

杨善华、侯红蕊，2000，《血缘、姻缘、亲情与利益》，《社会学》第3期。

杨晓、李路路，1989，《对中国社会分层的理论研究——关于分层指标的理论背景和制度背景的阐述》，《社会学研究》第5期。

杨晓民、周翼虎，1999，《中国单位制度》，北京：中国经济出版社。

于显洋，1991，《单位意识的社会学分析》，《社会学研究》第5期。

张宛丽，1990，《近期我国社会阶级、阶层研究综述》，《中国社会科学》第5期。

张厚义，2002，《私营企业主是中国社会阶层结构的重要组成部分》，载陆学艺主编《当代中国社会阶层研究报告》第199~247页，北京：社会科学文献出版社。

张文宏，1999，《从农村微观社会网的变化看宏观社会结构的变迁》，《天津社会科学》第3期。

张文宏，2003，《社会资本：理论争辩与经验研究》，《社会学研究》第4期。

张文宏、阮丹青，1999，《城乡居民的社会支持网》，《社会学研究》第3期。

张文宏、阮丹青、潘允康，1999a，《天津农村居民的社会网》，《社会学研究》第1期。

张文宏、阮丹青、潘允康，1999b，《中国农村的微观社会网与宏观社会结构》，《浙江学刊》第5期。

Acoke, Alan C. and Jeanne S. Hurlbert. 1993. "Social Networks, Marital Status, and Well-being." *Social Networks* 15: 309-334.

Angelusz, Robert and Robert Tardos. 1991. "The Strength and Weakness of 'Weak Ties'." In P. Somlai (ed.), *Values, Networks and Cultural Reproduction in Hungary*, pp. 7 – 23. Budapest: Coordinating Council of Programs.

Adams, B. 1967. "Interaction Theory and the Social Network." *Sociometry* 30: 64 – 78.

Adams, B. 1970. "Isolation, Function, and Beyond: American Kinship in the 1960's." *Journal of Marriage and the Family* 32: 575 – 597.

Adams, Rebecca G. and Graham Allan (eds.). 1998. *Placing Friendship in Context*. Cambridge: Cambridge University Press.

Agresti, Alan and Barbara F. Agresti. 1977. "Statistical Analysis of Qualitative Variation." In K. F. Schuessler (ed.), *Sociofical Methodology* 1978, pp. 204 – 237. San Francisco: Jossey-Bass.

Allan, Graham. 1977a. "Class Variation in Friendship Patterns." *British Journal of Sociology* 28: 339 – 393.

Allan, Graham. 1977b. "Sibling Solidarity." *Journal of Marriage and the Family* 39: 177 – 184.

Babchuk, Nicholas. 1965. "Primary Friends and Kin: A Study of the Associations of Middle Class Couples." *Social Forces* 43: 483 – 493.

Barbieri, Paolo. 1996. "Household, Social Capital and Labour Market Attainment." Presented at the ECSR Workshop, August 26 – 27, Max Planck Institute for Human Development and Education, Berlin.

Barnes, J. A. 1954. "Class and Committees in a Norwegian Island Parish." *Human Relation* 7: 39 – 58.

Barnes, J. A. 1974. *Social Networks, Module in Anthropology*, No. 26. Reading, MA: Addson-Wesley.

Bendix, R. 1974. "Inequality and Social Structure: A Comparison of Marx and Weber." *American Sociological Review* 39: 149 – 161.

Berkman, Lisa F., Thomas Glass, Irn Brissette, and Teresa E. Seeman. 2000. "From Social Integration to Health: Durkheim in the New Millennium." *Social Science & Medicine* 51: 843 – 857.

Berkowitz, S. D. 1982. *An Introduction to Structural Analysis*. Toronto: Butterworths.

Berkowitz, S. D. 1988. "Toward a Formal Structural Sociology." In Wellman,

B. and S. D. Berkowitz (eds.) , *Social Structures*, pp. 477 – 497. Cambridge: Cambridge University Press.

Bian, Yanjie. 1994a. *Work and Inequality in Urban China*. Albany, New York: State University of New York Press.

Bian, Yanjie. 1994b. "*Guanxi* and Allocation of Jobs in Urban China." *The China Quarterly* 140: 971 –999.

Bian, Yanjie. 1997. "Bringing Strong Ties Back in: Indirect Ties, Network Bridges, and Job Searches in China." *American Sociological Review* 62: 266 –285.

Bian, Yanjie. 1999. "Getting a Job Through a Web of *Guanxi* in China." In Barry Wellman (ed.) , *Networks in Global Village*, pp. 255 –278. Boulder, Co. : Westview.

Bian, Yanjie. 2001. "*Guanxi* Capital and Social Eating in Chinese Cities: Theoretical Models and Empirical Analyses." In Nan Lin, Karen Cook, and Ronald S. Burt (eds.) , *Social Capital: Theory and Research*, pp. 275 – 296. Aldine De Gruyter: New York.

Bian, Yanjie. 2002. "Chinese Social Stratification and Social Mobility." *Annual Review of Sociology* 28: 91 –116.

Bian, Yanjie and John R. Logan. 1996. "Market Transition and the Persistence of Power: the Changing Stratification System in China." *American Sociological Review* 61: 739 –758.

Bian, Yanjie and Soon Ang. 1997. "Guanxi Networks and Job Mobility in China and Singapore." *Social Forces* 75: 981 – 1006.

Blau, Peter, M. 1956. "Social Mobility and Interpersonal Relation." *American Sociological Review* 21: 290 –295.

Blau, Peter, M. 1964/1986. *Exchange and Power in Social Life*. New Brunswick: Transaction Books.

Blau, Peter, M. 1977a. *Inequality and Heterogeneity*. New York: The Free Press.

Blau, Peter, M. 1977b. "Macrosociological Theory of Social Structure." *American Journal of Sociology* 83: 26 –54.

Blau, Peter, M. 1979/1980. "Elements of Sociological Theorizing." *Humboldt Journal of Social Relation* (Fall-Winter) 7.

Blau, Peter, M. 1982. "Structure Sociology and Network Analysis: An Overview." In Marsden, Peter and Nan Lin (eds.) , *Social Structure and*

Network Analysis, pp. 273 - 279. Beverly Hills/London/New Delhi: Sage Publications.

Blau, Peter, M. 1994. *Structural Contexts of Opportunities.* Chicago&London: The University of Chicago Press.

Blau, Peter M. and Otis Dudley Duncan. 1967. *The American Occupational Structure.* New York, NY: John Wiley & Sons.

Blau, Peter M. and Danching Ruan. 1990. "Inequality of Opportunity in Urban China and America." In A. L. Kalleberg (ed.), *Research in Stratification and Mobility*, Vol 9, pp. 3 - 32. Greenwich: JAI Press.

Blau, Peter M. and Joseph E. Schwartz. 1984. *Crossing Social Circles.* New York: Academic Press.

Blau, Peter M., D. Ruan, and M. Ardelt. 1991. "Interpersonal Choice and Networks in China." *Social Forces* 69 (4): 1037 - 1062.

Boissevain, J. F. 1974. *Friends of Friends.* Oxford: Blackwell.

Booth, A. 1972. "Sex and Social Participation." *American Sociological Review* 37: 183 - 192.

Bott, Elizabeth. (1957) 1971. *Family and Social Networks.* London: Tavistock.

Bourdieu, Pierre. 1984. *Distinction.* Cambridge: Harvard University Press.

Bourdieu, Pierre. 1985. "The Social Space and the Genesis of Groups." *Theory and Society* 14: 723 - 744.

Bourdieu, Pierre. 1986. "The Forms of Social Capital." In John G. Richardson (ed.), *Handbook of Theory and Research for the Sociology of Education*, pp. 241 - 258. Westport, CT.: Greenwood Press.

Bourdieu, Pierre. 1987. "What Makes a Social Class? On the Theoretical and Practical Existence of Groups." *Berkeley Journal of Sociology* 32: 1 - 17.

Bourdieu, Pierre. 1990. *The Logic of Practice.* Cambridge: Polity Press; Stanford: Stanford University Press.

Brown, Tomas Ford. 1999. "Theoretical Summary of Social Capital." Working paper. University of Wisconsin.

Boxman, E. A. W., P. M. De Graaf, and Herk D. Flap. 1991. "The Impact of Social Capital and Human Capital on the income Attainment of Dutch Managers." *Social Networks* 13: 51 - 73.

Burt, Ronald S. 1984. "Network Items and the General Social Survey." *Social*

Networks 6: 293 - 339.
Burt, Ronald S. 1986. "A Note on Sociometric Order in the General Social Survey Network Data." *Social Networks* 8: 149 - 174.
Burt, Ronald S. 1990. "Kinds of Relations in American Discussion Networks." In C. Calhoun, M. W. Meyer, and W. R Scott (eds.), *Structures of Power and Constraint*, pp. 411 - 451. New York: Cambridge University Press.
Burt, Ronald S. 1992. *Structural Holes: The Social Structure of Competition*. Cambridge, MA: Harvard University Press.
Burt, Ronald S. 1998a. "The Gender of Social Capital." *Rationality and Society* 10 (1): 5 - 46.
Burt, Ronald S. 1998b. "The Network Structure of Social Capital." Paper presented at the conference on social networks and social capital. Duke University, October 31 - November 2.
Burt, Ronald S. 2001. "Structural Holes Versus Network Closure as Social Capital." In Nan Lin, Karen Cook, and Ronald S. Burt (eds.), *Social Capital: Theory and Research*, pp. 31 - 56. New York: Aldine De Gruyter.
Cao, Yang and Victor Nee. 2000. "Comment: Controversies and Evidence in the Market Transition Debate." *American Journal of Sociology* 105: 1175 - 1188.
Chan, Y. K. 2001. "A Technical Report of Hong Kong and Bejing Data Collection Process." Unpublished report, submitted to Research Grants Council of Hong Kong Special Administrative Region.
Cheng, Tiejun and M. Selden. 1994. "The Origins and Social Consequences of China's Hukou System." *The China Quarterly* 139: 644 - 668.
Coleman, James S. 1988. "Social Capital in the Creation of Human Capital." *American Journal of Sociology* 94 (Supplement): 95 - 120.
Coleman, James S. 1990. *The Foundations of Social Theory*. Cambridge, MA: Belknap Press of Harvard University Press.
De Graaf, Nan Dirk, and Hendrik Derk Flap. 1988. " 'With a Little Help from My Friends': Social Resources as an Explanation of Occupational Status and Income in West Germany, the Netherlands, and the United States." *Social Forces* 67 (2) 452 - 735.
Djilas, M. 1957. *The New Class: An Analysis of the Communist System of Power*. New York: Praeger.

Duesenberry, J. 1960. "Comment in Universities-National Bureau Committee for Economic Research." *Demographic and Economic Changes in Developed Countries*. Princeton, NJ: Princeton University Press.

Eisenstadt, S. N. 1954. "Reference Group Behavior and Social Intergration: An Exploratory Study." *American Sociological Review* 19: 175 – 185.

Elster, Joe. 1986. "Three Challenges to Class." In John Romember (ed.), *Analytical Marxism*. Cambridge University Press.

Emirbayer, Mustafa. 1997. "Manifesto for a Relational Sociology." *American Journal of Sociology* 103: 281 – 317.

Ensel, Walter M. 1979. *Sex, Social Ties, and Status Attainment*. Albany: State University of New York at Albany.

Erickson, Bonnie H. 1996. "Culture, Class and Connections." *American Journal of Sociology* 102 (2): 217 – 251.

Erikson, Robert and John H. Goldthorpe. 1985. "Are American Rates of Social Mobility Exceptionally High?" *European Sociological Review*, Vol. 1.

Erikson, Robert and John H. Goldthorpe. 1987. "Commonality and Variation in Social Fluidity in Industrial Nations: The Model of Core Fluidity Applied." *European Sociological Review*, Vol. 3.

Erikson, Robert and John H. Goldthorpe. 1992. *The Constant Flux: A Study of Class Mobility in Industrial Societies*. Oxford: Clarendon Press.

Erikson, Robert, John. H. Goldthorpe, and Lucienne Portocarero. 1979. "Intergenerational Class Mobility in Three Western European Societies." *British Journal of Sociology*, Vol. 30.

Erikson, Robert, John. H. Goldthorpe, and Lucienne Portocarero. 1982. "Social Fluidity in Industrial Nations: England, France and Sweden." *British Journal of Sociology*, Vol. 30.

Erikson, Robert, John. H. Goldthorpe, and Lucienne Portocarero. 1983. "Intergenerational Class Mobility and the Convergence Thesis: England, France and Sweden." *British Journal of Sociology*, Vol. 34.

Feld, Scott L. 1981. "The Focused Organization of Social Ties." *American Journal of Sociology* 86: 1015 – 1035.

Feld, Scott L. 1982. "Social Structural Determinants of Similarity among Associates." *American Sociological Review* 47: 797 – 801.

Ferrand, Alexis, Lise Mounier, and Alin Degenne. 1999. "The Diversity of Personal Networks in France: Social Stratification and Relational Structures." In Barry Wellman (ed.), *Networks in the Global Village: Life in Contemporary Communities*, pp. 255 – 277. Westview Press.

Festinger, Leon. 1950. "Informal Communication." *Psychological Review* 57: 271 – 282.

Fischer, Claude S. 1977. "Perspectives on Community and Personal Relations." In C. Fischer, R. Jackson, C. Stueve, K. Gerson, L. Jones & M. Baldassare (eds.), *Networks and Places: Social Relations in the Urban Setting*, pp. 1 – 16. New York: The Free Press.

Fischer, Claude S. 1982. *To Dwell Among Friends: Personal Networks in Town and City*. Chicago: University of Chicago Press.

Fischer, Claude S. and S. Oliker. 1983. "A Research Note on Friendship, Gender, and the Life Cycle." *Social Forces* 62: 124 – 133.

Fischer, Claude S. and S. Phillips. 1982. "Who is Alone? Social Characteristics of People with Small Networks." In L. Peplau and D. Perlman (eds.), *Loneliness: A Source of Current Theory, Research and Therapy*, pp. 21 – 39. Chicago: University of Chicago Press.

Flap, Hendrik D. 1991. "Social Capital in the Production of Inequality." *Comparative Sociology of Family, Health and Education* 20: 6179 – 6202.

Flap, Hendrik D. and Nan D. De Graaf. 1989. "Social Capital and Attained Occupational Status." *Netherlands Journal of Sociology* 22: 145 – 161.

Gans, H. J. 1962. "Urbanism and Suburbanism as Ways of Life." In A. M. Rose (ed.), *Human Behavior and Social Processes*, pp. 625 – 648. Boston: Houghton Mifflin.

Gibbs Gibbs, Jack P. and Walter T. Martin. 1962. "Urbanization, Technology, and the Division of Labor." *American Sociological Review* 26: 667 – 677.

Giddens, Anthony. 1973. *The Class Structure of the Advanced Societies*. London: Hutchinson.

Gilbert, Dennis and Joseph A. Kahl. 1993. *The American Class Structure: A New Synthesis* (4th edition). Belmont, CA: Wadsworth Publishing Company.

Gouldner, Alvin. 1979. *The Future of Intellectuals and the Rise of the New Class*. The Continuum International Publishing Group Inc.

Goldthorpe, John H. (1980) 1987. *Social Mobility and Class Structure in Modern Britain* (2nd edition). Oxford: Clarendon Press.

Goldthorpe, John H. 1997. "The 'Goldthorpe' Class Schema: Some Observations on Conceptual and Operational Issues in Relation to the ESRC Review of Governmental Social Classifications." In David Rose and Karen O'Reilly (eds.), *Constructing Classes: Towards a New Social Classification for the UK*, pp. 40 – 48. London: Office for National Statics.

Goldthorpe, John H. 2000a. *On Sociology: Numbers, Narratives, and the Integration of Research and Theory*. Oxford University Press.

Goldthorpe, John H. 2000b. "Rent, Class Conflict, and Class Structure: A Commentary on Sorenson." *American Journal of Sociology* 105 (6): 1572 – 1582.

Goldthorpe, John H. and K. Hope. 1974. *The Social Grading of Occupations*. Oxford: Clarendon Press.

Goode, W. J. 1959. "The Theoretical Importance of Love." *Journal of Marriage and the Family* (Feb.): 15 – 26.

Gottlieb, Benjamin H. 1981. "Social Networks and Social Support in Community Mental Health." In Benjamin H. Gottlieb (ed.), *Social Networks and Social Support*, pp. 11 – 42. Beverly Hills, Sage Publications.

Granovetter, Mark. 1973. "The Strength of Weak Ties." *American Journal of Sociology* 78: 1360 – 1380.

Granovetter, Mark. 1981. "Toward a Sociological Theory of Income Difference." In Ivar Berg (ed.), *Sociological Perspectives on Labor Markets*, pp. 11 – 47. New York: Academic Press.

Granovetter, Mark. 1982. "The Strength of Weak Ties: A Network Theory Revisited." In P. V. Marsden and Nan Lin (eds.), *Social Structure and Network Analysis*, pp. 105 – 130. Beverly Hills, CA: Sage.

Granovetter, Mark. 1985. "Economic Action and Social Structure: The Problem of Embeddedness." *American Journal of Sociology* 91: 481 – 510.

Granovetter, Mark. (1974) 1995. *Getting a Job: A Study of Contacts and Careers* (2nd edition). Chicago: University of Chicago Press.

Granovetter, Mark. 1988. "Preface." In Mark Granovetter (ed.), *Structural Analysis in Social Sciences*. Cambridge University Press.

Haines, Valerie A. and Jeanne S. Hurlbert. 1992. "Network Range and Health."

Journal of Health and Social Behavior 33: 254 – 266.

Hawe, Penelope and Alan Shiell. 2000. "Social Capital and Healtrh Promotion: A Review." *Social Sciences & Medicine* 51: 871 – 885.

Holmwood, J. and A. Stewart. 1983. "The Role of Contradictions in Modern Theories of Stratification." *Sociology* 17 (2): 234 – 254.

Homans, George C. 1951. *Human Groups*. New York: Free Press.

Homans, George C. 1961. *Human Behavior*. London: Routledge.

Huang, G. and M. Tausig. 1990. "Network Range in Personal Networks." *Social Networks* 12: 261 – 268.

Hurlbert, Jeanne S. and A. Acoke. 1990. "The Effects of Marital Status on the Form and Composition of Social Networks." *Social Science Quarterly* 71: 163 – 174.

Hurlbert, Jeanne S., Valerie A. Haines, and John J. Beggs. 2000. "Core Networks and Tie Activation: What Kinds of Routine Networks Allocate Resources in Nonroutine Situations?" *American Sociological Review* 65: 598 – 618.

Hwang, Kwang-kuo. 1987. "Face and Favor: The Chinese Power Game." *American Journal of Sociology* 92 (4): 944 – 974.

Jackson, Robert Max. 1977. "Social Structure and Process in Friendship Choice." In C. Fischer, R. Jackson, C. Stueve, K. Gerson, L. Jones and M. Baldassare (eds.), *Networks and Places: Social Relations in the Urban Setting*, pp. 59 – 78. New York: The Free Press.

Kadushin, Charles. 1995. "Friendship among the France Financial Elite." *American Sociological Review* 60 (2): 202 – 221.

Knoke, David and James H. Kuklinski. 1982. *Network Analysis*. Beverly Hills, Ca.: Sage.

Konrad, G. and Irva Szelenyi. 1979. *The Intellectuals on the Road to Class Power*. New York and London: Harcourt Brace Jovanvoch.

Lang, Olga. 1946. *Chinese Family and Society*. New Haven: Yale University Press.

Lazarsfeld, P. and Robert K. Merton. 1954. "Friendship as a Social Process." In M. Berger et al. (eds.), *Freedom and Control in Modern Society*, pp. 18 – 66. New York: Van Nostrand.

Laumann, Edward O. 1966. *Prestige and Association in an Urban Community*. Indianapolis: Bobbs-Merrill.

Laumann, Edward O. 1973. *Bonds of Pluralism*: *The Form and Substance of Urban Social Networks*. New York: John Wiley and Sons.

Lee, R. M. 1987. "Looking for Work." In Chris C. Harris, P. Brown, R. Fevre, G. G. Leaver, R. M Lee, and L. D. Morris (eds.), *Redundancy and Recession in South Wales*, pp. 109 – 126. Oxford: Basil Blackwell.

Lee, Rance P. L., Danching Ruan, Gina Lai, Yingkeung Chan, and Yusheng-Peng. 2001. "Composition of Support Networks in Hong Kong and Beijing." Presented at the International Sunbelt Social Network Conference, 25 – 28 April 2001, Budapest, Hungary.

Lin, Nan. 1982. "Social Resources and Instrumental Action." In Peter V. Marsden and Nan Lin (eds.), *Social Structure and Network Analysis*, pp. 131 – 145. Beverly Hills, CA: Sage.

Lin, Nan. 1986. "Conceptualizing Social Support." In Nan Lin, A. Dean, and W. Ensel (eds.), *Social Support*, *Life Events*, *and Depression*, pp. 17 – 30. Orlando, FL: Academic Press.

Lin, Nan. 1990. "Social Resources and Social Mobility: A Structural Theory of Status Attainment." In R. L. Breiger (ed.), *Social Mobility and Social Structure*, pp. 247 – 271. New York: Cambridge University Press.

Lin, Nan. 1992. "Social Resources Theory." In E. F. Borgatta and M. L. Borgatta (eds.), *Encyclopedia of Sociology*, Volume 4, pp. 1936 – 1942. New York: Macmillan.

Lin, Nan. 1994. "Action, Social Resources, and the Emergence of Social Structure: A Rational Choice Theory." *Advances in Group Process* 11: 67 – 85.

Lin, Nan. 1999a. "Building a Network Theory of Social Capital." *Connections* 22 (1): 28 – 51.

Lin, Nan. 1999b. "Social Networks and Status Attainment." *Annual Review of Sociology*.

Lin, Nan. 2000. "Inequality in Social Capital." *Contemporary Sociology*: 785 – 795.

Lin, Nan. 2001. *Social Capital*: *A Theory of Social Structure and Action*. Cambridge University Press.

Lin, Nan and Yanjie Bian. 1991. "Getting Ahead in Urban China." *American Journal of Sociology* 97: 657 – 88.

Lin, Nan, Alfred Dean, and Walter M. Ensel (eds). 1986. *Social Support*, *Life*

Events and Depression. Orlando, Fl: Academic Press.

Lin, Nan, Walter M. Ensel, and John C. Vaughn. 1981a. "Social Resources and Strength of Ties: Structural Factors in Occupational Status Attainment." *American Sociological Review* 46 (4): 393 – 405.

Lin, Nan, John C. Vaughn, and Walter Ensel. 1981b. "Social Resources and Occupational Status Attainment." *Social Forces* 59: 1163 – 1181.

Lin, Nan, Yang-chih Fu, and Ray-May Hsung. 1998. "The Position Generator: A Measurement for Social Capital." Paper present at the Social Networks and Social Capital Conference, Oct. 30. to Nov. 1, Duke University.

Lin, Nan, Yang-chih Fu, and Ray-May Hsung. 2001. "The Position Generator: Measurement Techniques for Investigations of Social Capital." In Nan Lin, Karen Cook, and Ronald S. Burt (eds.), *Social Capital: Theory and Research*, pp. 57 – 81. New York: Aldine De Gruyter.

Lin, Nan, Karen Cook, and Ronald S. Burt (eds.). 2001. *Social Capital: Theory and Research.* New York: Aldine De Gruyter.

Lin, Nan and Mary Dumin. 1986. "Access to Occupations through Social Ties." *Social Networks* 8: 365 – 386.

Lin, Nan and W. M. Ensel. 1989. "Life Stress and Health: Stressors and Resources." *American Sociological Review* 54: 382 – 399.

Lin, Nan and Gina Lai. 1995. "Urban Stress in China." *Social Science and Medicine* 41: 1131 – 1145.

Lin, Nan and M. K. Peak. 1999. "Social Networks and Mental Health." In A. V. Horwitz and T. L. Scheid (eds.), *Handbook for the Study of Mental Health: Social Contexts, Theories and Systems*, pp. 241 – 258. New York: Cambridge University Press.

Lin, Nan, R. S. Simeone, W. M. Ensel, and W. Kuo. 1979. "Social Support, Stressful Life Events and Illness: A Model and an Empirical Test." *Journal of Health and Social Behavior* 20: 108 – 119.

Lin, Nan, Xiaolan Ye, and Walter M. Ensel. 1999. "Social Support and Depressed Mood: A Structural Analysis." *Journal of Health and Social Behavior* 40: 344 – 359.

Loventhal, M. and B. Robinson. 1976. "Social Networks and Isolation." In R. Binstock and E. Shanas (eds.), *Handbook of Aging and the Social Sciences,* pp. 432 – 456. New York: Van Norstrand Reinhold.

Marsden, Peter V. 1987. "Core Discussion Networks of Americans." *American Sociological Review* 52: 122 – 131.

Marsden, Peter V. 1990. "Network Diversity, Substructures and Opportunities for Contact." In Carig Calhoun, Marshall W. Meyer, and W. Richard Scott (eds.), *Structures of Power and Constraint: Paper in Honor of Peter M. Blau*, pp. 397 – 410. Cambridge: Cambridge University Press.

Marsden, Peter V. and Jeanne S. Hurlbert. 1988. "Social Resources and Mobility Outcomes: A Replication and Extension." *Social Forces* 66: 1038 – 1059.

Marx, Karl. 1982. "Selections." In A. Giddens and D. Held (eds.), *Classes, Power and Conflict*, pp. 12 – 49. Berkley: University of California.

Mauss, M. (1925) 1954. *The Gift*. Translated by I. G. Cannison. Glencoe, Ill.: Free Press.

McCallister, L. and C. S. Fischer. 1978. "A Procedure for Surveying Social Networks." *Sociological Methods and Research* 7: 131 – 148.

Mitchell, J. Clyde. 1969. "The Concept and Use of Social Networks." In J. Clyde Mitchell (ed.), *Social Networks in Urban Situations: Analyses of Personal Relations in Central African Towns*, pp. 1 – 50. Manchester: Manchester University Press for Institute of Social Research, University of Zambia.

Mitchell, J. Clyde. 1973. "Networks, Norms and Institutions." In Jeremy Boissevain and J. ClydeMitchell (eds.), *Network Analysis Studies in Human Interaction*, pp. 15 – 36. Mouton/The Hague/Paris: Mouton & Co.

Nee, Victor. 1989. "A Theory of Market Transition: From Redistribution to Markets in State Socialism." *American Sociological Review* 54: 663 – 681.

Nee, Victor. 1991. "Social Inequality in Reforming State Socialism: Between Redistribution and Markets in China." *American Sociological Review* 56: 267 – 282.

Nee, Victor. 1992. "Organizational Dynamics of Market Transition: Hybrid Forms, Property Rights, and Mixed Economy in China." *Administrative Science Quarterly* 37: 1 – 27.

Nee, Victor. 1996. "The Emergence of a Market Society: Changing Mechanisms of Stratification in China." *American Journal of Sociology* 101: 908 – 949.

Nee, Victor and Yang Cao. 1999. "Path Dependent Societal Transformation:

Stratification in Hybid mixed Economies." *Theory & Society* 28: 799 – 834.

Nee, Victor and Rebecca Matthews. 1996. "Market Transition and Societal Transformation in Reforming State Socialism." *Annual Review of Sociology* 22: 401 – 435.

Moore, G. 1990. "Structural Determinants of Men's and Women's Personal Networks." *American Sociological Review* 55: 726 – 735.

Parish, William L. 1984. "Destratification in China." In J. Watson (ed.), *Class and Social Stratification in Post-Revolution China*, pp. 84 – 120. New York: Cambridge University Press.

Parish, William L. and Ethan Michelson. 1996. "Politics and Markets: Dual Transformations." *American Journal of Sociology* 101: 1042 – 1059.

Parkin, Frank. 1971. *Class Inequality and Political Order*. London: McGibbon.

Peng, Yusheng, 2001. "Intergenerational Mobility of Class and Occupation in Modern England: Analysis of A Four-Way Table." *Research in Social Stratification and Mobility* 18: 291 – 314.

Portes, Alejandro. 1998. "Social Capital: Its Origins and Applications in Modern Sociology." In John Hagan and Karen S. Cook (eds.), *Annual Review of Sociology* 24, pp. 1 – 24. Palo Alto, CA: Annual Review Inc.

Portes, Alejandro (ed.). 1995. *The Economic Sociology of Immigration*. New York: Russell Sage Foundation.

Portes, Alejandro and Patrica Landolt. 1996. "The Downside of Social Capital." *American Prospect* 26: 18 – 21.

Portes, Alejandro and Julia Sensenbrenner. 1998. "Embeddedness and Immigration: Notes on the Social Determinants of Economic Action." In Mary C. Brinton and Victor Nee (eds.), *The New Institutionalism in Sociology*, pp. 127 – 150. New York: Russell Sage Foundation.

Poulantas, Nicos. 1982. "On Social Classes." In A. Giddens and D. Held (eds.), *Classes, Power and Conflict*, pp. 101 – 111. Berkeley: University of California Press.

Powers, Daniel and Yu Xie. 1999. *Statistic Method for Categorical Data Analysis*. Academic Press Inc.

Putnam, D. Robert. 1993. "The Prosperous Community: Social Capital and Public Life." *American Prospect* 13 (Spring): 35 – 42.

Putnam, D. Robert. 1995a. "Turning In, Turning Out: The Strange Disappearance of Social Capital in America." *Political Science and Politics* (December): 664 – 683.

Putnam, D. Robert. 1995b. "Bowling Alone: America's Declining Social Capital." *Journal of Democracy* 6: 65 – 78.

Roemer, J. 1982. *A General Theory of Exploitation and Class.* Cambridge, Mass.: Harvard University Press.

Rona-Tas, Akos. 1994. "The First Shall Be Last? Entrepreneurship and Communist Cadres in the Transition from Socialism." *American Journal of Sociology* 100: 40 – 69.

Ruan, Danching. 1993a. "Interpersonal Networks and Workplace Controls in Urban China." *Australian Journal of Chinese Affairs* 29: 89 – 105.

Ruan, Danching. 1993b. *Social Networks in Urban China.* Doctoral Dissertation. Columbia University.

Ruan, Danching. 1998. "The Content of GSS Discussion Networks: An Exploration of GSS Discussion Name Generator in a Chinese Context." *Social Networks* 20: 247 – 264.

Ruan, Danching. 2001. "A Comparative Study of Personal Networks in Two Chinese Societies." In Alvin Y. So, Nan Lin and Dudley Poston (eds.), *The Chinese Triangle of Mainland China, Taiwan and Hong Kong: Comparative Institutional Analyses*, pp. 189 – 206. Westport, Conn.: Greenwood Press.

Ruan, Danching, Linton C. Freeman, Xinyuan Dai, Yuankang Pan, and Wenhong Zhang. 1997. "On the Changing Structure of Social Networks in Urban China." *Social Networks* 19: 75 – 89.

Ruan, Danching and Wenhong Zhang. 2000. "What is Universal About Friendship Ties." Paper present at the International Social Network Conference, April 2000, Vancounver, Canada, and at the annual meeting of the American Sociological Association, August 2000, Washington D. C., U. S. A.

Ruan, Danching and Wenhong Zhang. 2001. "The Subjective Meaning of Friendship—The Case of China." Paper submitted to the Annual Meeting of the American Sociological Association, August 2001, Anaheim, California, U. S. A.

Rubin, Z. 1973. *Liking and Loving.* New York: Holt, Rinehart and Winston.

Scott, John. 2000. *Social Network Analysis: A Handbook* (2nd edition). London and Newbury Park: Sage Publication.

Simmel, Georg. 1955. *Conflict and the Web of Group-Affiliation.* New York: Free Press.

Skocpol, T. 1996. "Unraveling from Above." *American Prospect* 25: 21 – 25.

Sorenson, Aage, B. 1977. "The Structure of Inequality and the Process of Attainment." *American Sociological Review* 42: 965 – 978.

Sorenson, Aage, B. 1994. "The Basic Concepts of Stratification Research: Class, Status, and Power." In David B. Grusky (ed.), *Social Stratification: Class, Race, and Gender in Sociological Perspective* (1st edition), pp. 229 – 241. Boulder, San Francisco and Oxford: Westview Press.

Sorenson, Aage, B. 2000. "Toward a Sounder Basis for Class Analysis." *American Journal of Sociology* 105 (6): 1523 – 1525.

Szelenyi, Ivan. 1978. "Social Inequalities in State Socialist Redistributive Economics." *International Journal of Sociology* 19: 63 – 87.

Szelenyi, Ivan. 1982. "The Intelligentsia in the Class Structure of State-Socialist Societies." *American Journal of Sociology* 88: 287 – 326.

Szelenyi, Ivan. 1983. *Urban Inequalities Under State Socialism.* New York: Oxford University Press.

Szelenyi, Ivan and E. Kostello. 1996. "The Market Transition Debate: Towards a Syntheses?" *American Journal of Sociology* 101: 1082 – 1096.

Szelenyi, Ivan and Bill Martin. 1988. "The Three Waves of Class Theories." *Theory and Society* 17: 645 – 677.

Tardos, Robert. 1996. "Some Remarks on the Interpretation and Possible Uses of the 'Social Capital' Concept with Special Regard to the Hungarian Case." *Bulletin de Methodologie Sociologique* 53: 52 – 62.

Thibaut, J. and H. H. Kelley. 1959. *The Social Psychology of Groups.* New York: Wiley.

Tonnies, Ferinand. 1887/1955. *Community and Association.* London: Routledge & Kegan Paul.

Turner, Jonathan H. 1986. *The Structure of Sociological Theory* (4th edition). The Dorsey Press. Chicago, Ⅲ.

Turner, Jonathan H. 1999. "The Formation of Social Capital." In Partha Dagupta and Ismail Serageldin (eds.), *Social Capital: A Multifaceted Perspective*, pp. 94 - 146. Washington, DC: The World Bank.

Van der Poel, Mark G. M. 1993a. "Delineating Personal Support Networks." *Social Networks* 15: 49 - 70.

Van der Poel, Mark G. M. 1993b. *Personal Networks: A Ration-Choice Explanation of Their Size and Composition.* Swets & Zeitlinger B. V., Amsterdam/Lisse.

Volker, Beate and Henk Flap. 1999. "Getting Ahead in the GDR: Social Capital and Status Attainment Under Communism." *Acta Sociologica* 42: 17 - 34.

Walder, Andrew G. 1986. *Communist Neo-Traditionalism: Work and Authority in Chinese Industry.* Berkeley: University of California Press.

Walder, Andrew G. 1995. "Career Mobility and the Communist Political Order." *American Sociological Review* 60: 309 - 328.

Warner, W. Lloyd. 1953. *American Life.* Chicago: University of Chicago Press.

Warner, W. Lloyd and Paul S. Lunt. 1941. *The Social Life of A Modern Community.* New Heaven: Yale University Press.

Wasserman, S. and K. Faust (eds.). 1994. *Social Network Analysis: Methods and Applications.* Cambridge: Cambridge University Press.

Watannabe, Shin. 1987. *Job-searching: A Comparative Study of Male Employment Relations in the United States and Japan.* Doctoral Dissertation. University of California, Los Angeles.

Waters, Malcolm. 1998. *Modern Sociological Theory.* Sage Publications Ltd.

Weber, Max. 1958. *Essays in Sociology.* New York: Oxford University Press.

Wegener, Bern. 1991. "Job Mobility and Social ties: Social Resources, Prior Job, and Status Attainment." *American Sociological Review* 56: 60 - 71.

Wellman, Barry. 1979. "The Community Question: The Intimate Networks of East Yorkers." *American Journal of Sociology* 84: 1021 - 1031.

Wellman, Barry. 1982. "Studying Personal Communities." In Peter V. Marsden and Nan Lin (eds.), *Social Structure and Network Analysis*, pp. 61 - 80. Beverly Hills, CA: Sage.

Wellman, Barry. 1985. "Domestic Work, Paid Work and Network." In S. Duck and D. Perlman (eds.), *Understanding Personal Relationships: An Interdisciplinary Approach*, pp. 159 - 191. London: Sage.

Wellman, Barry. 1988. "Structural Analysis: From Method and Metaphor to Theory and Substance." In Barry Wellman and S. D. Berkowitz (eds), *So-*

cial Structures: A Network Approach, pp. 19 – 61. Cambridge: Cambridge University Press.

Wellman, Barry. 1999. "The Network Community." In Barry Wellman (ed.), *Networks in the Global Village: Life in Contemporary Communities*, pp. 1 – 48. Boulder: CO, Westview Press.

Wellman, Barry and S. D. Berkowitz (eds.). 1988. *Social Structures: A Network Approach*. Cambridge: Cambridge University Press.

Wellman, Barry, Peter J. Carrington, and Alan Hall. 1988. "Networks as Personal Communities." In Barry Wellman and S. D. Berkowitz (eds). *Social Structures: A Network Approach*, pp. 130 – 186. Cambridge: Cambridge University Press.

Wellman, Barry and Scott Wortley. 1990. "Different Strokes from Different Folks: Community Ties and Social Support." *American Journal of Sociology* 96: 558 – 588.

Wilcox, Brian L. 1981. "Social Support in Adjusting to Marital Disruption: A Network Analysis." In Benjamin H. Gottlieb (ed.), *Social Networks and Social Support*, pp. 97 – 116. Beverly Hills: Sage Publications.

Wong, Thomas W. P. and Lui Tai-lok. 1994. "Class Analysis: The Relevance of Weber." In Lau Siu-kai, Lee Ming-kwan, Wan Po-san, and Wong Siu-lun (eds.), *Inequalities and Development*, pp. 1 – 46. Hong Kong Institute of Asia-Pacific Studies, The Chinese University of Hong Kong.

Whyte, King Martin. 1975. "Inequality and Social Stratification in China." *China Quarterly* 65: 684 – 711.

White, H. C., S. A. Boorman, and R. L. Beriger. 1976. "Social Structure from Multiple Networks: I. Blockmodels of Roles and Positions." *American Journal of Sociology* 81: 730 – 780.

Wilcox, Brian L. 1981. "Social Support in Adjusting to Marital Disruption: A Network Analysis." In Benjamin H. Gottlieb (ed.), *Social Networks and Social Support*, pp. 97 – 116. Beverly Hills: Sage Publications.

Winch, R. F. 1958. *Mate Section: A Study of Complementary Needs*. New York: Harper and Row.

Wolf, E. R. 1966. "Kinship, Friendship, and Patron-Client Relations." In M. Banton (ed.), *Social Anthropology of Complex Societies*. ASA monograph

No. 4. London: Tavistock.

Woolcoke, Michael. 1998. "Social Capital and Development: Towards a Theoretical Synthesis and Policy Framework." *Theory and Society* 27 (2): 151 – 208.

Wright, Erik Olin. 1978. *Class, Crisis and the State*. London: New Left.

Wright, Erik Olin. 1979. *Class Structure and Income Determination*. New York: Academic Press.

Wright, Erik Olin. 1980. "Varieties of Marxist Concepts of Class Structure." *Politics and Society* 9 (3).

Wright, Erik Olin. 1981. "The Status of the Political in the Concept of Class Structure." *Politics and Society* 11 (3).

Wright, Erik Olin. 1985. *Classes*. London: Verso.

Wright, Erik Olin. 1987. "Reflections on Classes." *Berkeley Journal of Sociology*. Vol. XXXII.

Wright, Erik Olin. 1989. "The Comparative Project on Class Structure and Class Consciousness: An Overview." *ActaSociologica* 32 (1): 3 – 22.

Wright, Erik Olin. 1997. *Class Counts: Comparative Studies in Class Analysis*. New York: Cambridge University Press.

Wright, Erik Olin. 2000. "Class, Exploitation, and Economic Rents: Reflections on Sosenson's 'Sounder Basis'." *American Journal of Sociology* 105 (6): 1559 – 1571.

Wright, Erik Olin and Donmoon Cho. 1992. "The Relative Permeability of Class Boundaries to Cross-Class Friendships: A Comparative Study of the United States, Canada, Sweden, and Norway." *American Sociological Review* 57: 85 – 102.

Wright, Erik Olin et al. 1990. *The Debate on Classes*. London and New York: Verso.

Wright, Erik Olin and Bill Martin. 1987. "The Transformation of American Class Structure." *American Journal of Sociology* 93 (1): 1 – 29.

Wright, Erik Olin and Lucca Perrone 1977. "Marxist Class Categories and Income Inequality." *American Sociological Review* 42: 32 – 35.

Yan, Yunxiang. 1996. *The Flow of Gifts: Reciprocity and Social Networks in a Chinese Village*. Stanford, CA: Stanford University Press.

Yang, Ch'ing-K'un. 1959. *The Chinese Family in the Communist Revolution*. Cambridge: Harvard University Press.

Yang, Mayfair Meihui. 1989. "The Gift Economy and State Power in China." *Comparative Studies in Society and History* 31: 25 – 54.

Yang, Mayfair Meihui. 1994. *Gifts, Favors, and Banquets: The Art of Social Relationships in China*. Ithaca, NY: Cornell University Press.

Zhang, Wenhong and Danching Ruan, 2001. "Social Support Networks in China: An Urban-Rural Comparison." *Social Sciences in China* 3: 45 – 55.

附录　北京社会网络与健康研究调查问卷

A. 个人情况

（A1）性别：1 □ 男
　　　　　　2 □ 女

（A2）出生年份：19 ＿＿＿＿ 年

（A3）教育水平：
　　　　0 □ 未受过正式教育
　　　　1 □ 小学
　　　　2 □ 初中
　　　　3 □ 高中、职高
　　　　4 □ 技校
　　　　5 □ 中专
　　　　6 □ 大专
　　　　7 □ 大学本科
　　　　8 □ 研究生
　　　　9 □ 其他（请说明）：＿＿＿＿＿＿＿＿＿＿＿＿＿

（A4）婚姻状况：
　　　　1 □ 未婚
　　　　2 □ 已婚
　　　　3 □ 离婚/分居
　　　　4 □ 丧偶
　　　　5 □ 其他（请说明）：＿＿＿＿＿＿＿＿＿＿＿＿＿

（A5）是否为党员？
　　1 □　是
　　2 □　否
（A6）目前有没有工作（包括全职、兼职、临时工作）？
　　1 □　有（跳问第 A7 题）
　　2 □　没有
　　　　（A6a）已经退休、未就业、失业、学生或主持家务？
　　　　　　1 □　已经退休
　　　　　　2 □　未就业
　　　　　　3 □　失业
　　　　　　4 □　学生
　　　　　　5 □　在家主持家务
　　　　　　6 □　其他（请说明）＿＿＿＿＿＿＿＿＿＿
　　　　（A6b）以前你有没有工作？
　　　　　　1 □　有　　（A7 – A13 按以前的固定工作作答）
　　　　　　2 □　没有（跳问第 A14 题）
（A7）是雇员（打工）还是雇主（老板）？
　　1 □　雇主
　　　　（A7a）雇用了多少员工？（不包括家庭成员）
　　　　　　1 □　有 ＿＿＿＿＿＿＿＿ 人
　　　　　　0 □　没有
　　2 □　雇员
　　　　（A7b）有多少下级？
　　　　　　1 □　有 ＿＿＿＿＿＿＿＿ 人
　　　　　　0 □　没有
（A8）你工作的单位现在属于哪一种类型？
　　1 □　全民事业单位、行政单位
　　2 □　国有企业
　　3 □　集体企事业单位
　　4 □　民营企业
　　5 □　个体、私营企业
　　6 □　三资企业（外资、合资）

（A9）你所在的工作单位大约有多少人？

1 □ 30 人或以下
2 □ 31～99 人
3 □ 100～299 人
4 □ 300～999 人
5 □ 1000～2999 人
6 □ 3000～9999 人
7 □ 10000 人或以上

（A10）哪一个行业？

_____

（A11）实际做些什么工作？（请详细描述）

_____
_____

（A12）下面有很多工作类别，请问你的工作属于哪个类别？

1 □ 高层专业或管理人员（大中企业厂长或经理、处级及以上的行政管理干部、医生、大学教授等）
2 □ 一般专业或管理人员（小企业经理、科级干部、护士、技术员、中小学教师等）
3 □ 办事员或销售人员（科员、秘书、售货员、银行职员等）
4 □ 小型工商业雇主（有雇员）（小饭馆、小商店老板等）
5 □ 家庭工商户（无雇员）（个体运输户、家庭小生意等）
6 □ 工商业班组长（包工头、企业工长、饭店领班等）
7 □ 技术工人（电工、司机、厨师、技工等）
8 □ 半技术工人或非技术工人（搬运工人、清洁工、翻砂工、保安员等）
9 □ 农、林、渔业雇主或管理人员
10 □ 农、林、渔业工人
11 □ 其他（请说明）：_____

（A13）在过去三年中，你换过几次工作？

□ _____ 次

（A14）包括各种形式的收入来计算，请问你个人目前每月总收入大约有多少？（如收入不定，请以过去 6 个月之平均值计算）

1 □ 400 元以下

2 □　400～599 元
3 □　600～799 元
4 □　800～999 元
5 □　1000～1499 元
6 □　1500～1999 元
7 □　2000～2999 元
8 □　3000～4999 元
9 □　5000～7999 元
10 □　8000 元及以上

B. 住户情况

（B1）你在北京住了多少年？

_____年

（B2）哪一年搬进现住房？

_____年

（B3）住房产权：

1 □　自购单位房
2 □　租用单位房
3 □　自购商品房/私房
4 □　租用商品房/私房
5 □　租用房管局房
6 □　自建房
7 □　其他（请说明）：_____

（B4）住房总面积：（被访者一户所居住的地方）（如被访者无法作答，访问员请估计）

_____平方米

（B5）有没有住在家里的保姆？

1 □　有
2 □　没有

（B6）包括各种形式的收入来计算，请问你这一户每月总收入大概有多少元？（如收入不定，请以过去 6 个月之平均值计算）

1 □　500 元或以下
2 □　1000 元左右

3 □ 1500 元左右
4 □ 2000 元左右
5 □ 2500 元左右
6 □ 3000 元左右
7 □ 4000 元左右
8 □ 5000 元左右
9 □ 6000 元左右
10 □ 7000 元左右或以上

C. 与家人联系

(C1) 你的母亲是否健在？（如被访者在抽样页的住户构成表中已说出与母亲同住，访问员自行选1）

┌─ 1 □ 是
│ 2 □ 否（跳问第 C2 题）
└→(C1a) 是否同住？
　　　　1 □ 是（跳问第 C2 题）
　　　　2 □ 否
　　　　　↓

(C1b) 从你的住处到你母亲家中，单程约需多少时间？
　　　0 □ <15 分钟
　　　1 □ 15 ~ <30 分钟
　　　2 □ 30 分钟 ~ <1 小时
　　　3 □ 1 ~ <2 小时
　　　4 □ 2 ~ <3 小时
　　　5 □ 3 ~ <4 小时
　　　6 □ 4 ~ <5 小时
　　　7 □ 5 小时或以上

(C1c) 你多久会和母亲见面或用电话、写信、传真等方法联络一次？（e-mail、互联网等联络方法包括在内）
　　　1 □ 每天
　　　2 □ 每周几次
　　　3 □ 每周一次
　　　4 □ 每月一两次

　　　　　5 □　每年几次
　　　　　6 □　每年一两次或更少
（C2）你的父亲是否健在？（如被访者在抽样页的住户构成表中已说出与父亲同住，访问员自行选 1）
┌─1 □　是
│　2 □　否（跳问第 C3 题）
└→（C2a）是否同住？
　　　　　1 □　是（跳问第 C3 题）
　　　　　2 □　否
　　　　　　　↓
　　（C2b）从你的住处到你父亲家中，单程约需多少时间？
　　　　　1 □　<15 分钟
　　　　　2 □　15 ~ <30 分钟
　　　　　3 □　30 分钟 ~ <1 小时
　　　　　4 □　1 ~ <2 小时
　　　　　5 □　2 ~ <3 小时
　　　　　6 □　3 ~ <4 小时
　　　　　7 □　4 ~ <5 小时
　　　　　8 □　5 小时或以上
　　（C2c）你多久会和父亲见面或用电话、写信、传真等方法联络一次？
　　　　　（e-mail、互联网等联络方法包括在内）
　　　　　1 □　每天
　　　　　2 □　每周几次
　　　　　3 □　每周一次
　　　　　4 □　每月一两次
　　　　　5 □　每年几次
　　　　　6 □　每年一两次或更少
（C3）你有多少位年龄在 18 岁或以上的兄弟姊妹？（只计健在者）
┌─　□　有，兄弟_____人、姊妹_____人
│　0 □　没有（跳问第 C4 题）
└→（C3a）如有 1 个以上，则问：和你接触最多的一位，是兄弟还是姊妹？
　　　　　（如被访者只有兄弟，访问员自行选 1；如只有姊妹，则选 2）

1 □ 兄弟
2 □ 姊妹

（C3b）是否同住？
1 □ 是（跳问第 C4 题）
2 □ 否
↓

（C3c）从你的住处到这位兄弟/姊妹家中，单程约需多少时间？
0 □ ＜15 分钟
1 □ 15 ～ ＜30 分钟
2 □ 30 分钟 ～ ＜1 小时
3 □ 1 ～ ＜2 小时
4 □ 2 ～ ＜3 小时
5 □ 3 ～ ＜4 小时
6 □ 4 ～ ＜5 小时
7 □ 5 小时或以上

（C3d）你多久会和这位兄弟/姊妹见面或用电话、写信、传真等方法联络一次？（e-mail，互联网等联络方法包括在内）
1 □ 每天
2 □ 每周几次
3 □ 每周一次
4 □ 每月一两次
5 □ 每年几次
6 □ 每年一两次或更少

（C4）你有多少位年龄在 18 岁或以上的子女？（只计健在者）
┌── □ 有，儿子＿＿＿＿人、女儿＿＿＿＿人
│　0 □ 没有（跳问第 C5 题）
└→（C4a）如有 1 个以上，则问：和你接触最多的一位，是儿子还是女儿？
（如被访者只有儿子，访问员自行选 1；如只有女儿，则选 2）
1 □ 儿子
2 □ 女儿

（C4b）是否同住？
1 □ 是（跳问第 C5 题）
2 □ 否

↓

(C4c) 从你的住处到这位儿子/女儿家中，单程约需多少时间？

0 □ <15 分钟
1 □ 15 ~ <30 分钟
2 □ 30 分钟 ~ <1 小时
3 □ 1 ~ <2 小时
4 □ 2 ~ <3 小时
5 □ 3 ~ <4 小时
6 □ 4 ~ <5 小时
7 □ 5 小时或以上

(C4d) 你多久会和这位儿子/女儿见面或用电话、写信、传真等方法联络一次？（e-mail、互联网等联络方法包括在内）

1 □ 每天
2 □ 每周几次
3 □ 每周一次
4 □ 每月一两次
5 □ 每年几次
6 □ 每年一两次或更少

(C5) 我们想知道你和其他亲戚的关系。请问你在过去一个月内有没有和以下的亲戚见面或用电话、写信、传真等方法联络？（e-mail、互联网等联络方法包括在内）

		有	没有
1	祖父母或外祖父母	1 □	2 □
2	叔伯、姨姑舅等	1 □	2 □
3	堂兄弟姊妹/表兄弟姊妹	1 □	2 □
4	你的丈夫/妻子的兄弟姊妹	1 □	2 □
5	你的丈夫/妻子的父母	1 □	2 □
6	干爹、干妈	1 □	2 □
7	孙或外孙	1 □	2 □

D. 与好朋友联系

除了你的家人以外，请你也谈谈你的好朋友。首先，
(D1) 你现在有多少位好朋友？

┌─ □ 有＿＿＿＿人
│ 0 □ 没有（跳问第 E1 题）
└→(D1a) 你最好的一位朋友的性别是： 1 □ 男
　　　　　　　　　　　　　　　　　　 2 □ 女

　　(D1b) 他的年龄是：＿＿＿＿＿＿岁
　　(D1c) 除了是朋友之外，你和他/她还有没有亲戚关系？
　　　　　　1 □ 有
　　　　　　2 □ 没有
　　(D1d) 从你的住处到他/她家中，单程约需多少时间？
　　　　　　0 □ ＜15 分钟
　　　　　　1 □ 15 ~ ＜30 分钟
　　　　　　2 □ 30 分钟 ~ ＜1 小时
　　　　　　3 □ 1 ~ ＜2 小时
　　　　　　4 □ 2 ~ ＜3 小时
　　　　　　5 □ 3 ~ ＜4 小时
　　　　　　6 □ 4 ~ ＜5 小时
　　　　　　7 □ 5 小时以上
　　(D1e) 你多久会和他/她见面或用电话、写信、传真等方法联络一次？
　　　　　（e-mail、互联网等联络方法包括在内）
　　　　　　1 □ 每天
　　　　　　2 □ 每周几次
　　　　　　3 □ 每周一次
　　　　　　4 □ 每月一两次
　　　　　　5 □ 每年几次
　　　　　　6 □ 每年一两次或更少

E. 与同事/邻居联系

(E1) 在你工作的地方，所有同事当中（包括你的上级、下级和同级），有多少是你认识而且知道他们的名字的？

┌─ □ 有＿＿＿＿人
│ 0 □ 没有（跳问第 E2 题）
└→(E1a) 在这些人中，有多少人是你的好朋友？
　　　　　□ ＿＿＿＿人

（E2）在你的邻居当中，即是同楼、同一小区及附近步行可达地方，有多少人是你认识而且知道他们名字的？

┌── □ 有＿＿＿＿＿人
│　0 □ 没有（跳问第 E3 题）
└→（E2a）在这些人中，有多少人是你的好朋友？

　　　　□＿＿＿＿ 人

（E3）在你的邻居当中，即是同楼、同一小区及附近步行可达地方，有多少人是跟你同一个单位的？

1 □ 大多数
2 □ 一半左右
3 □ 少数
4 □ 很少或没有

（E4）除了家人、同事和邻居以外，你还有多少个好朋友？例如，在社区中心、社团活动、公园、体育场所、旅行团等地方认识而成为好朋友的。

　　　□＿＿＿＿ 人
0 □ 没有

F. 社会网络

下列的问题，是关于你和其他人的交往情况。这些人可以是你的配偶、家人、亲戚、同事、老同学、邻居、朋友及其他人等。第一个问题是：

（F1）大多数人时常会和他人讨论<u>重要的问题</u>。在过去半年内，你和谁讨论过对你来说是重要的问题呢？请你说出这些人的姓或简称，如老张、小李、王姨等。

（如被访者没有提出任何人士，跳问第 G1 题。

假如被访者只提出一位人士，请在下表被访者与 A 之间圈起"密切"，并跳问第 F5 题。

假如被访者提出 2 人及以上，按按提出的先后次序，将姓或简称填在下面适当位置上。如有重复，请在前面加上"老""小""男""女"等字眼。假如被访者提出的人少过 5 个，追问："还有没有其他人呢？"）

	被访者	A: _____			
密切 109		第一个名字			
密切 110	陌生/密切 111	B: _____			
		第二个名字			
密切 112	陌生/密切 113	陌生/密切 114	C: _____		
			第三个名字		
密切 115	陌生/密切 116	陌生/密切 117	陌生/密切 118	D: _____	
				第四个名字	
密切 119	陌生/密切 120	陌生/密切 121	陌生/密切 122	陌生/密切 123	E: _____
					第五个名字

（密切 = 2；陌生 = 1；没有圈 = 0；没有人名 = 8）

被访者提出的人名数目：_____
（注意：被访者可能提出多于 5 人，访问员只需填写前 5 人的名字，但把全部数目填在上栏）

(F2) 你和他们每一位的关系，是否同样密切呢？

　　1 □　是（在上表被访者与 A 君至 E 君之行列交点圈起"密切"）

　┌─2 □　否
　│
　└→（F2a）你和哪一位特别密切呢？（追问 A 至 E："还有谁特别密切？"直至被访者说没有。凡回答"谈得来"的人士，在被访者与该人士之行列交点圈起"密切"）

(F3) 请你细想一下，你刚才提出的那些人，他们彼此间的关系怎么样？譬如（A 至 E）是不是彼此不认识？

　　1 □　全部都互不认识（在上页表中涉及 A 君至 E 君的每一格内皆圈起"陌生"，并跳问第 F5 题）

　┌─2 □　有些认识，有些不认识
　│
　└→（F3a）哪一位和哪一位不认识？（追问："还有哪些人互不认识呢？"直至被访者说没有。凡彼此不认识的，在上页表中其行列交点圈起"陌生"）

　　3 □　全部都互相认识

(F4) 这些人中，有没有一些人彼此关系密切，正如你和他们一样密切？

1 □ 没有

2 □ 有部分是

└→（F4a）哪一位和哪一位特别密切？（追问："还有哪些人特别密切？"直至被访者说没有。凡彼此"谈得来"的，在上页表中其行列交点圈起"密切"）

3 □ 全部都是

（在上页表中涉及 A 至 E 的每一格内皆圈起"密切"）

（F5）我们想知道上述每人的简况，请问：

	性别	年龄	受教育水平（卡1）	有没有工作（如没有工作，访问员请转问 F5a，并在该栏填上编码）	职业（卡2）
A	男/女				
B	男/女				
C	男/女				
D	男/女				
E	男/女				

↓

（F5a）已经退休、未就业、失业、学生或主持家务？

　　1　已经退休

　　2　未就业

　　3　失业

　　4　学生

　　5　主持家务

（F6）一个人和另一个人可能有许多种关系，例如卡3。请问你和 A 至 E 有哪几种关系？

	A	B	C	D	E
配偶/同居伴侣	1□	1□	1□	1□	1□
父母	1□	1□	1□	1□	1□
子女	1□	1□	1□	1□	1□
兄弟姊妹	1□	1□	1□	1□	1□
孙儿/女	1□	1□	1□	1□	1□
配偶的父母	1□	1□	1□	1□	1□

女婿/媳妇	1☐	1☐	1☐	1☐	1☐
自己的其他亲戚	1☐	1☐	1☐	1☐	1☐
配偶的其他亲戚	1☐	1☐	1☐	1☐	1☐
同乡	1☐	1☐	1☐	1☐	1☐
同事、雇主、雇员、上级（现时/过去）	1☐	1☐	1☐	1☐	1☐
生意伙伴（现时/过去）	1☐	1☐	1☐	1☐	1☐
同学、老同学	1☐	1☐	1☐	1☐	1☐
邻居、街坊（现时/过去）	1☐	1☐	1☐	1☐	1☐
好朋友、知己、恋人	1☐	1☐	1☐	1☐	1☐
普通朋友	1☐	1☐	1☐	1☐	1☐
顾问、辅导员、老师、学生	1☐	1☐	1☐	1☐	1☐
宗教、气功、健身团体成员	1☐	1☐	1☐	1☐	1☐
居委会工作人员、青年志愿者	1☐	1☐	1☐	1☐	1☐
其他（请说明）：_____	1☐	1☐	1☐	1☐	1☐

（F7）你认识 A 至 E 有多少年？

	A	B	C	D	E
不足 3 年	1☐	1☐	1☐	1☐	1☐
3～6 年	2☐	2☐	2☐	2☐	2☐
超过 6 年	3☐	3☐	3☐	3☐	3☐

（F8）一般来说，你和 A 至 E 谈话是否频繁？是几乎每天都有，至少每星期一次，至少每月一次，还是少于每月一次呢？（包括其他沟通方式，如 e-mail、互联网等）

	A	B	C	D	E
几乎每天都有	1☐	1☐	1☐	1☐	1☐
至少每星期一次	2☐	2☐	2☐	2☐	2☐
至少每月一次	3☐	3☐	3☐	3☐	3☐
少于每月一次	4☐	4☐	4☐	4☐	4☐
没有一定	0☐	0☐	0☐	0☐	0☐

（F9）在过去半年，你和 A 至 E 谈话时，谈些什么重要问题呢？（可选多于一项）

	A	B	C	D	E
事业	1☐	1☐	1☐	1☐	1☐
金钱、投资	1☐	1☐	1☐	1☐	1☐

感情问题	1 ☐	1 ☐	1 ☐	1 ☐	1 ☐
子女	1 ☐	1 ☐	1 ☐	1 ☐	1 ☐
老年父母	1 ☐	1 ☐	1 ☐	1 ☐	1 ☐
住房	1 ☐	1 ☐	1 ☐	1 ☐	1 ☐
时事	1 ☐	1 ☐	1 ☐	1 ☐	1 ☐
健康、医疗	1 ☐	1 ☐	1 ☐	1 ☐	1 ☐
饮食	1 ☐	1 ☐	1 ☐	1 ☐	1 ☐
衣着	1 ☐	1 ☐	1 ☐	1 ☐	1 ☐
娱乐、体育	1 ☐	1 ☐	1 ☐	1 ☐	1 ☐
亲友聚会	1 ☐	1 ☐	1 ☐	1 ☐	1 ☐
宗教	1 ☐	1 ☐	1 ☐	1 ☐	1 ☐
人生目标	1 ☐	1 ☐	1 ☐	1 ☐	1 ☐
其他（请说明）：＿＿＿＿	1 ☐	1 ☐	1 ☐	1 ☐	1 ☐
没有一定	1 ☐	1 ☐	1 ☐	1 ☐	1 ☐

第一版后记

本专著根据我在香港中文大学研究院社会学部完成的社会学博士论文《中国城市的阶级结构与社会网络》修改而成。首先衷心感谢我的论文导师李沛良教授,他在我研究课题的拟订、研究方案的修改以及分析方法的选择等方面均给了了建设性的建议。与李教授的每次讨论和交流,我总能从他的渊博学识和丰富的研究经验中得到启发。作为我博士资格综合考试委员会的主席,李教授在我的博士资格论文修改过程中和答辩会上提出的意见直接影响我后来的论文方案。1984年在南开大学读硕士研究生时,我们曾使用李沛良教授在第一届北京"社会学高级讲习班"上发的油印本《社会研究的统计分析》作为社会统计课程的教材,没想到时隔多年以后自己有幸成为李教授的学生,我想这是一种特殊的师生缘。非常感谢吕大乐教授,他是我两个博士资格综合考试论文的导师和论文指导小组的成员,与他无数次的讨论,使我在学术视野的开拓方面受益匪浅,从而自觉地将欧洲和北美社会学传统的精华有机地融合在博士论文研究中。十分感谢彭玉生博士,作为我的综合导师(general supervisor),他在博士资格论文题目的确定和阅读计划的制订等方面提出的中肯意见使我深受启发。彭教授在社会学研究方法论、统计分析技术和社会分层研究等方面的造诣使我直接受益。由衷感谢香港浸会大学社会学系阮丹青教授。丹青博士不仅在20世纪90年代初将我引入社会网络分析的学术殿堂,而且在过去十年一直是我在社会网络研究项目上的老师、朋友和合作伙伴。正是在她的极力举荐下,我才有机会在1993年和1998年两次赴她当时任教的加州大学尔湾校区就"中国城乡居民的社会网络"进行合作研究。特别感谢美国明尼苏达大学暨香港科技大学边燕杰教授。边教授不仅是我20年前在南开大学攻读硕士学位时的老师,而且是我在香港科技大学从事博士后研究的指导教授。边老师在社会网络分析和社会分层研究方面的建树使我受益良多。边燕杰和阮丹青两位教授2000年秋季在香港科技大学共同开设中国城市的阶层结构与社会网络的"社会网络分析"高级研讨班，使我系统掌握了社会网络分析的理论、概念和分析技术。如果拙作对于社会网络研究和阶级阶层分析有所贡献的话，离不开上述诸位教授的指导和教诲。当然，作为本书的独立作者，我对书中的错误和瑕疵负全责。

再次特别感谢李沛良教授，他慷慨地允许学生使用他主持的"香港与北京社会网络与精神健康比较研究"大型调查项目北京地区的资料。没有这份调查数据，我不可能在一年多的时间里完成我的博士论文。应该感谢的项目参与者还包括香港中文大学社会学系陈膺强教授、彭玉生博士，香港浸会大学社会学系赖蕴宽博士、阮丹青博士。北京的抽样调查和入户访问工作由北京大学社会学系林彬、刘德寰与中国人民大学社会学系郝大海等诸位教授负责。该项目受香港特别行政区研究资助局资助，项目编号为CUHK4135/99H。感谢岭南基金会杨庆堃研究生奖学金、美国纽约州立大学奥巴尼校区Lewis Mumford比较都市和区域研究中心中国城市研究网络与上海高校社会学E-研究院对我论文写作以及本专著的修改所提供的实质性资助。感谢香港中文大学为我三年的博士生学习和研究所提供的奖学金，这是我完成博士论文的基础。同时感谢香港中文大学将博士论文的版权授予上海人民出版社，允许我出版在博士论文基础上修改而成的这部专著。

感谢金耀基教授，一个学期的"社会学理论进阶"课程，使我初步掌握了站在中国的土地上汲取西方学术精华的艺术。与刘兆佳、张德胜、张越华、陈膺强、吴白弢、刘创楚、陈健民、陈海文、丁国辉、郭文山、王淑英、赵永佳和蔡玉萍等诸位教授的交流也使笔者受益不少。感谢香港中文大学社会学系办公室的冯陈亮清、黄肖美、黄淑贞和陈家钰等诸位女士，她们为笔者的学习和研究提供了极大的方便。感谢社会学系电脑工程师黄少锋先生和吴霭仪女士，每当我的计算机采取"罢工"行动时，二位总是以精湛的技术为我及时排忧解难。

感谢清华大学沈原教授、李强教授、孙立平教授，中国社会科学院苏国勋教授、李培林教授、景天魁教授、张宛丽教授，中国人民大学李路路教授，南开大学关信平教授等国内社会学界的同行和朋友，他们过去多年的关心和支持是笔者完成这部专著的动力。尤其感谢李友梅教授，她在我加盟上海大学社会学系以后，为我继续社会网络与社会资本领域的研究提供了鼎力支持和无私帮助。

尤其感谢我的好友邓子强、陈津利和吴非，是他/她们在我留学香港期间不断给予我精神上的鼓励和支持。与香港中文大学和香港科技大学的诸位同学及朋友刁鹏飞、黄玉、李林艳、刘欣、周怡、卢晖临、张立娟、李煜、王建平、黄先碧、余锦纶、姚力、马凤芝等的讨论，也使笔者有所启发。感谢责任编辑田青女士为本书的出版所付出的艰苦努力，她的妙笔为本书增加了不少亮点。最后对于我的家人表示特别的谢忱和爱意。在我留学香港三年多的时间里，与父母的每次电话交流，总能获得精神上的鼓励与支持。我的太太在我负笈香江期间，承担了本该由两人分担的全部家务和教育孩子的重担。由衷感谢妻子对我学业的坚定支持和理解，她的默默奉献为我交出一份高质量的答卷解除了后顾之忧。当我心灰意冷的时候，总能从遥远的北国收到她的热情鼓励和支持。每当我取得学业上的进步时，她又与我分享其中的快乐。太太的关心和支持是我完成博士论文的最终动力。对于我的儿子，总觉得有一份歉疚。在他小学学习的关键时期，我没能陪伴左右。在他人生成长的这个重要阶段，我没能够尽我所能，希望不久的将来他能够理解。谨将此书献给我的父母、妻子和儿子。

第二版后记

在本书初版 13 年以后，中国社会学会秘书长、社会科学文献出版社社长谢寿光研究员提议出版《中国城市的阶层结构与社会网络》的第二版，我欣然接受了这个提议。除了更正第一版中的少量文字错误和引文不精确的瑕疵外，第二版在很大程度上保持了原貌。一方面，作为在博士论文基础上修改的一部专著，即使在今天，仍然对于从事量化研究的社会科学领域的学生特别是社会学专业的博士生具有启发和借鉴意义。该专著从研究选题、文献评述、研究框架、研究假设、统计模型到总结和讨论，完全遵循了量化社会科学的逻辑和规范；另一方面，虽然该专著所使用的数据来自 2000 年北京城市地区的随机调查，具有一定的样本局限性，但是该专著的主要结论反映了那个时代不同阶层的城市居民社会支持网络的基本特征。因此，我决定不更新原书所使用的基本数据。

本书出版以后，在社会学界引起了高度反响。时任中国社会学会副会长、上海大学副校长李友梅教授认为，"该书将国际社会学界相互隔离的阶级阶层研究和社会网络分析的视角结合起来，开辟了一个崭新的研究领域。该专著抓住了国际社会学领域的前沿问题，对国内外相关文献进行了系统的梳理和评述，所采用的抽样调查程序科学，调查资料可信度高，提出的研究假设合理，选用的统计分析方法正确，结论可靠，是国内并不多见的一部符合国际社会学规范的定量研究专著，对于引导国内社会学界的定量研究具有较高的价值"。时任中国社会学会副会长、上海社会科学院社会发展研究院院长卢汉龙研究员认为，"该书所研究的问题具有前沿性和创新性，对于理解当代中国城市居民的阶层结构和社会网络模式具有重要的学术价值和社会价值。作者非常熟悉国内外社会分层与社会网络两个主流领域内的相关理论、研究方法和经验研究，文献综述全面系统，为今后的研究提供了大量的最新文献。该专著不仅调查方法科学、研究假设规范、研究结论可信，而且使用了国内社会学界并不多用的对数线型模型和多类别对数比率模型,是国内第一部个体社会网络的专著,对于推动国内的社会分层和社会网络的相关研究具有较大的参考价值"。该专著 2008 年获得上海市第九届哲学社会科学优秀成果专著类一等奖。

2000 年以后,国内全国性的调查如中国人民大学的中国社会综合调查、中国社会科学院社会学研究所的中国社会状况综合调查、北京大学的中国家庭追踪调查、中山大学的中国劳动力动态调查以及西安交通大学的社会网络与职业经历问卷调查等的数据都设计了社会网络或社会资本的专题板块,运用这些调查数据的研究成果也不断发表在国内外有影响的学术期刊上。未来,更多地运用全国性调查数据来重新检视本书的研究假设和研究发现,可以推动本土化的中国社会网络和社会资本理论体系、学术体系和话语体系的建构。

结合社会学恢复重建 40 年来中国社会资本研究者的研究兴趣、专长和新时代中国社会转型的特征及社会主要矛盾变化的现实,笔者认为,以下十个方面有可能成为未来几年中国社会资本和社会网络研究的重要议题。[①]

第一,有中国特色的社会资本的理论建构。习近平总书记关于构建中国特色的哲学社会科学学科体系、学术体系和话语体系的重要论述,为中国特色、中国风格和中国气派的社会资本理论的构建指明了方向。[②] 虽然社会资本的原创理论和量化分析模型是西方学者首创的,但是在 21 世纪西方主流社会学家纷纷将目光投向中国时,中国本土的社会学家在有中国特色的社会资本理论建构的过程中应该发挥引领和主导作用。边燕杰认为,针对中国社会关系现象的理论和实证研究(包括量化和质性研究),是构建中国社会学概念、命题、学科领域和学术流派的一个可能突破口。他提出了建立关系社会学分支学科的构想并带领西安交通大学社会学团队进行了卓有成效的探索。[③] 翟学伟关于中国社会的关系原理、行动逻辑、人情面子与权力再生产等方面的系列研究,已经引起了国内外学者的关注并产生了广泛的影响。[④] 因

[①] 本文是在广义上讨论未来中国社会资本研究的趋势,包括社会网络、社会资本、关系及信任的相关研究。
[②] 习近平:《在哲学社会科学工作座谈会上的讲话》,北京:人民出版社,2016。
[③] 边燕杰:《关系社会学及其学科地位》,《西安交通大学学报》2010 年第 3 期;边燕杰主编《关系社会学:理论与研究》,北京:社会科学文献出版社,2011。
[④] 翟学伟:《中国人的关系原理——时空秩序、生活欲念及其流变》,北京:北京大学出版社,2011;翟学伟:《人情、面子与权力的再生产》,北京:北京大学出版社,2005;《中国人行动的逻辑》,北京:社会科学文献出版社,2001;翟学伟:《中国人的脸面观——形式主义的心理动因与社会表征》,北京:北京大学出版社,2011。

此，笔者认为，借鉴西方社会学研究中发展相对成熟的社会网络与社会资本的概念、命题、理论、方法论和统计分析模型，创建国内外社会学者都能认同的具有中国特色和中国风格的社会资本的核心概念、命题、理论、学科体系、学术体系和话语体系（包括但不限于中国社会资本论、关系社会学、信任社会学、制度洞理论等），将这样的概念、命题、理论、方法等，用于对中国社会及国际社会中社会关系现象的解释，推动中国社会资本研究的优秀成果走向世界、影响世界，将是今后一段时期国内社会资本研究者共同努力的一个目标。

第二，关于本土化的社会资本的概念化和操作化的进一步探讨。虽然国内学者曾经运用社会资本的概念进行了大量的量化与质性分析的经验研究，也曾尝试使用各种不同的题器比如"讨论网"、"拜年网"、"餐饮网"、"求职网"、"社交网"，以及"互助网"、"信息网"、"咨询网"、"社会支持网"、"最好朋友网"等来测量中国居民的社会网络与社会资本的结构与特征，取得了大量有影响的研究成果，但是到目前为止还没有形成一个获得高度认同的社会资本概念，在操作化测量方面也没有达成共识。因此，我们认为，未来的研究将集中探讨微观、中观和宏观层面社会资本的概念化和操作化，运用提名法、定位法或其他创新的操作化测量方法，设计若干种多数学者基本认可的题器，来综合地描述和概括不同层面社会资本的核心特征。

第三，大数据时代新型社会资本及互联网与社会网的相互影响研究。据中国互联网信息中心2019年2月发布的《第43次中国互联网络发展状况统计报告》，2018年12月，我国网民规模达8.29亿，全年新增网民5653万，互联网普及率为59.6%。其中即时通信用户达7.92亿，网络新闻用户达6.75亿，网络购物用户为6.10亿，网上外卖用户为4.06亿，网络支付用户为6.00亿，网络视频用户为6.12亿，短视频用户为6.48亿，在线政务服务用户为3.94亿。[①]

毋庸置疑，互联网已经成为一种新型社会资本的集聚平台。运用互联网大数据分析虚拟社会网络与现实社会网络的联系与区别，比较两种社会网络的构成方式、结构特征、运行机制、动态变化的路径、线上线下的人际互动与资源交换模式，这种新型的社会资本的形成和集聚是否会冲击传

---

① 中国互联网络信息中心（CNNIC）:《第43次中国互联网络发展状况统计报告》，2019年2月28日，http://www.cnnic.cn/hlwfzyj/hlwxzbg/hlwtjbg/201902/P020190318523029756345.pdf，最后访问时间：2019年6月26日。

统的社会资本、大数据的资料收集和分析方法是否会取代传统的小数据（或以问卷调查为手段所收集的数据）的收集和分析方法，将是未来的另一个研究重点。

第四，社会资本在城乡社会治理、乡村振兴中发挥作用的机制与功能研究。以往的经验研究证明了不同层次的社会资本可以在信息搜寻和传播、施加社会影响、提供社会信用和社会支持、增强团体和组织的团结与凝聚力、促进社区参与、促进经济发展与社会繁荣等方面发挥积极作用。① 在未来的城乡社会治理、社区建设与社会重建、乡村振兴过程中，微观、中观和宏观层面的社会资本将作为等级制控制和市场自由调节之外的第三种方式，作为一种社会整合与社会协调手段，将会促进社会成员之间、社会组织之间及政府、市场与民间社会之间的关系和谐。② 社会资本将成为一种新的社会治理途径。社会贤达人士、民间精英等微观层面的社会资本，社区、社会组织、社会群体等中观层面的社会资本，以及国家和地区层面的宏观社会资本在城乡社会治理和乡村振兴过程中如何发挥集聚社会资源、调动社会资源的作用，产生积极的社会效果，将成为未来的一个研究重点。

第五，国内外移民群体的社会资本结构与功能的比较研究。中国的"一带一路"倡议得到了沿线国家和地区的积极响应，必将带来新一轮的国际人口迁移热潮。中国的新型城镇化战略的稳步推进，特别是国家发展和改革委员会发布的《2019年新型城镇化建设重点任务》明确要求，100万～300万人口的Ⅱ型大城市要全面取消落户限制，300万～500万的Ⅰ型大城市要全面放开放宽落户条件，并全面取消重点群体的落户限制。③ 这一重点任务的落实，也将引发国内的移民潮。从社会资本的视角，比较研究当下国内外移民的机制、过程及其社会后果的共性和差异性，将成为经济社会学和社会分层与流动领域的热门核心议题。

第六，关于社会资本、政治资本、经济资本、文化资本以及符号资本的关系、转换及其负功能的研究。该领域的研究将涉及新一轮党政官员弃

---

① 林南：《社会资本：关于社会结构与行动的理论》，张磊译，上海：上海人民出版社，2005；帕特南：《使民主运转起来：现代意大利的公民传统》，王列、赖海榕译，南昌：江西人民出版社，2001；福山：《信任：社会美德与创造经济繁荣》，彭志华译，海口：海南出版社，2001。

② 张文宏：《中国社会网络与社会资本研究30年（下）》，《江海学刊》2011年第3期。

③ 国家发展和改革委员会：《国家发展改革委关于印发〈2019年新型城镇化建设重点任务〉的通知》，2019年4月8日，http://www.ndrc.gov.cn/gzdt/201904/t20190408_932865.html，最后访问时间：2019年6月26日。

官从商过程中社会资本和政治资本转换为经济资本的机制与途径、反腐风暴中落马官员的社会资本的副作用、新时代各类社会精英群体的社会网络联盟、社会资本视角下官商关系研究等议题。

第七，社会资本不平等的研究。该领域的研究将关注社会资本不平等对社会不平等（社会经济获得和生活质量）的贡献。[①] 不同社会群体拥有的社会资本赤字不同，可导致不同群体生活机会的进一步不平等。不同群体有不同的涉取社会资本的机会，是因为其占据着优势或劣势的结构位置与社会网络。在社会层级制中占据着不同的位置，势必与同一社会群体的其他成员交往，因此一个社会群体内部的成员会发现其社会资本的赤字。社会资本的不平等可以解释社会交往中的结构限制和规范动力。同质性的网络和劣势的结构位置导致女性和少数民族群体成员的社会资本劣势。

第八，社会资本对身心健康、获得感、幸福感的影响效应、影响路径和影响机制研究。中共十八届五中全会明确将"健康中国"列为国家和社会发展的一个重大战略，习近平总书记指出，要"让人民群众有更多获得感"[②]，要"使人民获得感、幸福感、安全感更加充实、更有保障、更可持续"[③]。笔者预测，国家的上述重大战略需求将直接引发社会资本视角下的身心健康和居民获得感的实证研究热潮。国外关于社会资本影响个体身心健康、幸福感的研究一直是社会资本领域的一个重要主题，但是相对于国内关于社会资本与求职及地位获得、社会资本与社会分层和社会流动等专题研究，社会资本对身心健康、获得感、幸福感的影响研究则受到忽视。如何提升城乡居民的身心健康水平，影响国民身心健康的经济社会人口因素有哪些，社会资本影响身体健康、心理健康及自评健康、获得感或幸福感、满意度的效应、路径和机制是什么，是结构型还是认知型社会资本抑或微观、中观还是宏观社会资本更能对身心健康产生积极的影响，这种影响是直接的还是中介型的，等等，这些研究将成为未来一段时期内的热点。

第九，关于社会资本结构及功能变迁的历史社会学分析。2019年是中华人民共和国成立70周年，运用历史社会学的视角，考察1949年以来各个历史时期，中国微观、中观和宏观层面的社会资本的结构及功能的变迁，

---

① Lin, Nan, "Inequality in Social Capital." *Contemporary Sociology*, vol. 29, no. 6, 2000, pp. 785–795.
② 习近平：《习近平谈治国理政》第二卷，北京：外文出版社，2017。
③ 习近平：《决胜全面建成小康社会　夺取新时代中国特色社会主义伟大胜利——在中国共产党第十九次全国代表大会上的报告》，北京：人民出版社，2017。

并对其发生变化的宏观社会结构原因、制度变迁特别是公共政策和社会政策变化的历史根源进行分析，将成为未来几年的一个重要研究领域。

第十，关于人类命运共同体建设的国家或地区宏观社会资本的国际比较研究。习近平总书记 2015 年明确提出的"构建以合作共赢为核心的新型国际关系，打造人类命运共同体"[①] 的重要思想，引起了国际社会的积极回应。在新型国际关系的建设中，研究重要大国或地区的宏观社会资本及该国和地区居民的总体信任水平、对他国或地区居民的宽容水平，将成为正式国际关系之外民间外交、民间人类命运共同体研究的关键议题。

最后，衷心感谢社会科学文献出版社副总编辑童根兴和责任编辑杨桂凤、张真真为本书再版所付出的专业努力。没有他们的敬业精神，本书不可能以现在的面貌问世。

---

① 习近平：《习近平在联合国成立 70 周年系列峰会上的讲话》，北京：人民出版社，2015。

图书在版编目(CIP)数据

中国城市的阶层结构与社会网络 / 张文宏著. -- 2 版. -- 北京：社会科学文献出版社，2019.12
（城市研究）
ISBN 978 - 7 - 5201 - 5541 - 0

Ⅰ.①中… Ⅱ.①张… Ⅲ.①城市 - 阶层 - 社会分析 - 研究 - 中国 Ⅳ.①D663

中国版本图书馆 CIP 数据核字 (2019) 第 205312 号

·城市研究·
中国城市的阶层结构与社会网络（第二版）

著　　者 / 张文宏

出 版 人 / 谢寿光
责任编辑 / 杨桂凤
文稿编辑 / 张真真

出　　版 / 社会科学文献出版社·群学出版分社（010）59366453
　　　　　 地址：北京市北三环中路甲29号院华龙大厦　邮编：100029
　　　　　 网址：www.ssap.com.cn
发　　行 / 市场营销中心（010）59367081　59367083
印　　装 / 三河市尚艺印装有限公司
规　　格 / 开　本：787mm × 1092mm　1/16
　　　　　 印　张：18　字　数：314 千字
版　　次 / 2019 年 12 月第 1 版　2019 年 12 月第 1 次印刷
书　　号 / ISBN 978 - 7 - 5201 - 5541 - 0
定　　价 / 98.00 元

本书如有印装质量问题，请与读者服务中心（010 - 59367028）联系

▲ 版权所有 翻印必究